Monika und Michael Höhn

Kontakte ins Jenseits?

Über die Faszination des Okkulten

CIP-Titelaufnahme der Deutschen Bibliothek

Höhn, Monika:
Kontakte ins Jenseits? : Über die Faszination des Okkulten /
    ISBN 3-88142-441-5
NE: Höhn, Michael:

© Pahl-Rugenstein Verlag GmbH, Köln
Alle Rechte vorbehalten
Umschlaggestaltung: Beate Oberscheidt, Dortmund
Lektorat: Hans van Ooyen, Marl
Satz: Fotosatz Klaußner, Köln
Druck: Druckerei Locher GmbH, Köln
ISBN 3-88142-441-5

Monika und Michael Höhn

Kontakte ins Jenseits?

Über die Faszination des Okkulten

Weltkreis

Die Autoren:

Monika Höhn, 1945 in Göttingen geboren, nach der Lehre zur Großhandelskauffrau mehrere Jahre als Sekretärin tätig, seit 1968 mit Michael Höhn verheiratet. Pfarrfrau im Duisburger Arbeiterviertel Bruckhausen, dort u. a. Leiterin eines Jugendzentrums; Mitbegründerin der Kinderhilfe Chile, Mitglied im Verband deutscher Schriftsteller. Veröffentlichungen, u. a.: „Die Luft, die wir atmen – Tagebuch einer Pfarrfrau" (1983), „Vom Kohlenpott in die Schmalzgrube" (1985).

Michael Höhn, 1944 in Gießen geboren, Studium der Theologie und der Sozialpädagogik, Vikar in Düsseldorf, ab 1971 Pfarrer im Duisburger Stadtteil Bruckhausen, seit 1979 Kreispfarrer und Religionslehrer an den Berufsbildenden Schulen in Gummersbach-Dieringhausen, Mitglied im Verband deutscher Schriftsteller. Veröffentlichungen, u. a.: „Verdammt und zugedreht" (1976), „Edips kurzer Sommer" (1981), „Das Geheimnis der Sarah Abt" (1985), „Asyl in D" (1987).

Gemeinsam veröffentlichten Monika und Michael Höhn u. a.: „Bruckhausen – ein Stadtteil kämpft" (1979), „Jana sucht den Frieden" (1983), „Die Taube wird fliegen" (1985).

Inhalt

Vorwort 7

O. wie Okkultismus – Fallbeispiele 12
Der Geist im Glas – Was steckt hinter den „Botschaf-
ten aus dem Jenseits"? 13
Ein Gespenst schreibt seinen Namen – Automati-
sches Schreiben mit und ohne Tischchen 23
Was Tote zu erzählen haben – Tonbandstimmen und
ihre Deuter 28
Der Blick in die Zukunft – Experimente mit dem
siderischen Pendel 42
„Die Karten lügen nicht!" – Wahrsager und ihre
Tricks 47
Eine verunglückte Geisterbeschwörung – Ein histo-
risches Beispiel 50
Der Teufel hat keine Hörner – Der neue Kult um
Satan 57
Aleister Crowleys Jünger – Informationen zum
Thelema-Orden 66
Hakenkreuz und Runenzauber – Anmerkungen zu
den Beziehungen zwischen Okkultismus und Fa-
schismus 89
Spielt der Teufel E-Gitarre? – Über die Einflüsse des
Satanismus in der Musik 93
„Rosemarie's Baby" – Satanismus auf Zelluloid . . . 111

Forum der Betroffenen 117
Jugendliche berichten über ihre Erfahrungen mit
dem Okkultismus 117
Das Geschäft mit der Esoterik-Welle 130
Was die Beauftragten für Sekten- und Weltanschau-
ungsfragen zum Okkultismus zu sagen haben 138

Stimmen von Lehrern, Pfarrern und Politikern zur
Faszination des Okkulten 143

X Die Meinung der Experten 154
Was reizt Jugendliche am Okkultismus? 154
Woher kommt der Okkultismus-Boom? 159
Strategien und Lösungsansätze 163

Stichwortlexikon von A wie Aberglaube bis Z wie
Zauberei 175
Beratungsstellen 195
Literaturhinweise 199

Vorwort

„Glauben Sie, daß man mit Toten in Kontakt treten kann?"
Diese Frage wurde dem Autor im Religionsunterricht
schon vor Jahren von Berufsschülern gestellt.

„Mein Pendel sagt mir, was für mich gut ist und was
nicht." So eine Bekannte der Autorin, die seit langer Zeit
von der Existenz guter und böser Geister überzeugt ist.

Was ist wirklich dran, wenn das Glas gerückt wird und
der Geist des verstorbenen Großvaters sich zu Wort meldet? Kann das Pendel mir mein Todesdatum mitteilen?
Warum schreibt der dreibeinige Tisch „Botschaften aus
dem Jenseits" auf die darunterliegende Tapetenrolle? Wer
hat den Grabstein meiner Großmutter vom Friedhof ge-
stohlen, und was macht er damit? Stimmt es, daß die
Stücke mancher Hardrockgruppe auch rückwärts Botschaften enthalten?

Wer hat schon genaue Vorstellungen davon, wie es im
Bereich des Okkulten zugeht, der manchem vorkommt wie
ein undurchdringlicher Dschungel? Wir haben im Laufe der
Arbeit an diesem Buch feststellen müssen, daß viele sich
im Dschungel Okkultismus allein gelassen vorkommen,
verlassen von den guten und voller Furcht vor den bösen
Geistern: Stefan traut sich z. B. aus Angst vor Geistern
nachts nicht mehr allein auf die Toilette; Ulrike hat sich
den Zeigefinger an einem umgestülpten Glas verbrannt,
weil sie nicht an die Macht der unsichtbaren Geister glauben wollte, und seitdem geht sie in keinen dunklen Raum
mehr.

Wir haben uns auf die Suche nach Antworten begeben
und dabei viele Fragen gestellt: denen, die mit dem Pendel
den Tag ihres Todes bestimmt haben wollen – und noch
immer leben; denen, die behaupten, mit Hilfe eines Tonbandgerätes Botschaften verstorbener Verwandter erhalten
zu haben; Buchhändlern, die Literatur über das Okkulte

verkaufen und gut daran verdienen, aber auch Ärzten, die vom Okkultismus geschädigte Patienten betreuen; wir haben Lehrer, Pfarrer, Eltern, Politiker und Naturwissenschaftler über ihre Erfahrungen befragt und so ein Mosaik von Antworten zusammengetragen, das natürlich unvollständig bleiben muß, denn dieses Gebiet ist zu komplex, als daß man es zwischen zwei Buchdeckeln in allen Einzelheiten abhandeln könnte.

So haben wir unter anderem auf das Kapitel Astrologie verzichtet, obwohl wir wissen, daß mehr als die Hälfte der Bundesbürger überzeugt ist: „Die Sterne lügen nicht!" Regelmäßig lesen viele in Horoskopen nach, wie es um ihr Schicksal bestimmt ist. Auch das gehört in den Bereich des Okkulten.

Wir wollen mit diesem Buch eine erste Orientierungshilfe bereitstellen und dazu beitragen, die oft sehr heftige Diskussion zu versachlichen.

Wir sind davon überzeugt, daß sich nicht alle Erscheinungen in unserer Welt mit Hilfe des Verstandes bzw. der Naturwissenschaften erklären lassen. Seit der Entdeckung der Quantenmechanik sind sich selbst die Wissenschaftler nicht mehr einig, ob es überhaupt gesicherte Erkenntnisse im Bereich der Physik gibt. Aber nicht alles, was man nicht auf Anhieb erklären kann, muß deshalb mit einer unsichtbaren Geister- und Dämonenwelt zu tun haben. Auch ein Zauberkünstler verblüfft seine Zuschauer mit angeblich magischen Erscheinungen, und dabei wissen wir genau, daß es sich nur um geschickt einstudierte Tricks handelt, von denen sich unsere Sinne täuschen lassen, die aber nicht das Geringste mit Geistern und deren angeblichen Kräften zu tun haben.

Wir haben im Laufe unserer Recherchen erfahren, daß die Sache mit dem Okkultismus auch ein Geschäft sein kann – Bücher über Okkultes, Pendel, Tarot-Karten und viele andere „magische" Gegenstände lassen sich gewinnbringend verkaufen. Auch diesen Gesichtspunkt wollen wir in unserem Buch nicht unter den Tisch fallen lassen.

Wo Menschen gutgläubig sind, ist auch dem Betrug Tür und Tor geöffnet. Nach unserer Kenntnis gibt es nur wenige Bereiche, in denen Bluff und Betrug so verbreitet sind wie gerade auf dem Gebiet des Okkulten. Natürlich hat nicht jeder die Absicht, andere zu betrügen, aber daß hier oft genug Gaunerei mit im Spiel ist, bestreiten selbst die Anhänger okkulter Praktiken nicht. Auch darüber wollen wir in diesem Buch informieren.

Aufgrund langjähriger Erfahrungen mit Drogenabhängigen und Alkoholikern haben wir den Eindruck gewonnen, daß Okkultismus häufig ähnliche Wirkungen hervorbringt wie der Drogenkonsum:

– Okkultismus hilft – scheinbar – dabei, Probleme und Ängste zu bewältigen: Probleme in der Schule, Schwierigkeiten mit Eltern oder Freunden, die Angst davor, als junger Mensch keine Lehrstelle bzw. einen Arbeitsplatz zu finden, vielleicht auch die Angst, ein „verrückter" Computer könnte den letzten Weltkrieg auslösen oder die Firma XY würde nicht „nur" die Robben, sondern alles Leben in der Nordsee töten.

– Okkultismus macht abhängig. Wer mit okkulten Praktiken wie dem Glasrücken oder dem automatischen Schreiben begonnen hat, kommt häufig nur schwer wieder davon los, denn viele empfinden ein Gefühl der Stärke und Überlegenheit, wenn sie mit der Geisterwelt in Kontakt treten und diese sich dienstbar zu machen glauben.

– Okkultismus macht unfähig, eigene Entscheidungen zu treffen und sich gegen ungerechte Verhältnisse zur Wehr zu setzen. Wozu soll man den eigenen Kopf und die eigenen Hände gebrauchen, wenn letztlich doch die verborgenen Kräfte aus dem Jenseits alles bestimmen?

Auf diese Gesichtspunkte sollte besonders geachtet werden.

Ist O = Okkultismus ebenso gefährlich wie O = Opium? Manches scheint darauf hinzudeuten. Wir sehen eine große Gefahr darin, daß z. B. beim spiritistischen Glasrücken

Ängste und Wünsche aus Tiefenschichten hervorgeholt werden, die durch die Gruppe eher verstärkt als aufgefangen werden. Was geht z. B. in einem labilen Jugendlichen vor, wenn plötzlich die „Botschaft" des rückenden Geister-Glases sein Todesdatum nennt? Wer fängt die „mediumistische Psychose" auf, eine der Schizophrenie ähnliche seelische Krankheit, die durch okkulte Praktiken offenbar ausgelöst werden kann?

Mit diesem Buch soll vor allem Aufklärung geleistet werden: Ein Gespenst, dem die grauenerregende Verkleidung heruntergerissen wird, ängstigt niemanden mehr. Der Teufel, einmal von Herzen ausgelacht, ringt uns nur noch ein müdes Lächeln ab und kann uns nicht mehr gefährlich werden. Wir glauben nicht an den Teufel mit Hörnern und Pferdefuß, den überlassen wir der Pritsche des Kaspers im Puppentheater. Allerdings haben wir oft erlebt, wie Menschen sich selbst das Leben zur „Hölle" machen. Und ist nicht der Soldat, der das Ungeborene aus dem Leib der Mutter schlitzt, um es dann mit dem Seitengewehr aufzuspießen, ein „Teufel in Menschengestalt?"

Wir sind davon überzeugt, daß wir mit diesem Buch keine „objektiven", immergültigen Antworten geben können. Das kann niemand, der sich auf dieses Gebiet vorwagt. Immer ist auch die eigene Meinung mit im Spiel.

Wir danken an dieser Stelle Johanna Skriver, Susanne Just und Augustin Kühne sowie Gerhard Jenders für ihre Mitarbeit an diesem Buch.

Einer Reihe von Freunden und Bekannten sind wir dankbar für Hinweise, Materialien und Gespräche. Wir danken auch den Kolleginnen und Kollegen aus dem Fachbereich Religion der Beruflichen Schulen Gummersbach-Dieringhausen für den intensiven Meinungsaustausch zum Thema; besonderer Dank gilt Horst Schoch und Wolfgang Wewer für ihre Beiträge.

Neben zahlreichen Schülerinnen und Schülern danken wir vor allem: Christopher Aldred, Kai Gramlich, Marcus von Harlessem, Thomas Otto, Rafael. Einige wollen namentlich nicht genannt werden. Auch ihnen danken wir an dieser Stelle.

Folgenden Jugendlichen sagen wir besonders Dank für ihre Mitarbeit: unseren Töchtern Jana und Sarah, Volkmar Mühleis, Ilona Niederhausen und ihren FreundInnen, Kai Rosenthal und Guido Thönnißen.

Wir haben auch einer ganzen Anzahl von kirchlichen Beauftragten für Sekten- und Weltanschauungsfragen für ihre Unterstützung zu danken, unter ihnen vor allem: Dr. Hermann Josef Beckers (Bischöfliches Generalvikariat Aachen), Martin Göth (Diözese Passau), Roland Gottwald (Diözese Paderborn), Joachim Keden (Evangelische Kirche im Rheinland), Wilhelm Zimmermann (Bischöfliches Jugendamt im Bistum Essen). Dem Chefredakteur von Metal Hammer, Edgar Klüsener, sagen wir ebenfalls unseren besten Dank. Bundesbildungsminister Möllemann danken wir ebenso wie dem Kultusminister von NRW, Hans Schwier, für ihre Beiträge.

Monika und Michael Höhn

O. wie Okkultismus – Fallbeispiele

Okkultismus kommt vom lateinischen Wort occultus und bedeutet soviel wie verborgen, geheim. Seit dem Altertum sind Erscheinungen bekannt, die mit dem Wort Okkultismus beschrieben werden: geheimnisvolle, verborgene Kräfte der menschlichen Seele und der uns umgebenden Natur, die angeblich das naturgesetzlich Faßbare übersteigen. Häufig werden sie auch als paranormale Erscheinungen bezeichnet.

Auch heute werden als okkulte Phänomene jene beschrieben, die angeblich jenseits unserer Realität in einer anderen „Wirklichkeit" liegen. Wenn Menschen mit besonderen Praktiken und mit Hilfe eines besonderen „Wissens" auf die „hinter" unserer Wirklichkeit liegende „Wirklichkeit" Einfluß nehmen wollen, spricht man von okkulten Praktiken bzw. Wissen.

Wir vertreten die Auffassung, daß es keinen Grund gibt, Geister oder andere übernatürliche und außersinnliche Kräfte ins Spiel zu bringen, solange sich eine Erscheinung auf natürliche Weise – z. B. durch einen Zaubertrick oder ein naturwissenschaftliches Experiment – darstellen läßt. Wir stimmen darin mit Galileo Galilei überein, der bei seinen Experimenten davon ausging, erst dann die Wirkung unbekannter Kräfte anzunehmen, wenn sich Beobachtetes nicht auf Bekanntes zurückführen läßt.

Der Geist im Glas

Was steckt hinter den „Botschaften aus dem Jenseits"?

Langsam, fast behutsam, rückt Petra ein kleines Tischchen in die Mitte des verdunkelten Raumes. Gebannt und voller Erwartung betrachten wir den präparierten Tisch, erwarten, daß irgendetwas passiert. Petra (. . .) bringt uns ein Weinglas (. . .). Inzwischen hat Klaus das Gläseralphabet mit allen Buchstaben, den Zahlen von Null bis Neun und Karten mit der Aufschrift „JA", „NEIN", „GUT" und „BÖSE" ausgebreitet, und jeder von uns hat sich um das Tischchen gesetzt. Eine geheimnisvolle, spannungsgeladene Atmosphäre macht sich mehr und mehr im Raum breit. Man glaubt förmlich, die Welt der Geister und der Magie befinde sich jetzt schon unter uns. (. . .) Wir fassen uns an den Händen und konzentrieren uns vollständig auf das, was vor uns liegt. (. . .) Petra legt zuerst einen Finger auf den Rand des umgestülpten Glases, aber wir folgen ihr sofort, wie als hätten wir Angst, auch nur die geringste Kleinigkeit zu versäumen. „Geist, bist du da?" ruft Petra; heiser klingt ihre Stimme, bebend, gebannt und voller Erwartung. Und nochmal: „Geist, bist du da?" Da merke ich, daß sich das Glas in Bewegung setzt. Langsam noch, zögernd, so als wüßte es noch nicht so recht, wohin es soll, dann aber (. . .) wandert es auf das Kärtchen mit der Aufschrift „JA". (. . .) Einer nach dem anderen beginnt nun Fragen an den Geist zu stellen: „Wer bist du, Geist?" und „Willst du uns unsere Fragen beantworten?", und wieder und wieder wandert das Gläschen, wandert von Buchstabe zu Buchstabe, wandert, ohne daß einer von uns das Gläschen bewußt in eine Ecke drängt, wandert, und die Kette der Buchstaben ergibt plötzlich Wörter, ganze Sätze, ergibt Sinn. Ein heißer Schauer rinnt mir über den Rücken, ich kann und will es nicht glauben, daß es da etwas gibt, was so gar nicht in meine gewohnte Welt paßt, etwas, was ich nicht begreife, was all meinen bisherigen Erfahrungen entgegensteht.

Quelle: Treffpunkt, KJG-Speyer, 40/1988, zit. in: Fundgrube 30/88 der KJG, Diözese Würzburg

Neben der Zeremonie des Glasrückens selbst kommt in dieser Schilderung deutlich die Neugier und die damit verbundene Spannung auf das „Experiment" zum Ausdruck, die sich zu Beginn des Kontakts zu okkulten Praktiken stets beobachten läßt. Im oben geschilderten Fall waren es 15- bis 17jährige, die sich in Jugendzentren und in Schulen, in Kneipen und in Privathäusern trafen und bis zu sechs Stunden täglich das Glas rückten. Lahnsteiner Schüler berichten über ihre Erfahrungen mit dem „Geist Kevin":

Er hat unsere Spitznamen gekannt und alle Geburtsdaten. Bis dann einmal einer ihn fragte, ob wir auch mal mit 'nem bösen Geist fahren können. Da hat er geantwortet: Luzifer.Da kamen wir echt in Panik und haben zu ihm gesagt: Geh weg, wir wollen dich nicht! Vor lauter Panik haben wir alle Fenster und Türen aufgemacht und viermal ein Vaterunser gebetet. Er hat dann geschrieben: Satans Söhne werden in euch sein. Daraufhin haben wir ihn gefragt, was er will. Er hat geschrieben: Ihr werdet Seelen kaputtmachen und andere Leute linken. Wir wollten aber Beweise haben, und er hat das Wort „Klo" geschrieben. Da ist auf einmal der Klodeckel nebenan runtergefallen. Also ich war an dem Abend fix und foxi. Ich hatte am ganzen Körper 'ne Gänsehaut und konnte vor Angst nicht schlafen. (. . .)
Quelle: Spiegel 42/1987

Nicht nur Schüler und Azubis nehmen an spiritistischen Sitzungen teil. Auch Eltern und Lehrer beteiligen sich an derartigen „Kontakten ins Jenseits", wie im folgenden Beispiel deutlich wird:

Religionslehrer Kurt Gaik kam pünktlich. Am Abend des 13. Juni, exakt um 18 Uhr, fuhr er mit seinem Wagen am Eingang des Bahnhofs Düsseldorf-Benrath vor. Plötzlich öffnete ein gepflegt gekleideter junger Mann, etwa 18 Jahre alt, die Beifahrertür: „Es ist besser, wenn Sie wieder zurückfahren", sagte er zu Gaik, „so etwas ist kein Scherz und auch nichts für Neugierige."
Gaik winkte ab. Der Studienrat, der am Schulzentrum in Erkrath-Hochdahl bei Düsseldorf unterrichtet, hatte sich schließlich tagelang um diese Einladung zur spiritistischen Schüler-Sitzung bemüht. Er wollte wissen, was seine Schüler seit Wochen beschäftigte. (. . .)
Nach etwa zehn Minuten Autofahrt wurde dem Studienrat im Kel-

ler eines Einfamilienhauses die Binde abgenommen. Ein weiterer Junge und drei Mädchen begrüßten ihn und führten ihn durch den Heizungskeller in einen fensterlosen Raum, dessen Wände mit dunkelblauem Samt ausgeschlagen waren.

Beleuchtet war der Raum von 42 Kerzen, die auf sechs Kerzenhaltern an den Wänden brannten. Auf einem Marmortisch lagen, kreisförmig angeordnet, die Buchstaben des Alphabets und die Zahlen von null bis neun, dazu zwei Kärtchen mit der Aufschrift „Ja" und „Nein". In der Tischmitte stand ein umgestülptes Glas. Alle setzten sich.

„Wenn Sie mit Satan Kontakt haben wollen, müssen Sie sich ihm weihen", sagte ein Mädchen zu Neuling Gaik. Sie gab ihm ein kleines Messer, forderte ihn auf, den Mittelfinger der rechten Hand anzuritzen und mit dem Blut die vorgefertigte Erklärung zu unterschreiben: „Hiermit übergebe ich meine Seele dem Satan." Dann wurde der Zettel auf dem Tisch verbrannt, die Asche weggepustet.

„Ist jemand da, der mit uns sprechen will?" begann eines der Mädchen mit langsamer, erhobener Stimme. Dabei legte es den Zeigefinger der rechten Hand auf das umgestülpte Glas in der Mitte und wiederholte: „Ist ein Geist hier? Möchte er mit uns sprechen?"

Nach einer Weile gebannter Konzentration begann das Glas in Richtung der „Ja"-Karte zu rutschen, und das Mädchen fragte weiter: „Wer meldet sich? Wie heißt du, Geist?" Alle Anwesenden legten nun ihren Finger auf das Glas.

Wieder nach einer Pause begann das Glas auf verschiedene Buchstaben zuzutanzen. Die Teilnehmer buchstabierten erregt alttestamentarisch klingende Namen wie Aschon und Eschbolet.

Um herauszufinden, ob der „Geist" auch die Wahrheit sagt, wurde ihm als erstes eine sehr weltliche Frage gestellt: „Wann beginnen in Nordrhein-Westfalen die großen Ferien?" Die Antwort: „16. Juli" – das stimmte. Dann folgten Fragen wie „Werden meine Eltern wieder zusammenkommen?" (Antwort: „Nein") oder „Heiratet Klaus die Gabi?" (Antwort: „Besser nicht").

Studienrat Gaik wollte wissen: „Was war das Lieblingsgetränk meines verstorbenen Vaters?" Geister-Antwort: „Milich." Tatsächlich war Milch das Lieblingsgetränk des alten Gaik, und er sprach das Wort immer „Milich" aus.

Sichtlich erschöpft sagte schließlich einer nach zwei Stunden: „Laßt uns Schluß machen." Abrupt standen alle auf und gaben sich wortlos die Hand. Der Religionslehrer wurde mit verbunde-

nen Augen an den Benrather Bahnhof zurückgefahren, eine Warnung bekam er mit auf den Weg: „Schweigen Sie über alles. Sonst
könnte es sein, daß Sie sich selbst umbringen, etwa durch einen
Verkehrsunfall."
Quelle: Spiegel 42/1987

Das Glasrücken gehört in den Bereich des Spiritismus. Die
Anhänger des Spiritismus gehen davon aus, daß die Seele
eines Menschen beim Tod in eine jenseitige Geister-Welt
hinüberwechselt. Dorthin könne – auf unterschiedliche
Weise – Kontakt aufgenommen werden. Eine dieser Möglichkeiten, mit dem Jenseits in Verbindung zu treten, sei
das Glasrücken. Der Geist des Verstorbenen oder ein anderer Jenseitiger – ein guter oder ein böser Geist – führe das
Glas über die Fingerspitzen der am Tisch Versammelten
und gebe ihnen dabei Antworten auf ihre Fragen. Natürlich
wimmelt es in der Geisterwelt nicht nur von den Geistern
der Verstorbenen, sondern auch von anderen Gestalten –
bis hin zu Luzifer (= Satan, Teufel, Beelzebub, das
Tier 666 u. v. a.).
    Warum Menschen an die Geister Verstorbener glauben,
können wir nicht mit einem Satz befriedigend erklären. Ein
wichtiger Grund scheint uns in der Angst vor dem Tod zu
liegen. Denn niemand weiß, was danach kommt, und für
jeden von uns ist die Trennung von einem geliebten Menschen nur schwer zu ertragen. Mancher sucht da in der Séance Trost für den Verlust. Das ist verständlich, und diese
Seite des Okkulten und seiner Anziehungskraft muß sicher
ernst genommen werden.
    Ein katholischer Religionslehrer machte mit seinen Schü-
lern, die sich mit „theoretischen" Erklärungen nicht zufrie-
den gaben und praktische Erfahrungen machen wollten,
den folgenden Versuch:

In meinem Religionskurs zum Thema „New Age" hatten wir spiritistische Phänomene wie Pendelschwingen, schreibendes Tischchen und Gläserschieben behandelt. Den Schülern reichte jedoch
die theoretische Beschäftigung mit diesem Thema nicht aus. Sie

wollten unbedingt die Probe auf's Exempel machen und bedrängten mich solange, bis ich mich schließlich darauf einließ, einen praktischen Versuch im Unterricht durchzuführen. (. . .)

Für das Experiment hatte ich Kärtchen vorbereitet, die alle Buchstaben des Alphabetes und alle Ziffern enthielten, zusätzlich eine Ja- und eine Nein-Karte. Ein passendes Glas hatte ich aus dem Lehrerzimmer entliehen. (. . .)

Für dieses Experiment hatten wir uns einen wenig genutzten Nebenraum ausgesucht, weil uns der Klassenraum wenig geeignet erschien. Die Vorhänge wurden zugezogen. Jetzt mußte irgendwie mit dem Geist Kontakt aufgenommen werden. (. . .) Wir beschränkten uns auf ein (. . .) neutrales „Geist wir rufen Dich". Man muß sich das plastisch vorstellen: Ein Lehrer und fast erwachsene Schüler murmeln diesen Spruch, während sie einen Finger auf das Glas halten. (. . .) Plötzlich brach ein Schüler in schallendes Lachen aus. Strafende Blicke seiner Mitschüler, die das Experiment unbedingt fortsetzen wollten. Wir einigten uns auf einen neuen Versuch, mit stärkerer Konzentration. (. . .)

„Ist da irgendwo ein Geist?" Nichts tut sich. Noch einmal die Frage. Ich bemühe mich, eventuellen Bewegungsversuchen des Glases keinen Widerstand entgegenzusetzen. Da, ein erster kleiner Ruck des Glases. Es bewegt sich. Zielstrebig wird die Ja-Karte angesteuert. Jetzt können Fragen gestellt werden. Ein Schüler fragt: Habe ich Geschwister? Antwort: Ja. Wieviele? Jetzt muß das Glas ganz schön flitzen, zu den Zahlen ist es weiter, als zur Ja-Karte. Der Schüler, der die Frage gestellt hat, hat seinen Finger vom Glas genommen. Das Glas nähert sich der 3, knickt dann ab und landet bei der 1. „Es stimmt", sagt der Fragesteller. Jetzt will es der Schüler, der vorhin einen Lachanfall hatte, aber wissen: „Mit welchem Buchstaben fängt der Name meiner Mutter an?" Das Glas bewegt sich zum „M". Dann kommt die Frage nach dem Namen des Vaters und schließlich die Frage: „Lügst du?" Nach dieser Frage bewegt sich das Glas nicht mehr, und wir brechen das Experiment ab.

Quelle: W. Christmann, in: VKR-Materialdienst, 1/88, Hannover (1988)

Das Glas bewegt sich tatsächlich auf dem Tisch. Meistens jedenfalls. Daran ist nicht zu zweifeln. Zweifel sind allerdings angebracht, wenn dafür ein Geist verantwortlich gemacht wird.

   Verblüffend ist es schon, wenn plötzlich ein Glas scheinbar ganz von selbst über den Tisch rutscht, sich auf Buchstaben oder Zahlen zubewegt und dabei sogar sinnvolle Worte schreibt. Und spannend ist es wohl auch, wenn das Glas bis zu sechs Stunden gerückt wird; sonst würde man es bestimmt nicht so lange aushalten. Unheimlich und gruselig ist es. Das Geld für einen Horrorfilm im Kino oder auf Video kann man sich getrost sparen. Die Stimmung erzeugt Gänsehaut – bei verdunkeltem Raum und Kerzenlicht. Auch weniger ängstliche Naturen können die Anwesenheit der Geister geradezu „spüren".

Wenn hier wirklich Geister am Werk sind – welche Antworten geben sie?

Im zweiten Beispiel nennt das Geister-Glas alle Spitznamen und sämtliche Geburtsdaten der Lahnsteiner Schüler. Kannten sie die nicht selber? Warum haben sie den „Geist" danach gefragt? Ist das so außergewöhnlich, daß man dazu einen Geist um Auskunft anrufen müßte? Bisher hat das Glas nur solche Antworten gegeben, die mindestens einer aus der Gruppe selbst hätte geben können.

Dann fragen die Schüler, ob sie „mit 'nem bösen Geist fahren können". Jeder aus der Runde weiß, daß da eigentlich nur einer in Frage kommt: der Teufel selbst, auch Luzifer oder Satan genannt. Prompt rückt das Glas auf: LUZIFER. Von dem Augenblick an herrscht Panik im Raum. Die Schüler reißen vor Angst Fenster und Türen auf und beten vier Vaterunser.

Wer hat uns die Geschichte aus Lahnstein eigentlich erzählt? War es jemand, der ans Gläserrücken glaubte? War nicht vielleicht auch einer dabei, der das alles ganz anders erlebt hat? Wir haben die Geschichte aus Lahnstein von jemandem gehört, der von der Sache überzeugt ist. Das ist oft so und gilt für alle Bereiche des Okkulten: Kritische Stimmen werden einfach totgeschwiegen oder unterschlagen. Diese Beobachtung halten wir für wichtig.

Auch im Beispiel 3 sind die Beteiligten bereits beim Teufel angekommen: Wer hier mitmacht, muß sich in einem Blutritual dem Satan weihen. Aber auch der gerufene

„Geist" mit den alttestamentarisch klingenden Namen – ist es mehr als einer? – weiß offenbar nur Antworten auf Fragen, die lapidar, fast lächerlich anmuten. Auch hier kennt jeweils mindestens eine/r aus der Runde die richtige Antwort; selbst das ungewöhnliche Wort „Milich" war einem, nämlich dem Religionslehrer, bekannt.

Gefährlich wird die Sache nach unserer Auffassung dadurch, daß über alles geschwiegen werden muß und der Verstoß gegen dieses Gebot mit dem Tod bedroht wird; spätestens hier hört der Spaß auf. An diesem Beispiel wird uns deutlich, daß bei der Geisterbeschwörung z. T. gezielt Angst eingesetzt wird, um Stimmung zu erzeugen, denn: Wer Angst hat, kann nicht mehr klar denken.

Schon vor mehr als hundert Jahren fanden Wissenschaftler heraus, daß nicht irgendwelche Geister aus dem Jenseits das Glas bewegen, sondern die Teilnehmer der Sitzung selbst. Allerdings werden diese wohl beschwören, daß sie es nicht gewesen seien. Und tatsächlich haben sie das Glas nicht bewußt, sondern unbewußt gerückt. Die Wissenschaftler nennen diese Erscheinung motorischen Automatismus bzw. psychomotorischen Automatismus.

Wie läuft das im einzelnen ab?*
Viele Menschen meinen, wir könnten unsere Muskeln in völlige Ruhe versetzen. Das aber stimmt nicht, denn selbst in der Ruhelage sind einzelne Muskelfasern angespannt. Durch spezielle Meßgeräte und Hochgeschwindigkeitsfilmaufnahmen lassen sich diese „Erregungsimpulse" messen bzw. darstellen.

Beim Glasrücken hält man den Arm ausgestreckt, und der Finger berührt den Rand des Glases, d. h. die Muskeln leisten harte Arbeit. Was geschieht, wenn man den Finger

---

* Die nachfolgenden Erläuterungen gelten in ähnlicher Weise für das Pendeln, das automatische Schreiben mit Tischchen oder durch eigene Hand sowie für das Wünschelrutengehen. Wir verzichten in den Fallbeispielen zum automatischen Schreiben und zum Pendeln auf die Wiederholung dieser ausführlichen Beschreibungen. Bei der Darstellung der Vorgänge beziehen wir uns v. a. auf die Bücher von Prokop, Wimmer und W. Hund – vgl. Literaturangaben am Ende des Bandes.

– wie eine Antenne – lange genug auf dem Glasrand läßt? Die Armmuskeln beginnen zu zittern.

Beispiele: Jeder Sportler weiß, daß die Muskeln nach einer Anspannung zittern – und er kann sie auch mit größter Willenskraft nicht völlig ruhig stellen. Auch wer einmal mit einem Gewehr auf eine Scheibe gezielt hat, weiß: Je länger man vor dem Schuß zielt, umso mehr zittert der Lauf des Gewehres, umso schwieriger wird ein „sauberer Schuß". Die Wissenschaftler bezeichnen dies als Anspannungszittern (lat.: Intentionstremor).

1. Ergebnis: Es gibt unbewußte Muskelbewegungen.

Warum bewegt sich das Glas manchmal sehr rasch über den Tisch?

Das hat mit „Resonanz" zu tun: Eine Bewegung verstärkt sich, wenn sie eine Art Echo erhält.

Beispiele: Wenn z. B. eine Kolonne Soldaten eine Brücke überqueren will, darf sie das nicht im Gleichschritt tun; bei Gleichschritt würde die Brücke nämlich in so starke Schwingungen versetzt, daß sie sogar einstürzen könnte. Wer schon einmal Schiffschaukel gefahren ist, weiß, daß diese an Höhe gewinnt, wenn man im richtigen Augenblick und im gleichen Rhythmus Schwingungsanstöße gibt. Übrigens gilt dieses Prinzip auch bei der Tonerzeugung, z. B. in der Musik; dort werden durch Resonanzkörper Schwingungen verstärkt und oft erst dadurch hörbar gemacht.

2. Ergebnis: Resonanz wirkt verstärkend.

In manchen Kaufhäusern findet man Geräte, die den Puls messen: Man muß nur den Zeigefinger in eine Stahlschlaufe stecken und einen Knopf drücken – schon zeigt der Computer die genaue Zahl der Pulsschläge an.

Wie kann das funktionieren, wo der Puls normalerweise doch am Handgelenk gemessen wird?

Das ist richtig. Doch man fühlt den Puls überall an seinem Körper – mehr oder weniger stark: an der Halsschlagader ebenso wie an der Schläfe. Und das Meßgerät kann ihn sogar an den Fingerspitzen messen. Diese kaum wahrnehmbaren Pulswellen lassen sich nicht „abstellen"; man nennt sie Kapillarpulswellen.

3. Ergebnis: Auch Kapillarpulswellen können die Schwingung beeinflussen.

Atemlos sitzen die Teilnehmer des Glasrückens am Tisch und beobachten, wie das Glas sich unter ihren Fingern hin- und herbewegt.

Atemlos? Irgendwann müssen sie doch mal Luft holen, wahrscheinlich aufgrund der Erregung sogar recht tief. Vom Beispiel mit dem Gewehr wissen wir, daß sich die Atmung stark auf den Gewehrlauf auswirkt (deshalb halten viele Schützen vor dem Schuß den Atem an). Und was für das Gewehrschießen gilt, gilt auch beim Glasrücken: Alle Atembewegungen der Beteiligten übertragen sich über die „Arm-Finger-Antenne" auf das Glas und verstärken auf diese Weise die Bewegung.

4. Ergebnis: Atmung verstärkt die Bewegung.

Wer an der Séance teilnimmt, ist innerlich gespannt. Vielleicht erwartet er voll Ungeduld, daß im nächsten Augenblick etwas geschieht. Wir sind keine Roboter, wir können – je nach Temperament – unsere seelische Anspannung nicht verbergen. Sie muß heraus – und überträgt sich dabei auf das Glas als zusätzlicher Impuls.

5. Ergebnis: Seelische Anspannung beeinflußt die Bewegung.

Das sind die fünf Antworten der Naturwissenschaft auf die Frage, warum sich das Glas überhaupt bewegt. Warum aber bewegt sich das Glas so, daß die richtigen Antworten dabei herauskommen?

Für diese Erscheinung ist der Carpenter-Effekt verantwortlich. Er ist der Schlüssel für sämtliche Erscheinungen des Glasrückens, Pendelns, Wünschelrutengehens und ähnlicher Phänomene.

Alle diese Bewegungsimpulse (. . .) können als Teilfaktoren der Ideomotorik (Carpenter 1852) subsumiert werden. Der Carpenter-Effekt besteht darin, daß *jede Bewegungsvorstellung einen Antrieb zum Vollzug dieser Bewegung einschließt*. So konnten erstmals Allers und Scheminzky 1926 nachweisen, daß bei Bewegungsvorstellung Aktionsströme in der betreffenden Muskulatur auftreten. Lebhafte Vorgänge in der Hirnrinde zeigen die Neigung, sich auszubreiten, zu irradiieren, wobei besonders motorische Rindenzentren induziert werden. Auf solche Weise greifen besonders lebhafte Sinneseindrücke ohne Beteiligung des Bewußtseins auf motorische Zentren über. Der Turm eines gotischen Domes „reißt" den Blick nach oben, und temporäre Verbindung im Sinne Pawlows zwischen der entsprechenden Kopf- und Augenlidbewegung und dem Sinneseindruck vom Auge her hat zur Folge, daß auch bei Vorstellung des Turmes und Sprechen des Wortes Turm („2. Signalsystem") der Kopf und die Augenlider gehoben werden. Turm und Augenstellung sind auf dem Wege sensomotorischer Koppelung fest miteinander assoziiert oder bedingt reflektorisch verbunden. Besonders auffällig ist dieser Effekt, wenn fast regelmäßig zur Beschreibung einer Wendeltreppe charakteristische Hand- und Fingerbewegungen zu Hilfe genommen werden oder wenn Kinder zur Beschreibung eines dicken Menschen entsprechend charakteristische Gesten machen (. . .). Jeder weiß außerdem, daß das Gähnen „ansteckend" ist, d. h. der Anblick eines herzhaft gähnenden Menschen oder selbst nur die lebhafte Vorstellung des Gähnens eine synkinetische Innervation der entsprechenden Kiefermuskeln zur Folge hat.

Quelle: W. Hund, alles fauler Zauber?!, Okkulte Phänomene – was steht dahinter?, Mühlheim 1988.

Zusammengefaßt bedeutet die Erscheinung, die als Carpenter-Effekt bezeichnet wird, daß sich jede Bewegung, die man sich vorstellt, in eine Darstellung dieser Bewegung umsetzt; z. B.:

– Wenn man sich vorstellt, am Rande eines Tennisfeldes zu stehen und Boris Becker gegen Ivan Lendl spielen zu sehen, wandern die Augen hin und her.
– Wenn man einen aufregenden Action-Film betrachtet, in dem der Hauptdarsteller von mehreren Gangsterwagen verfolgt wird, spürt man förmlich, wie der eigene Körper in der Phantasie mitgeht.

Jeder kann den Carpenter-Effekt an Dutzenden alltäglichen Beispielen selbst überprüfen. Stets sind es die eigenen Gedanken, die den Körper oder Teile davon „steuern".

Jetzt fällt auch die Antwort auf die Frage nicht mehr schwer, warum sich das Glas gerade auf jene Buchstaben zubewegt, die eine richtige Antwort ergeben: Es bewegt sich so, wie es der Teilnehmer will, der die Antwort kennt. Er ist es, der es – bewußt oder unbewußt – zu den richtigen Buchstaben lenkt; die anderen Teilnehmer merken das nicht.

Damit wird klar, daß manche Antwort aus dem Unbewußten oder Unterbewußten der Teilnehmer mit Hilfe des Glases ins Bewußtsein geholt werden kann. Klar ist auch, daß auf diese Weise niemals die Antwort auf eine Frage nach der Zukunft gegeben werden kann. Die Auffassung, der „Geist im Glas" könne die Zukunft weissagen, ist nichts weiter als ein gefährlicher Aberglaube.*

Ein Gespenst schreibt seinen Namen
Automatisches Schreiben mit und ohne Tischchen

Gabi war 18 Jahre alt und das einzige Mädchen in einer Berufsschulklasse von angehenden Malern und Anstreichern.

„Ich habe einen Mann in der Nachbarschaft besucht, der sich aus Amerika einen kleinen Tisch besorgt hat. Dieser Tisch kann Botschaften von Geistern aus dem Jenseits auf Papier schreiben", erzählte sie eines Tages geheimnisvoll.

---

* Wir gebrauchen diesen Begriff im ursprünglichen Sinn (nach Levy-Bruhl): Aberglaube ist danach die Denkweise, Ammenmärchen sofort zu vertrauen, ohne andere Erfahrungen zu berücksichtigen; er ist die magisch-primitive Weltsicht des frühzeitlichen Menschen, der überall übernatürliche Mächte am Werk glaubte, weil er die natürlichen nicht – oder noch nicht – kannte bzw. diese einfach nicht wahrhaben wollte.

Ihre Mitschüler sahen sich vielsagend an, als wollten sie sagen: Jetzt ist sie übergeschnappt. Trotzdem waren sie neugierig und wollten von ihr wissen, was es mit dem Tischchen auf sich habe.

Gabi beschrieb, was sie wenige Tage zuvor erlebt hatte: „Wir saßen zu viert um einen großen runden Tisch, der mit Packpapier bedeckt war. Darauf stand der kleine Tisch. Er war ganz ausgelegt mit Holzarbeiten und Elfenbein, hatte drei Beine. An zwei Beinen hatte er Rollen, am dritten Bein war ein Bleistift befestigt. Der Nachbar hatte die Gardinen zugezogen und Kerzen angezündet. Mir war es ziemlich unheimlich, aber ich glaubte nicht daran, daß das Tischchen tatsächlich Botschaften von Geistern und Verstorbenen aufschreiben könnte. Ich durfte als erste eine Frage stellen. Ich fragte, was meine Großmutter vor ihrem Tod zuletzt gegessen hatte. Meine Oma ist nämlich vor sechs Wochen gestorben. Ich hatte sie noch am Nachmittag gegen 16 Uhr im Krankenhaus besucht und ihr ein Pfund Kirschen mitgebracht. Die aß sie nämlich so gern. Ich fütterte sie und sah, wie sie sich freute. Als ich gegen 18 Uhr zu Hause war, klingelte kurz darauf unser Telefon: Oma ist gerade gestorben. Ich dachte, mich trifft der Schlag. Wir saßen ungefähr eine Stunde, hielten die Zeigefinger auf den Rand des Tischchens und warteten. Der Arm wurde mir lahm, und ich spürte kaum noch was. Nichts geschah – das Tischchen bewegte sich nicht vom Fleck. Da brachen wir ab, zogen die Vorhänge auf und ließen ein bißchen frische Luft herein. Nach einer kleinen Pause setzten wir uns noch einmal hin, legten die Finger auf und warteten wieder. Da – nach etwa einer halben Stunde begann das Tischchen zu rucken. Ich war ganz durcheinander und starrte auf das Packpapier: Krakelig, aber doch lesbar, schrieb es das Wort ‚Kirschen‘."

Als sie bis hierher gekommen war, brach es aus den Jungen heraus. Sie wollten sich nicht auf den Arm nehmen lassen, meinten, das sei total verrückt, und Gabi sei wohl nicht mehr ganz richtig im Kopf.

24

Sie ließ sich jedoch nicht beirren: „Was ich erlebt habe, habe ich erlebt. Ihr könnt erzählen, was ihr wollt – ich habe vorher selbst nicht geglaubt, daß es funktioniert."*

Der katholische Theologieprofessor Staudenmaier hat jahrelang Versuche mit automatischem Schreiben gemacht. Die Technik des automatischen Schreibens: Man nimmt einen Bleistift, hält ihn solange auf ein Blatt Papier, bis er „von selbst" zu schreiben beginnt. Staudenmaier war davon überzeugt, daß seine Hand von Geistern geführt werde.

Die Geister, die sich auf diese Art bei ihm meldeten, ließen ihn nicht mehr los. Da äußerten sich die Stimmen von Personen aus dem Jenseits; Teufel und Spottgeister plagten ihn schrecklich. Wenn Staudenmaier spazierenging, sah er überall Kobolde, Gespenster und andere merkwürdige Gestalten. Sie gewannen soviel Macht über ihn, daß er schließlich keine Kontrolle mehr über seine Hände hatte und sich immer wieder die „motorischen Automatismen" meldeten. Am Ende bescheinigten die Ärzte ihm eine „deklarierte Paranoia", eine offensichtliche Geistesstörung.

Es gibt eine Form des Tischerückens, das ähnlich wie das Glasrücken funktioniert: Auf einem QUIJA-Bord (franz. oui = ja) mit den Buchstaben des Alphabets, den Zahlen von 0 bis 9 und den Worten „JA" und „NEIN" auf der rechten bzw. linken Seite, rückt auch das Tischchen auf die verschiedenen Buchstaben und Zahlen zu. Das Ergebnis wird hierbei zumeist von einem Protokollanten mitgeschrieben.

Eine Möglichkeit der Kontaktaufnahme mit dem Jenseits bietet auch das „Westerwälder Tischchen".** Das Tischchen klopft mit einem Bein auf den Boden, wenn man die Hände daraufflegt (je nachdem, was zuvor mit dem Tischchen „verabredet" wurde). Zum Beispiel könnte man verabreden, daß einmal Klopfen „JA", zweimal Klopfen „NEIN" bedeutet. Eine andere Art ist das Klopfen des Al-

---

* Wir gehen davon aus, daß das automatische Schreiben mit oder ohne Tischchen (meistens) funktioniert. Das schreibende Tischchen wird auch Planchette genannt.

** Der Name ist natürlich regional geprägt; an anderen Orten ist das gleiche Verfahren durch andere Bezeichnungen bekannt.

phabets (A = 1mal klopfen, B = 2mal klopfen, C = 3mal klopfen usw.). Dabei ist es sicher ein Problem, daß die Teilnehmer sich nicht verzählen; um allein ein Wort wie „Geist" richtig auszuzählen, bedarf es großer Konzentration.

Auch das „automatische Schreiben" läßt sich durch natürliche Vorgänge erklären: für den Bewegungsablauf gilt – mit leichten Abwandlungen – das gleiche Prinzip wie beim Glasrücken.

Wahrscheinlich treten zum „Carpenter-Effekt" Kräfte aus dem Unterbewußten hinzu. Beispiel: Man sitzt am Telefon und unterhält sich angeregt mit einem Freund. Nach einer halben Stunde legt man den Hörer auf, weil ein anderes Familienmitglied, z. B. der Vater, seinerseits einen Anruf erwartet. Der Vater nimmt den Notizzettel in die Hand und fragt: „Wer hat denn dieses herrliche Kunstwerk gemalt?" Man streitet ab, der Urheber der Kritzeleien und Ornamente zu sein. Aber – ein anderer kommt wohl nicht in Frage. Da hat man also ein ganzes Blatt vollgemalt – ohne es „gemerkt" zu haben.

So ähnlich könnte es beim automatischen Schreiben auch ablaufen: Man ist fest davon überzeugt, die Worte auf dem Blatt nicht selbst geschrieben zu haben, und doch ist es so. Das Gehirn muß irgendwie „zweigleisig" gefahren sein.

Autofahrer kennen dieses Phänomen: Sie schaffen es mühelos, sich beim Fahren zu unterhalten. Dabei merken sie oft gar nicht, wenn sie bremsen, kuppeln, schalten oder Gas geben. Das tut offenbar ein anderer Teil des Gehirns für sie.

Wenn man sich lange genug mit dem automatischen Schreiben beschäftigt, kann man diese „Zweigleisigkeit des Gehirns sicherlich „trainieren".

Mit Geistern hat das Ganze also nichts zu tun, obwohl diese sich u. U. – wie bei Professor Staudenmaier – auf gefährliche Weise einstellen. Mit dem Unterbewußten – das uns zum großen Teil tatsächlich unbekannt ist – läßt sich nicht spaßen. Selbst der 1961 verstorbene Parapsychologe Tischner warnte vor dem automatischen Schreiben: Man könne sehr schnell die Herrschaft über seinen Körper verlieren und vollkommen von zerstörerischem Automatismus abhängig werden.

Daß oft genug auch „Bluff" im Spiel ist, können wir am folgenden Beispiel belegen: Die Zeitschrift „BRAVO" führte in einer der dreizehn Serien über okkulte Praktiken auch das automatische Schreiben vor. Die beiden Bilder zeigen deutlich, daß hier etwas nicht stimmt: Ein Tischchen, dessen Schreibspitze ständig auf dem Papier ruht, kann nur zusammenhängende Buchstaben schreiben. „BRAVO" hat offenbar ein besonderes Tischchen, das zwischendurch „hüpfen" und so einzeln stehende krakelige Druckbuchstaben schreiben kann.

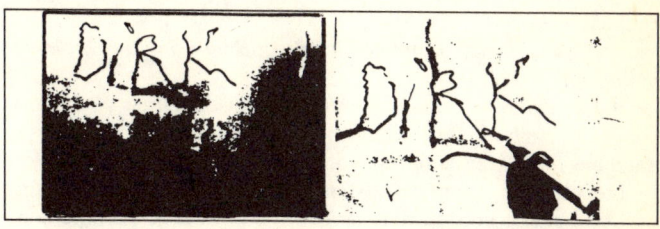

Zusammenfassend läßt sich feststellen: Automatisches Schreiben hat nichts mit „Geistern aus dem Jenseits" zu tun, sondern mit unserem Unterbewußtsein. Deshalb können wir Antworten aus der Vergangenheit erhalten, die – möglicherweise – in unserem Unterbewußtsein verborgen sind. Das automatische Schreiben rührt an tiefliegende Sehnsüchte und Ängste. Wenn die Ängste auf diese Weise geweckt werden, können sie häufig nicht angemessen aufgefangen werden. Antworten auf Fragen nach der Zukunft kann das automatische Schreiben folglich nicht enthalten.

Was Tote zu erzählen haben
Tonbandstimmen und ihre Deuter

Frage: Wie bist du dazu gekommen, Stimmen aus dem Jenseits über das Tonband abzuhören?
Schülerin: Aufmerksam geworden darauf bin ich durch meine Tante und meine Mutter. Die haben davon erzählt und mich gefragt, ob ich nicht Lust hätte, dabei mitzumachen. Zuerst war ich unsicher. Ich hatte schon soviel davon gehört, auch von meinen Klassenkameraden, daß es gefährlich sei. Na ja, dann habe ich aber doch 'mal mitgemacht. Zuerst dachte ich: Das ist doch alles Quatsch, da glaube ich sowieso nicht daran.
Frage: Und was macht ihr genau in eurem Kreis?
Schülerin: Ich weiß es selbst nicht so genau. Ich weiß nur, daß in der Mitte ein Tonbandgerät steht, das mit Batterien geladen ist, ein spezielles Tonbandgerät. Wie die das aber genau machen, weiß ich nicht.
Frage: Also, ihr sitzt zusammen in einem Raum, um das Tonband herum, und dann?
Schülerin: Dann wird das Tonbandgerät eingeschaltet. Wichtig ist dann ja vor allem eine Kontaktperson, also eine Person, die jemand aus dem Kreis kennt und die dann angerufen wird. Die Person braucht man ja, um die Verbindung zu den Geistern herzustellen. Also zuerst konzentrieren wir uns auf diese Kontaktperson. Das Tonband läuft mit einer vorher nicht besprochenen Kassette und ohne Mikro. Wenn der Kontakt hergestellt ist, beginnen wir die toten Geister zu fragen und hören ihre Stimmen direkt über das Tonband.
Frage: Kennst du die Kontaktpersonen auch, die ihr angerufen habt?
Schülerin: Entfernt. Beim letzten Mal war es ein Bekannter einer Bekannten von mir. Diese Person wurde dann angerufen, und durch sie haben wir den Kontakt mit dem Geist des Toten bekommen.
Frage: Dauert es lange, bis der Kontakt hergestellt ist?
Schülerin: Verschieden. Manchmal antworten sie ganz schnell, manchmal kommt aber auch gar kein Kontakt zustande. Aber das ist selten.
Frage: Was sagen denn die „toten Geister"?
Schülerin: Die antworten meistens auf unsere Fragen.

Frage: Auf welche Fragen antworten sie? Kann man sie alles fragen?

Schülerin: Nein, auf alle Fragen antworten sie nicht. Zum Beispiel auf bestimmte Zukunftsfragen antworten sie nicht. Nur so allgemeinere Sachen, z. B.: Geht es dir gut? Wie gefällt es dir hier? usw. Sie sagen keine normalen Sätze. Sie antworten praktisch nur bruchweise, manchmal auch nur in ganz komischen Lauten, oder sie sagen einzelne Wörter, oft ganz verworren. Auf Fragen wie: Was passiert in der nächsten Woche, wann sterbe ich oder was ist in zehn Jahren? – darauf antworten sie nicht.

Frage: Hast du dabei schon 'mal etwas erlebt, was dich direkt betroffen hat?

Schülerin: Nicht direkt. Aber in meiner Verwandtschaft ist 'mal folgendes passiert. Meine Tante macht so etwas ja schon länger. Ihr Sohn hatte vor einigen Jahren einen tödlichen Motorradunfall. Vorher haben ihr die Stimmen über das Tonbandgerät gesagt, daß etwas Schlimmes in der Familie passieren würde, und dann ist mein Cousin auch verunglückt. Ich glaube daher schon, daß an alledem was dran ist. Jedenfalls ist das was ganz anderes als dieses Tischerücken oder Gläserschieben. Daran glaube ich nicht. Das ist doch alles manipuliert; aber diese Stimmen, das sind doch Fakten, da kann man nicht dran vorbei.

Frage: Was erhoffst du dir denn selbst, was möchtest du denn erfahren?

Schülerin: Ja, zum Beispiel ist vor einiger Zeit bei einem Flugzeugabsturz eine Freundin von mir gestorben. Ich möchte einfach wissen, wie es ihr jetzt geht.

Frage: Und hast du schon etwas von deiner Freundin erfahren?

Schülerin: Nein, aber vielleicht beim nächsten Mal. Vielleicht mache ich aber auch sowas überhaupt nicht mehr.

Frage: Warum?

Schülerin: Weil es mir auch irgendwie ein beklemmendes Gefühl macht. Irgendwie sind mir diese verworrenen Stimmen unheimlich. Außerdem weiß ich gar nicht, ob ich wirklich alles erfahren will. (. . .) Wenn die „Geister" mir dann z. B. etwas Schlimmes für die nächste Zeit vorhersagen würden, würde ich die ganze Zeit darauf hinleben, daß jetzt bald etwas Schlimmes passiert. Vielleicht würde es dann nur passieren, weil ich darauf warte.

Frage: Hast du auch ein beklemmendes Gefühl, weil du nicht weißt, mit wem du da redest?

Schülerin: Ja, seit ein Freund mir mal gesagt hat, daß das gar nicht die „toten Geister", sondern Dämonen seien, die da mit uns reden. Und die können böse und gut sein. Das weiß man eben nicht.

Frage: Kann man die Kassette eigentlich später noch mal abhören?
Schülerin: Nein, wenn man das Tonband nochmal abspielt, hört man nichts mehr. Aber ich weiß ganz genau, daß wir vorher die Stimmen gehört haben.
Quelle: FAKTEN 3/88

Aus dem Interview mit der Schülerin wird deutlich:

1. Ihre Mutter und ihre Tante glauben daran, daß es eine jenseitige Geisterwelt gibt, die man mit Hilfe des Tonbandgerätes erreichen kann. Die Schülerin ist durch Klassenkameraden verunsichert, aber ihre Neugier ist stärker.
2. Mittlerweile ist sie durch praktische Erfahrungen davon überzeugt, daß sich über das Tonband Kontakte ins Jenseits herstellen lassen.
3. Offenbar sind die Geisterstimmen nur schwer zu verstehen. Die Geister sprechen in Bruchstücken und beantworten nicht alle Fragen – vor allem zu Fragen nach der Zukunft äußern sie sich nicht. (Ausnahme: Ihrer Tante sollen die Stimmen Schlimmes vorausgesagt haben; irgendwann danach verunglückte der Sohn tödlich.)
4. Die Schülerin möchte erfahren, wie es ihrer Freundin, die bei einem Flugzeugabsturz ums Leben gekommen war, „drüben" geht.
5. Gleichzeitig hat sie das „beklemmende Gefühl", die Stimmen könnten ihr doch einmal etwas Schlimmes voraussagen. Angst hat sie auch davor, daß es sich bei den „toten Geistern" um böse Dämonen handeln könnte.

Das nächste Beispiel führt mitten in die „Praxis" der Hellseher, die Geister professionell anrufen – und Geld dafür nehmen:

(. . .) Wir – das heißt Nicole, Stella und Christian, Frau Kroll, der Fotograf und ich sitzen in einem abgedunkelten Zimmer und lauschen angespannt. Wir wollen die Stimmen der Toten hören, ihnen Fragen stellen – die Antworten sollen sie auf ein Tonband sprechen. (. . .)

Wir sind skeptisch. Vor allem Christian, der „diesen Mist nicht glaubt. Das ist Betrug, da ist irgendein Trick dabei." Stella ist „neugierig, aber mißtrauisch". Und Nicole, die fest an das Leben nach dem Tode, an Geister und Übersinnliches glaubt, ist „unheimlich gespannt, ob sich meine Erwartungen erfüllen". (. . .)

Als erstes legt Frau Kroll eine versiegelte Kassette, die wir ihr erst jetzt geben (um vorherige Manipulationen zu verhindern) in ihr mitgebrachtes Gerät. Sie bittet, sich völlig zu konzentrieren (. . .) und fordert als erste Nicole auf, einen „Jenseitigen" zu benennen, mit dem sie sprechen möchte.

Nicole darf nur einen Namen nennen: Marie Meier, geboren in Passau. Es ist Nicoles Großmutter, aber das soll Frau Kroll nicht wissen, um nicht irgendwelche logischen Schlüsse ziehen zu können. Die Hellseherin hat also keine Ahnung, ob diese Marie eine alte Frau oder ein junges Mädchen ist, ob sie eine Verwandte oder Freundin von Nicole war, woran sie starb und wann.

„Marie Meier", ruft Frau Kroll theatralisch ins eingeschaltete Tonband. „Marie, hier ruft dich Nicole aus München. Melde dich, Marie! Ich bitte meine Freunde im Jenseits im Licht des allmächtigen Gottes um Hilfe!! Laßt Marie durch – laßt Marie sprechen!!"

Frau Kroll vertritt nämlich die Ansicht, daß es im Äther bloß so schwirrt und surrt vor Stimmen von Jenseitigen. Und um mit einem bestimmten Verstorbenen sprechen zu können, müssen die anderen ihn „durchkommen lassen". . .

Nun stellt die Hellseherin Fragen: „Marie Meier, sage uns, wodurch bist du rübergegangen? Was war die Ursache deines Todes?" (. . .)

Dann drückt sie immer wieder die Rückspultaste, lauscht angestrengt, hört ihre eigenen Fragen und Worte auf dem Band. Und dann plötzlich ein Zischen, ein Gurgeln!!! Was war das?!

Frau Kroll wird blaß. „Mußt nicht weinen!", sagt Marie – so will es die Hellseherin gehört haben. „Passiert grausam. Kopf. Lungenkrebs."

Wir hören zwar bloß ein seltsames „RRR" und „FFFT" – aber das „Medium" Kroll wird's schon richtig deuten. . . Und tatsächlich. Nicole wird ganz rot vor Aufregung: „Ja, das stimmt!! Das stimmt! Meine Großmutter ist an Lungenkrebs gestorben . . . Das war sie!!"

Auch die anderen sind ziemlich verblüfft. Woher hätte Frau Kroll auch wissen sollen, daß diese Frau an Lungenkrebs starb?! Das ist schon ziemlich konkret, und auf „gut Glück" kann man so eine spezielle Todesursache eigentlich nicht erraten . . .

Auch Christian ist nun ins Schleudern gekommen, sieht nachdenklich aus. Aber Frau Kroll nimmt ihm gleich den Wind aus den Segeln: „Hier ist jemand, der die Sache hemmt. Ein Ungläubiger. Er kann ja nichts dafür, aber er beeinflußt diese Gespräche negativ, ich spüre es . . .“

Sie zieht ein Pendel, pendelt über dem Tonband. „Ja, da ist ein negativer Einfluß. Wenn wir mehr rausholen wollen bei den Jenseitskontakten, dann muß dieser junge Mann hier leider den Raum verlassen . . .“

Ist das nun ein Trick, um einen aufmerksamen, kritischen Zuhörer kaltzustellen? Oder spürt Frau Kroll diese „negative Energie“ tatsächlich?!

Christian jedenfalls geht aus dem Zimmer, und der zweite Jenseitskontakt beginnt. Wieder mit der üblichen Anrede-Formel, mit der ersten Frage. Diesmal ist Stella dran. Sie ruft „Antonia aus Athen“.

Eine Tante von ihr, die erst vor kurzem starb, mit 55 Jahren, und zwar an einer rätselhaften Krankheit, die erst im Endstadium von den Ärzten als Leukämie erkannt wurde.

Die Tonbandstimme flüstert wieder beim Abhören, diesmal etwas deutlicher und lauter. „Die negative Energie ist weg, nun geht's besser“, bemerkt Frau Kroll. Dann schreibt sie ein Protokoll der Worte, die sie angeblich hört:

„Verhungert“.

„Mein Großer.“

„Wie schade.“

Und dann, ziemlich deutlich „Krzinm“ – das auch wir „Nicht-Medien“ als „Karzinom“, den medizinischen Fachausdruck für Krebsgeschwulst „entziffern“ können.

Die unheimliche Stimme wispert weiter: „Habe Schmerzen in den Beinen“ – „Im Blut was“ – „so schnell zu Ende“ – „Fehler gemacht“ – „ich bedaure“. Dann: „Mein Engel“ – „Ehe“ – „Sohn gekriegt“, und noch mal „wie schade!!“

Stella fängt an zu weinen. „Das gibt's doch gar nicht!! Das stimmt alles!! Meine Tante hat zu ihrem Sohn immer ‚mein Großer‘ gesagt, weil er fast zwei Meter groß ist. Sie hat unheimlich an ihm gehangen. Und dieses ‚wie schade‘ und ‚ich bedaure‘ – das bezieht sich sicher darauf, daß sie nicht sterben wollte, noch nicht. Sie war viel zu jung. ‚Ehe‘ heißt, daß ihr geliebter Sohn, zu dem sie übrigens auch oft ‚mein Engel‘ sagte, ganz kurz vor ihrem Tod geheiratet hat und – was Tante nicht wissen konnte, weil sie da schon tot war –, einen Sohn bekommen hat. Mir läuft's eiskalt den Rücken runter . . . Das mit den Beinen – das stimmt auch. Als die rätselhafte Krankheit anfing, hatte sie starke Schmerzen in den Beinen."

Aber dann will Stella wissen: „Wo bist du begraben?" Es ist ein Test. „Hier", kommt die Antwort. „Stimmt nicht", sagt Stella. „Sie wurde nach Athen gebracht und dort beerdigt . . ."

Eine andere Ungereimtheit: Im Protokoll mit Nicoles Großmutter tauchen die Worte „Orchester" und „Geburtstag" auf, mit denen sie nichts anfangen kann. Was soll das bedeuten?

Frau Kroll hakt nach, aber zieht sich dann schnell aus der Affäre: Orchester kann auch Musik heißen. Sicher gab es Musik bei der Beerdigung, oder? Die Verstorbenen reden gern von ihrem Begräbnis oder Grab, das berührt sie wohl stark. Und Geburtstag?! Hat vielleicht jemand am Todestag der Marie Geburtstag oder um dieses Datum rum?!"

„Ja", sagt Nicole. „Meine Mutter. Die hat im Sommer Geburtstag, und im Sommer ist meine Großmutter gestorben . . ."

Quelle: GIRL!, 1. September 1988

Gläserrücken und automatisches Schreiben mögen ja noch auf natürliche Weise zu erklären sein, was aber hat es mit dieser Form der Kontaktaufnahme zu jenseitigen Geistern auf sich? (Immerhin etwa 40 Prozent der nach Okkultismus befragten Jugendlichen geben an, mit dieser „Spielart" des Spiritismus Erfahrung zu haben.)

Tonbandstimmen aus dem Jenseits – damit ist der spiritistische Glaube verbunden, daß es ein Jenseits gibt, zu dem wir mit Hilfe von „Medien" Kontakte herstellen können. Gläserrücken und automatisches Schreiben werden von vielen jungen Leuten längst zu den verstaubten Praktiken gerechnet. Elektronik – hochsensible Tonbandgeräte oder besser noch Computer – sind heute als Hilfsmittel für die Kontakte ins Jenseits „in", denn sie garantieren angeblich die Echtheit der Geisterstimmen.

Bevor wir auf technische und naturwissenschaftliche Einzelheiten eingehen, wollen wir uns zunächst mit dem „gesunden Menschenverstand" den Informationen aus dem obenstehenden Bericht annähern: Welche Personen gehen zur Hellseherin Kroll?

1. Nicole – sie glaubt fest an Geister bzw. Übersinnliches und sagt, sie sei „unheimlich gespannt, ob sich meine Erwartungen erfüllen";
2. Stella – ist „neugierig, aber mißtrauisch";
3. Christian – ist skeptisch, glaubt „diesen Mist" nicht und rechnet mit Betrug (da ist „irgendein Trick dabei").

Mit Nicole, die fest an das alles glaubt, macht Frau Kroll das erste Experiment, sie nennt den Namen ihrer Großmutter – Marie Meier. Angeblich weiß Frau Kroll nichts davon. Ist es aber ausgeschlossen, daß sie sich vorher erkundigt hat, wer aus Nicoles Familie bzw. Bekanntenkreis in letzter Zeit gestorben ist?

Frau Kroll ruft den Geist der Verstorbenen. Nach einigem Hin- und Herspulen hören schließlich
– die drei Jugendlichen: Zischen, Gurgeln, „RRR" und „FFFT";
– Frau Kroll: „Mußt nicht weinen" – „Passiert grausam" – „Kopf" – „Lungenkrebs".

Nicole bestätigt aufgeregt, daß es ihre an Lungenkrebs gestorbene Großmutter ist, die sich hier – durch Frau Krolls Übersetzung – zu Wort gemeldet habe. Wenn man aber die von Frau Kroll genannten Wörter näher betrachtet, bleibt nur eins übrig, das auf Nicoles Großmutter zutrifft: „Lungenkrebs". Zu den übrigen ist kurz zu sagen:

Mußt nicht weinen – paßt fast immer;

Passiert grausam – trifft auf viele Tode zu;

Kopf – spielt keine Rolle.

Wie aber kommt Frau Kroll auf „Lungenkrebs?"

Das ist schon schwieriger zu beantworten. Unsere erste Vermutung war, daß sich Frau Kroll vorher nach Einzelheiten aus Nicoles Leben erkundigt haben könnte. Ausgeschlossen ist das keineswegs, wie man aus der „Eidesstattlichen Versicherung" am Schluß dieses Kapitels sehen kann.

Ein zweiter Erklärungsversuch: Frau Kroll besitzt zweifellos gute Menschenkenntnis und genaue Beobachtungsgabe. Vielleicht hat die aufgeregte Nicole bei der Nennung des Namens Marie Meier eine flüchtige Handbewegung

34

vom Kopf zur Brust gemacht, und Frau Kroll hat dies bemerkt. Sie weiß sicher auch, daß viele unserer Mitmenschen an Krebs – Brustseite = Lungenkrebs – sterben. Sie hätte dann richtig „geraten". Das Wort „Kopf" könnte eine Art Rückversicherung sein, falls sich die Vermutung „Lungenkrebs" als unzutreffend erwiesen hätte. Auf dieses Wort wird von Frau Kroll nicht mehr eingegangen, nachdem sich die Vermutung „Lungenkrebs" bestätigt hat.

Die Annahme, daß tatsächlich Marie Meiers Geist am Werk gewesen sei, gründet also auf einem einzigen Wort: Lungenkrebs. Alles andere ist so allgemein gehalten, daß es immer zutrifft, bzw. es spielt bei der Deutung keine Rolle.

Mit Hilfe des Pendels erreicht Frau Kroll dann, daß Christians „negativer Einfluß" unschädlich gemacht wird: Er muß den Raum verlassen – ein kritischer Beobachter weniger.

Stella, am Anfang noch skeptisch, ist vermutlich durch den ersten gelungenen Versuch etwas weniger mißtrauisch. Sie läßt Frau Kroll den Geist ihrer Tante „Antonia aus Athen" rufen.

Angeblich weiß Frau Kroll nicht, daß diese erst kurz zuvor im Alter von 55 Jahren an einer fast bis zuletzt unerkannten Krankheit gestorben ist – an Leukämie. Bei der Anrufung „Antonias" will Frau Kroll folgende Wörter vom Geistertonband abgehört haben:

„Verhungert",
„Mein Großer",
„Wie schade",
„Krzinm" (= Krebsgeschwulst),
„Habe Schmerzen in den Beinen",
„im Blut was",
„so schnell zu Ende",
„Fehler gemacht",
„ich bedauere",
„mein Engel",
„Ehe",

„Sohn gekriegt",
„Wie schade!"

Auch in diesem Fall ist es wieder die Fragestellerin selbst – Stella – die die Deutung der Wörter vornimmt. Wenn wir genau hinsehen, setzt sie lediglich die Wörter ein, die für ihre Tante zutreffen:

Mein Große – so wird häufig der älteste Sohn in einer Familie genannt;

Wie schade – paßt immer;

Krzinm – bei Leukämie gibt es keine Krebsgeschwulst, sondern es handelt sich um eine Wucherung der weißen Blutkörperchen und der blutbildenden Zellen im Knochenmark, die wahrscheinlich durch Viren ausgelöst wird – Karzinom und Leukämie passen also gar nicht zusammen;

Habe Schmerzen in den Beinen – fast alle älteren Menschen haben Schmerzen in den Beinen;

im Blut was – Ärzte nehmen bei Kranken fast immer ein Blutbild oder eine Blutsenkung vor, weil sie dadurch auf mögliche Krankheiten schließen können – „im Blut was" trifft also fast immer zu;

So schnell zu Ende – auch ein langes Leben ist letztlich kurz gewesen, das Leben eines geliebten Menschen ist immer zu „schnell zu Ende";

Fehler gemacht – wer könnte das nicht von sich sagen?;

ich bedaure – trifft auf jedes menschliche Leben zu;

mein Engel – dieser Kosename ist sehr gebräuchlich;

Ehe – fast jeder ältere Mensch ist einmal verheiratet gewesen;

Sohn gekriegt – auch das kommt häufig vor;

wie schade – paßt immer.

Bei den meisten Äußerungen handelt es sich also um allgemeine „Weisheiten".

Auch in diesem „Experiment" ist es die Betroffene selbst, die die „gehörten" Worte zu einer ganzen Geschichte „ausmalt". Wieder nimmt sie dabei nicht alle Worte in ihre „Geschichte" auf· „Verhungert" wird nicht mehr erwähnt, ebensowenig wie „Fehler gemacht".

Als Stella nachfragt, wo die Tante beerdigt ist, gibt die Geisterstimme eine falsche Antwort: „Hier". Wenn Frau Kroll geschickter gewesen wäre, hätte sie „dort" geantwortet, was für Athen genauso zuträfe wie für Dortmund oder München. Wen wundert es, daß Nicole mit den Wörtern „Orchester" und „Geburtstag" nichts anfangen konnte. Die von Frau Kroll angebotene Deutung ist simpel: Geburtstag hat jeder von uns – einmal im Jahr.

Auf diese Weise aufmerksam gemacht, mag sich der Leser selbst ein Urteil darüber bilden, ob Frau Kroll wirklich Geisterstimmen gehört hat oder ob sie lediglich ihrer Menschenkenntnis vertraute und dabei zugleich der eigenen Phantasie freien Lauf ließ.

Die meisten Hellseher verfügen über gute Menschenkenntnis. Oft ziehen sie aus scheinbaren Nebensächlichkeiten wie Kleidung, Aussehen und Verhalten der Ratsuchenden Schlußfolgerungen. Jeder kann überprüfen, wie das ablaufen könnte. Was könnten z. B. folgende Beobachtungen bedeuten:

a) Alkoholfahne

b) offensichtlich ungepflegter „Dreitagebart", unrasiert

c) ungepflegte Kleidung (zerdrückte Bügelfalten, abgerissene Knöpfe, Flecken, Schmutzränder . . .)

d) Ringe unter den Augen; Augen gerötet

e) fahrige, nervöse Bewegungen; dauerndes Spielen mit irgendwelchen Gegenständen (Kugelschreiber . . .)

f) eine helle Stelle am Ringfinger (wo normalerweise der Ehering sitzt)

g) dunkle, unauffällige, neutrale, schlecht geschnittene Kleidung, die eigentlich nicht zum Alter oder zum sonstigen Aussehen der Person paßt

h) bleiche, ungesunde Gesichts- und Körperfarbe

i) blaue Flecken am Körper, die die Person zu verstecken versucht.

Quelle: W. Hund, alles fauler Zauber?!, Okkulte Phänomene – was steckt dahinter?, Mühlheim 1988, S. 29

Auch aus unbewußten Verhaltensweisen können geschickte Hellseher einiges ablesen: Ein leichtes Kopfschütteln bedeutet Ablehnung, ein unmerkliches Nicken ist vermutlich Zustimmung zu den jeweiligen Äußerungen der Hellseher. Und es gibt eine Reihe weiterer Hinweise, die sich aus der Körpersprache eines Menschen ableiten lassen.

Was sagt Frau Kroll, wie die Gespräche mit dem Jenseits funktionieren?

Wie diese Laute und Seufzer auf das Band kommen, das kann die Wahrsagerin natürlich auch nicht erklären. Sie sagt, daß diese Stimmen „ohne Kehlkopf gesprochen sehr eigenartig klingen", daß nur ein Medium, also sie selbst, die zischenden Laute auf dem Tonband richtig verstehen kann und daß Tote grundsätzlich nur im Telegrammstil antworten, immer in der Gegenwart sprechen – weil es für sie andere Zeit-Dimensionen und keine Zukunft oder Vergangenheit mehr gibt – und immer mit Ehrfurcht behandelt werden wollen – sonst antworten sie nicht mehr.

Natürlich könne man die Stimmen der Verstorbenen auch per Äther – also mit der berühmten „Toten-Welle" per Radio empfangen, aber dies lehne sie ab: „Mein Hilfsmittel ist das Tonband. Mein verstorbener Vater steht mir bei den Gesprächen hilfreich zur Seite und unterstützt mich. Es ist gut, bei den Gesprächen einen lieben Verwandten um Hilfe zu bitten, denn es gibt positive und negative Jenseitige. Wer im irdischen Leben bösartig war, bleibt es auch im Jenseits."

Quelle: GIRL!, 1. September 1988

Dagegen behauptet Wolfgang Hund (vgl. Literaturhinweise im Anhang):

1. Der Äther ist heutzutage voll von Rundfunkwellen, die durch technische Geräte vielfältiger Art aufgefangen werden, besonders, wenn sie nicht in allen Teilen gut abgeschirmt sind. Vor allem unweit von Radiostationen demodulieren durch Intermodulation sehr viele Tonbandgeräte starke Mittel- und Langwellensender und nehmen dadurch Texte des Rundfunks auf.
2. Es kann technisch keine völlig gelöschten Tonbänder geben.
3. Die Interpretation des von den Geistern Gesagten kommt immer zunächst von den „Kundigen". Der unbefangene Laie hört gar nichts.

Erst wenn behauptet wird, an einer bestimmten Stelle sei ein bestimmtes Wort deutlich hörbar und wenn diese Stelle dann noch oft genug vorgespielt wird, meint man tatsächlich, entsprechende Satzfetzen wahrzunehmen – also Fremd- und Autosuggestion.

4. Ein ähnlicher Effekt ist aus dem visuellen Bereich allgemein bekannt: Betrachtet man einen Tapetenfleck oder eine dahinziehende Wolke, erkennt man auf einmal eine bestimmte Gestalt, ein Gesicht, ein Tier usw.

Dies ist auch im Akustischen möglich: In der Nähe eines gleichförmigen Geräusches (Wasserfall, Rauschgenerator) meint man plötzlich Stimmen zu hören, die sich vom Hintergrund deutlich abheben. Vor allem im Zustand leichter Ermüdung tritt diese Täuschung häufig ein. Auch in einem fremden Land, umgeben von fremdländischen Lauten, kann man auf einmal deutsche Laute vernehmen, obwohl niemand diese Sprache spricht.

In der Fernsehsendung „Anrufe ins Jenseits" (WDR) wurde Hans Otto König vor einer Apparatur von modernster Elektronik gezeigt, wie er die „Jenseitigen" wiederholt durch ein Mikrofon anrief und sie um Antwort bat. Nach kurzer Zeit ertönte eine blecherne Stimme, die einfache philosophische Weisheiten von sich gab. Als das Fernsehteam die Stimme anschließend entzerrte, stellte es einen deutlichen rheinischen Dialekt fest – wie Hans Otto König ihn spricht.

Weitere Nachforschungen ergaben, daß die „jenseitigen" Antworten durch den Diplom-Psychologen und Fachmann für Tonbandgerätetechnik, Hans Christian Kossak, möglich geworden waren, der durch einen unsichtbaren Sender – unmittelbar vor den Tonköpfen angebracht – die „Geister-Botschaft" aufs zuvor leere Band gebracht hatte.

Auch hier wieder unser Grundsatz: Warum sollen wir Übersinnliches annehmen, wenn sich derselbe Effekt durch technische Tricks erzielen läßt?

Abschließend zu diesem Kapitel ein Text, der für sich selbst spricht. Er hat nicht direkt mit den „Tonbandstimmen aus dem Jenseits" zu tun, wohl aber mit Hellsehern

Herrn
Prof. Dr. med. Otto Prokop
Gerichtsmedizinisches Institut
Humboldt Universität

Berlin

Sehr geehrter Herr Kollege!

Anläßlich einer Italienreise habe ich gefunden, daß der „Hellseher" Croiset seine Erinnerungen herausgegeben hat, und zwar unter dem Titel „La mia vita". Ich bin nun der Meinung, daß man diesem Herrn nach mehreren Jahrzehnten doch das Handwerk legen sollte und bitte Sie, folgendes zu Ihren Protokollen zu legen.

Im Dezember 1955 ist Herr Ten Haeff mit Herrn Croiset an der Klinik Urban gewesen und hat in der Hauptvorlesung am Mittwoch eine Vorstellung seines Könnens gegeben. Nach der üblichen parapsychologischen Einleitung versenkte sich Herr Croiset in Trance und begann etwa dem Sinn nach zu schreien:

„Lärm, Feuer, Wasser, Kälte, Schmerzen rechts, Todesangst, schließlich Rettung, Wärme, Schmerzen, Unglück". Natürlich war die Vorstellung etwas ausgeschmückt. Daraufhin meldete sich der Patient . . . geboren am . . . 1910, aus Innsbruck . . ., und begann in lautem Ton sehr aufgeregt zu erzählen, daß es sich um seine eigene Geschichte handle. Er wäre im Weltkrieg mit einem Minenräumboot in die Luft gegangen, nach 24 Stunden gerettet worden und leide nun unter Schmerzen im linken Arm sowie unter einer Lähmung.

Am 14. Januar 1956 habe ich bei dem Patienten einen Rükkenmarkstumor vom Typ Ependymom des Halsmarkes entfernt, und der Patient ist zumindest seine Schmerzen losgeworden. Er hat mir erzählt, daß der Hellseher Croiset am Nachmittag vor der Abendvorlesung bei ihm gewesen ist, sich seine Geschichte angehört habe, ihm durch „Handauflegen" die Schmerzen genommen hätte und gesagt habe, daß die Schmerzen so lange wegbleiben würden als er den Vorfall verschweige.

Ich darf Sie bei dieser Gelegenheit bitten, diese Angaben, die ich aus meiner Krankengeschichte jederzeit belegen kann, bei passender Gelegenheit zu verwerten.

Mit kollegialen Grüßen
Ihr
gez. Prof. Dr. Karl Kloss

Quelle: Prokop/Wimmer, Der moderne Okkultismus, Stuttgart 1987

und deren „übersinnlichen" Fähigkeiten. Hanussen, um
dessen Praktiken es im folgenden geht, galt bei vielen Zeitgenossen als berühmter und vertrauenswürdiger Hellseher
(vgl. auch Kasten auf S. 40).

Eidesstattliche Versicherung

Ich war vom Juni 1927 bis Juli 1929 Impresario und Sekretär des
Hermann Steinschneider, der sich Erik Jan Hanussen nennt und
sich als Hellseher ausgibt.
Wir kamen auf eine wunderbare Vereinfachung unseres Hellseh-
schwindels, indem wir in das Programm zwei Pausen einschalte-
ten. Am Ende des ersten Teils machte Hanussen die Zuschauer
auf seine Hellsehproduktion aufmerksam und forderte sie auf,
Zettel mit Daten interessanter Ereignisse aus ihrem Leben mir,
seinem Sekretär, in den kommenden Pausen abzugeben.
Ich begann auch sofort in der ersten Pause mit dem Einsammeln
der Zettel, wobei ich natürlich von den Fragestellern nach der
Art des Niederschreibens der Daten befragt wurde. Bei dieser Gelegenheit war es nicht schwer, die Leute nach dem Ereignis selbst
auszufragen, was natürlich auf geschickte Art vor sich gehen
mußte.
Im allgemeinen ist es außerordentlich leicht, aus den Menschen
alles Wünschenswerte herauszubekommen, da sie ja direkt darauf
brennen, erzählen zu dürfen. Viele waren natürlich auf der Hut
und gaben keinerlei Auskunft. Andere wieder schrieben in nai-
vem Mißverstehen von Hanussens Aufforderung nicht nur Tag,
Ort und Stunde, sondern auch genau die Art des Ereignisses nieder, wie z. B.: „Todestag der Mutter. Ist kein Testament vorhanden?"
Wie gewöhnlich bekam ich in der ersten Pause etwa zwanzig Zettel ausgehändigt. Wenn man nun bedenkt, daß wir für das sogenannte Hellsehen nur vier bis fünf Fälle benötigten, so wird man
einsehen, daß es nicht schwer war, diese Anzahl zusammenzube-
kommen. Dann forschte ich fast nie mehr nach anderen Fällen.
Wenn dann der zweite Teil des Abends, der gewöhnlich grapholo-
gische Experimente brachte, begann, dann verschwand ich aus
dem Saale und schrieb gewöhnlich auf dem Klosett auf ein kleines
Zettelchen, die mir bekannt gewordenen Hellsehfälle nieder.
Zum Beispiel: „Schmidt, 3. Februar 1924, Essen, Mord an der
Schwester, Schuß durch die Lunge, Täter bis heute nicht gefun-

den." Oder: „Peter, 2. März 1901, Hamborn, Geburt, Mutter dabei gestorben."

Diesen Zettel praktizierte ich dann in die Manteltasche des Hanussen, gewöhnlich in einer Streichholzschachtel versteckt, nachdem ich mich von rückwärts in das Künstlerzimmer geschlichen hatte. Hanussen hatte nun nichts anderes zu tun, als den Inhalt meines Zettels in der zweiten Pause, deren Zweck nunmehr einleuchtet, auswendig zu lernen, und dann beim „Hellsehen" hellseherisch und recht dramatisch die einzelnen Ereignisse zu schildern.

Hanussen hat also während der zweijährigen Mitarbeiterschaft meiner Person bei ihm nicht ein einziges wirkliches Hellseherexperiment ausgeführt oder sogar nur versucht, vielmehr immer nur Trickhellsehen auf Grund meiner Informationen vorgeführt. Er hat natürlich auch niemals selbst daran geglaubt oder gar mir gegenüber die Echtheit auch nur eines Experiments behauptet, sich mir gegenüber vielmehr in zynischer Weise geäußert.

Quelle: W. Hund, alles fauler Zauber?!, Okkulte Phänomene – was steckt dahinter?, Mülheim 1988, S. 26

Der Blick in die Zukunft
Experimente mit dem siderischen Pendel

Zu Beginn ein Zitat aus der Jugendzeitschrift „BRAVO", die 1986 eine ganze Serie zum Thema „Übersinnliches" veröffentlichte. Diese Serie hat mit dazu beigetragen, bei vielen Jugendlichen die Neugier auf „Okkultes" zu wecken.

Gegenüber den anderen Orakel-Methoden hat das Pendeln zwei ganz große Vorteile. Erstens ist es nicht sehr aufwendig – und zweitens kann es jeder selbst ohne Hilfe von anderen machen. Er braucht also nicht erst Bücher über Kartenlegen zu wälzen oder zu einer teuren Wahrsagerin zu gehen.

Wie komme ich an ein Pendel?
Klar, das Pendel selbst ist der wichtigste Gegenstand. Am einfachsten bastelt ihr Euch selbst eins. Ein zehn bis zwanzig Gramm

schwerer Gegenstand – viele behaupten, ein Ring sei am besten – wird an einem dünnen Faden aufgehängt. Das kann eine Kette, ein Stück Garn oder auch ein Haar sein – wichtig ist nur, daß die Länge über zehn Zentimeter liegt. Den Idealzustand müßt Ihr selbst ausprobieren.

Wie wird gependelt?
Christina hatte Andrea am Nachmittag zu sich nach Hause eingeladen. Sie wollte ungestört das Pendel über ihre Liebe befragen – und sie hatte dabei unbewußt eine ganz wichtige Voraussetzung geschaffen, eine ruhige Umgebung und viel Zeit, um sich konzentrieren zu können.

Andrea nahm Christina ihre Halskette ab und zog ihr den Ring vom Finger. „So, das ist unser Pendel und jetzt brauchen wir irgendeinen Gegenstand, der dich an deinen ‚Traumboy‘ erinnert. Ein Foto wirst du kaum haben?"

Natürlich besaß Christina kein Foto, aber dafür einen Bierdeckel, auf den er im Schüler-Café achtlos rumgekritzelt hatte und den sie dann heimlich eingesteckt hatte.

„So, jetzt wickelst du das Ende der Kette um den Zeigefinger und läßt das Pendel genau über der Mitte des Bierdeckels hängen. Durch einen Test kannst du feststellen, welche Ausschlagrichtung des Pendels für dich ‚Ja‘ oder ‚Nein‘ bedeutet. Denn für den einen kann ein Ausschlagen nach links ‚Ja‘ bedeuten. Bei dem anderen ist es vielleicht umgekehrt. Durch mehrere Testfragen, deren richtige Antwort du todsicher weißt (z. B.: Hast du Geschwister, ist heute Montag?), stellt sich dein Unterbewußtsein darauf ein und wird den Pendelausschlag in die entsprechende Richtung lenken. Durch deine Reaktion auf die Testfragen wird klar, ob ein Ausschlagen nach links oder rechts, eine Kreisbewegung vor oder zurück ein ‚Ja‘ oder ‚Nein‘ bedeutet."

Was sagt die Wissenschaft?
Zufall, Aberglaube, Selbstbetrug? Nichts von alledem. Die „Radiästhesie", die Wissenschaft vom Pendeln, geht von der Wirkung der menschlichen „Aura", einem Feld unsichtbarer Energiestrahlen, aus. Diese Strahlen sind zwar nicht nachweisbar, aber das menschliche Unterbewußtsein ist empfänglich für sie, wirkt als Verstärker und versetzt auf diese Weise das Pendel in ein bestimmtes Schwingungsmuster.

Wichtig ist dabei, daß man sich über seine eigenen Gefühle und Entscheidungen klar wird. Diese sind im Unterbewußtsein zwar oft schon längst gefallen, aber oft braucht es einen Anstoß von draußen, um den Mut zu haben, sie auch in die Tat umzusetzen. Ähnlich war es bei Christina: Sie wußte schon längere Zeit, daß er ihr Traumboy war. Aber erst, als das Pendel ihr noch einmal deutlich vor Augen hielt, was Sache ist, wagte sie den ersten Schritt.

Quelle: Bravo, zit. nach: W. Hund, a. a. O., S. 52.

Der Ursprung des „siderischen Pendels" liegt vermutlich Jahrtausende zurück. Einige Forscher meinen, schon der Bau der Pyramiden sei durch das Pendel bestimmt worden. Das Pendel stammt aus dem Lateinischen: pendulum ist das „Hängende". Und für das Wort „siderisch" gibt es zwei Deutungen: Zum einen könnte es von sideros (griech. = eisern) stammen und damit auf den Einfluß hindeuten, den Metall auf den menschlichen Körper ausübt; zum anderen könnte es sich von sidus (latein. = Stern) ableiten; damit wird der kosmische Einfluß der Sterne ins Spiel gebracht, der sich auf okkulte Weise in den Schwingungen des Pendels niederschlägt. Die erste urkundliche Nennung des Pendels stammt jedenfalls aus dem Jahr 375 n. Chr. Angesehene römische Bürger waren angeklagt, mit Hilfe des Pendels den Nachfolger des noch lebenden Kaisers bestimmt zu haben.

In der okkulten Praxis spielt das Pendel eine große Rolle. Kaum etwas, das nicht ausgependelt werden könnte: Krankheiten, Freundschaften, Kindersegen, Geschäfte, das eigene Todesdatum usw. In den Händen begabter Pendler soll es fast eine Art Zauberstab sein, der sogar gefälschte von echten Bildern unterscheiden, aber genauso verborgene Charakterschwächen ans Licht bringen kann.

„Pendler" behaupten, daß
– sie das Pendel nicht mutwillig bewegen;
– die organische und anorganische Natur ausstrahle (über diesen Strahl pflanze sich die Wirkung einer Kraft fort);
– die menschliche „Aura" solche Schwingungen vermittele (so wollen sie beispielsweise auch Krankheiten „auspendeln" können).

Es gibt Pendler, die davon überzeugt sind, ihr Pendel werde von den jenseitigen Geistern „geführt". Die Ausschläge des Pendels sollen lautlose „Anstöße" der Geister sein.

Dazu ein Beispiel: Die junge Witwe eines kürzlich verstorbenen Apothekers zieht sich täglich eine oder mehrere Stunden zurück und befragt über das Pendel den Geist ihres toten Mannes darüber, wie sie sich in geschäftlichen Dingen verhalten soll. Sie fragt sogar, welche Medikamente sie bestellen soll.

Ein zweites Beispiel: Eine junge Frau hatte vor einem knappen Jahr durch das Pendel erfahren, daß sie im Sommer sterben werde; etwa zehn Monate sollten ihr noch bleiben. Am „letzten Tag" ihres Lebens versammelte sie alle Freunde und Verwandte um sich und nahm Abschied. Glücklicherweise überlebte sie diesen Tag. Es sind jedoch Fälle bekanntgeworden, in denen sich eine derartige „Voraussage" entweder durch Selbsttötung oder durch einen tödlichen Schock tatsächlich erfüllt hat. Die Psychologie spricht hier von „self-fullfilling-prophecy" – einer Voraussage, die sich selbst erfüllt, weil der Betroffene fest daran geglaubt hat.

Zusammenfassend läßt sich sagen: Das Pendel verspricht seinem Benutzer, er müsse sich keine unnötigen Sorgen (Gedanken, Ängste) machen, es werde ihm schon raten, was gut ist und was er tun soll. Das heißt, das Pendel bietet scheinbare Sicherheit an. Es macht einerseits *Mut* (wie bei Christina), zugleich schafft es aber auch *Abhängigkeit* (wie bei der Apothekerwitwe). Im äußersten Fall führt das Vertrauen zum Pendel zu erheblichen Ängsten (wie bei der jungen Frau im letzten Beispiel).

Zur Funktionsweise des Pendels: Der psychomotorische Automatismus verursacht auch hier die Bewegung des Pendels; der Carpenter-Effekt verursacht die „richtige" Antwort (vgl. Glasrücken). Bewußt oder unbewußt steuert man das Pendel so, wie es „richtig" ist.

Der Physiklehrer Gerhard Jenders beschrieb uns einen

Pendelversuch, der einige zusätzliche physikalische Einsichten vermittelt:

Einer der Höhepunkte des Physikunterrichts in der Oberstufe ist der Foucaultsche Pendelversuch. Dabei wird mit einem Pendel die Drehung der Erde nachgewiesen. Dazu muß ein ziemlicher Aufwand betrieben werden: Man braucht eine möglichst hohe Halle (der Physikraum tut's nicht). Da wird unter der Decke eine gut drehbare Aufhängung befestigt, daran eine lange Schnur mit einem schweren Pendelkörper, der dann dicht über dem Fußboden hängt. Jetzt ganz ruhig den Pendelkörper etwas auslenken, ganz still halten und – loslassen. Das Pendel schwingt jetzt langsam und ruhig hin und her, und wenn man nach einer Stunde wiederkommt, hat sich die Ebene, in der es schwingt, um 11 bis 12 Grad gedreht, weil sich die Erde darunter weggedreht hat. So steht es jedenfalls im Physikbuch – doch wie sieht es in der Praxis aus? Auch wenn das Pendel anfangs schön brav in einer ordentlichen Ebene schwingt – nach einiger Zeit fängt es meist an zu „eiern", das heißt, es beschreibt eine mehr oder weniger langgezogene Ellipse. Dann steht man als Physiklehrer da und erhält kein vernünftiges Ergebnis. Ursache hierfür sind meist die berühmten Details, in denen der Teufel steckt: Da ist zum Beispiel die Pendelschnur ein kleines bißchen verdrillt gewesen, sie verdreht den Pendelkörper und schon greift der Luftwiderstand unterschiedlich an, wenn man keine perfekte Kugel hatte. Vielleicht hat auch jemand irgendwo eine Tür aufgemacht (oder die Klimaanlage pustet von schräg links), und der Luftzug tut seine Wirkung. Oder der Experimentator hat eben am Anfang nicht ganz ruhig gehalten, sondern gezittert und dem Pendel einen winzigen Schlag zur Seite mitgegeben. Es lassen sich viele Gründe dafür finden, daß der Versuch mißlingt, deshalb lassen die meisten Physiklehrer es auch von Anfang an sein.

Es ist also sehr schwierig, ein so großes und schweres Pendel unbeeinflußt schwingen zu lassen. Entsprechend einfach ist es, einem kleinen leichten Pendel seinen Willen aufzuzwingen. Ganz besonders natürlich, wenn jemand das Pendel mit der Hand hält. Niemand hält seine Hand ständig ruhig. (Wer's nicht glaubt, sollte mal folgendes Experiment machen: Halte einen kleinen Spiegel möglichst mit zwei Fingern am ausgestreckten Arm in die Sonne und beobachte den Lichtreflex an einer weit entfernten Wand. Du wirst es nicht schaffen, längere Zeit das Licht auf einem Punkt festzuhalten.) Zu diesem ungeordneten Zittern kommen in bestimmten Fällen noch unbewußte geordnete Bewegungen. Die können dann dazu führen, daß die Bewegung eines kleinen Pendels, die zuerst kaum merklich war, weiter verstärkt und in bestimmte Bahnen gelenkt wird. Das geht alles ohne geheimnisvolle Kräfte, sondern allein aufgrund der Instabilität des physikalischen Systems und der unbewußten Einflußnahme auf die Person, die das Pendel hält – ganz abgesehen davon, daß hier natürlich auch Luftzug und Drehung des Pendelkörpers einwirken.

„Die Karten lügen nicht!"
Wahrsager und ihre Tricks

Der Ursprung der Tarot-Karten ist nicht eindeutig festzulegen. Vermutlich im 14. Jahrhundert wurden die Tarot-Karten offenbar unter dem Namen „Neip"-Karten bekannt. Damals verbot die Stadt Bern diese neue „Seuche", deren Herkunft unbekannt war. Später folgten andere Städte mit Verboten, weil dieses Kartenspiel „süchtig" machte. Tarot war nämlich mehr als ein Glücksspiel; die insgesamt 78 Karten wurden auch zur Wahrsagerei benutzt.

Es gibt 22 Große Arkana (= „Geheimnisse"), das sind Bildkarten mit Bezeichnungen wie „Der Narr", „Der Magier" oder „Die Päpstin". Eine ganze Reihe von Deutungs-Anleitungen geben Auskunft sowohl über die Bedeutung der einzelnen Karten als auch über die Art, wie die Karten zu legen sind. Dazu gibt es 56 Kleine Arkana, die Münzen oder Scheiben, Stäbe, Schwerter und Kelche enthalten. Aus ihnen entwickelten sich später unsere heute gebräuchlichen Kartenspiele. Zwar werden beim Wahrsagen alle Karten benutzt, besondere Bedeutung haben jedoch die 22 Großen Arkana.

Am weitesten verbreitet ist es heute, sich die Karten von Wahrsager(inne)n legen zu lassen und/oder selber zu legen, um vermeintlich Klarheit ins Leben zu bekommen. Dazu stehen mehr als ein halbes Dutzend verschiedene Tarot-Spiele zur Verfügung. Das bekannteste ist wahrscheinlich das Rider-Tarot von E. Waite. Beliebt sind auch die Crowley-Karten – nach Angaben des Altmeisters der modernen Satanisten, Aleister Crowley, angefertigt.

Eine Schülerin des Psychotherapeuten C. G. Jung versuchte, mit Hilfe von Tarot-Karten Tiefenschichten des menschlichen Bewußtseins offenzulegen. Sie wurden auch psychisch kranken Menschen vorgelegt, um Gefühle und Gedanken aus dem Unterbewußtsein aufsteigen zu lassen. Sie spielen dabei etwa die gleiche Rolle, die von anderen Therapeuten Traumdeutungen zugemessen werden – ihr Wahrheitsgehalt ist nicht „meßbar". Das Unterbewußtsein, so behaupten Kartenleger, werde jedenfalls von den Symbolen der Karten angerührt. Dies kann jeder selber überprüfen, wenn er die Karten-Symbole genauer betrachtet.

Andere Benutzer von Tarot-Karten glauben, „hinter" den Karten seien „Geister" oder Götter am Werk, die die Hand der Kartenleger führten; sie könnten nicht nur in Vergangenheit und Gegenwart, sondern auch in die Zukunft blicken – so behaupten es z. B. die Anhänger des Crowley-Nachfolgers, Michael D. Eschner. Sie konnten sogar im Fernsehen einen Ausschnitt ihrer Tarot-Magie vorführen: Im Rahmen ihrer magischen Arbeit im Thelema-Orden ließen sie über die Karten die Zukunft vorhersagen: Der Fernsehredakteur stellte die damals gerade aktuelle Frage, ob Herbert von Karajan und das Orchester der Berliner Philharmoniker nach einem heftigen Streit wieder zueinander finden würden. Nach Stunden „harter" Deute-Arbeit kam schließlich die Antwort durch Eschner selber: Ja, aus finanziellen Gründen kämen sie bald wieder zusammen. Berufsschüler einer Metaller-Klasse kamen auf diese Frage zu dem gleichen Ergebnis – nach fünf Minuten. Ohne Tarot-Karten.

Die folgenden Thesen gelten nicht allein für Tarot-Kartenleger, sondern für alle Arten von Wahrsagerei:

1. Wahrsager und Kartenleger sind gute Beobachter. Sie wissen genau, warum ihre „Kunden" zu ihnen kommen und daß ihnen oft schon eine ungenaue (Zukunfts-)Auskunft genügt.

2. Es gibt viele Voraussagen, die in jedem Fall – zumindest zum Teil – eintreffen, wie: „Sie haben in nächster Zeit mit einem unangenehmen Erlebnis zu rechnen." Das kann fast alles heißen: eine schlechte Klassenarbeit oder langanhaltende Kopfschmerzen, eine Beule im Auto oder Übelkeit nach einer durchzechten Nacht.

3. Manche Zukunftsprognosen lassen sich aufgrund guter Information anstellen: Die richtige Antwort auf die Frage, ob z. B. das Grundrecht auf Asyl eingeschränkt wird oder nicht, hängt weniger mit der Deutung der Karten zusammen als mit der genauen Zeitungslektüre des Wahrsagers und dem Einschätzen des politisch Möglichen.

4. Viele Voraussagen erfüllen sich durch die „Sich-selbst-vollziehende Prophezeiung"· Wenn ich einem Menschen einrede, er sei unheilbar krank, so kann dieser Zustand umso leichter eintreten, je stärker die betreffende Person daran glaubt.

5. Auffällig ist, daß Wahrsagen im Bereich von Glücksspielen wie Roulette, Lotto oder Toto nicht funktioniert.

6. Sogenannte „Wahrträume", in denen Menschen z. B. den Tod oder das Unglück eines geliebten Menschen „voraus-träumen", treten möglicherweise deshalb auf, weil sich unsere Gedanken ständig mit derartigen Sorgen beschäftigen. Wenn dann tatsächlich ein schlimmes Ereignis eintritt – hat man es eben „voraus"-geahnt.

7. Als zutreffend erweisende Vorhersagen werden – im persönlichen Bereich, aber auch durch die Medien – zumeist lautstark hervorgehoben; falsche Voraussagen werden dagegen schamhaft verschwiegen.

Eine verunglückte Geisterbeschwörung
Ein historisches Beispiel

Klaus Dehler hat im Bücherschrank gekramt. „Das ist von meiner Oma", sagt er und hält uns geheimnisvoll das kleine Büchlein hin: „Zauberei und Hexenprozeß" von Dr. Julius Dumcke. Es erschien 1912, vor beinahe 80 Jahren. Auf den letzten Seiten wird über den furchterregenden Fall einer Geisterbeschwörung berichtet, der sich vor mehr als 270 Jahren ereignet haben soll:

In der thüringischen Stadt Jena hatte ein junger Medizin-student 1715 den Versuch gemacht, nachts einen Geist zu beschwören, um mit seiner Hilfe einen Schatz zu heben. Der Versuch endete tödlich. Deshalb erregte er damals gro-ßes Aufsehen, denn die Zeit war von wüstem Aberglauben geprägt.

Ein Studiosus der Medizin Joh. Gotth. Weber aus Schweinsburg bei Zwickau, der nunmehr 24 Jahre alt ist, lernte einen hiesigen Schneider Georg Heichler kennen, zu dem er mit seinem Stuben-gesellen Kaspar Reche gekommen war, um sich einen Rock anfer-tigen zu lassen.
Dieser Schneider Heichler vertraute nun dem Studiosus Weber an, daß er einen Schäfer Hans Friedrich Geßner zu Döbritschen kenne, der von einem großen verborgenen Schatz wüßte. Es fehle diesem zur Hebung des Schatzes nur eine Springwurzel* zur Öffnung des Schlosses und ein Exemplar von „Fausts Höllen-zwang"** zur Beschwörung.

---

* Dabei handelt es sich um eine geheimnisvolle Wurzel mit Zauberkraft, die Schatzsucher brauchten, um versteckte Schätze aufzufinden. Durch bloßes Anrühren mit der Springwurzel sollen sogar eiserne Türen zu öffnen sein. Eine Springwurzel erhält man dadurch, daß man einem Grünspecht (bzw. Elster oder Wiedehopf) sein Nest mit einem Holz zukeilt; der Vogel fliege alsbald fort und wisse die wundersame Wurzel zu finden, die Menschen stets vergeblich gesucht haben. Er bringe sie im Schnabel, um sein Nest damit wieder zu öffnen; denn halte er sie vor den Holzkeil, so springe dieser heraus wie vom stärksten Schlage getrieben. Man müsse nur ein rotes Tuch unter den Baum legen, auf das der Specht nach vollbrachter Arbeit die Springwurzel fallen lasse. Allerdings, wenn man in einer verborgenen Schatzkammer – z. B. beim Eintreffen des Goldes – die Springwurzel vergesse, komme man kein zweites Mal hinein.
** Zu „Fausts Höllenzwang" vgl. S. 55.

50

Im Hause einer Frau N. N. lernte Weber dann einen Mann kennen, einen Bauern namens Zenner, der die weitere Vermittlung mit dem Schäfer Geßner übernehmen sollte. Im Zennerschen Hause fand dann am 21. Dezember eine Zusammenkunft der vorher Genannten statt, bei der verabredet wurde, eine Geisterbeschwörung behufs Gewinnung des Schatzes vorzunehmen.

Weber ließ sich von Geßner erzählen, was es mit dem Schatz auf sich habe, und es wurde viel gesprochen von der Springwurzel, vom Schatzgraben und der Beschwörung der Geister. Geßner rühmte sich, daß er der Geisterkunde mächtig sei und daß er die Sache schon machen wolle, wenn er jemand hätte, der die Zauberbücher recht lesen könne. Den Ort aber, wo der Schatz verborgen wäre, wollte er nicht nennen, da ihn daran ein Eid hindere. Der Schatz wäre aber außerordentlich groß, etliche Königreiche wert und bestünde aus Gold und Edelsteinen. Es läge bei dem Schatz eine mit Ketten umwickelte Bärendecke. Auch ließe sich in dem betreffenden Gewölbe ein kleiner Hund sehen. Er hätte schon mit einem anderen vermittels einer mit Vogelleim bestrichenen Stange etliche kleinere Münzen herausgeholt, aber der Geist hätte sie stark bedroht und ihnen weiteres verboten. In dem Gewölbe lägen außerdem auf einem Tisch etliche Schriften mit Nachrichten über den Schatz. Dem Besitzer des Platzes, an dem der Schatz verborgen sei, erschiene öfters eine Jungfrau, und diese hätte ihm mitgeteilt, daß die dazu notwendige Springwurzel da wäre und nur gesucht werden solle. (. . .) Im übrigen habe er öfter ein Gespenst in Gestalt einer Frau in des Schneiders Heichlers Weinberg gesehen, das regelmäßig auch am hellen lichten Tage bei dem Weinbergshäuschen verschwunden sei. Die heimlich entwendeten alten Münzen hat der Geßner dem Studenten vorgezeigt.

Der Studiosus Weber hat dann seinerseits gezeigt, was an Zauberbüchern und dergleichen in seinem Besitz gewesen.

Das war „Fausts Höllenzwang", außerdem der „Schlüssel Salomonis",* von denen das erstere Weber mit eigener Hand geschrieben hatte, während er das zweite vor sechs Jahren von seinem Vater erhalten hatte. Diese beiden Schriften staken in einem Futteral, das aus altem Pergament zusammengenäht und mit zwei kleinen Vorlegeschlößchen verschlossen war. (. . .)

Man beschloß nun, am Christabend eine ernstliche Probe zu machen. Nach der Meinung des Geßner handelte es sich um den

---

* Zum „Schlüssel Salomonis" vgl. S. 57.

Geist Nathael, der öfters in Jungfrauengestalt zu erscheinen pflege. Dieser Nathael sei wiederum dem Geisterfürsten Och unterworfen, so daß man diesen letzteren beschwören müsse. (. . .) Am Vormittage des Christtages trafen sich nun der Studiosus Weber, der Schneidermeister Heichler und der Schäfer Geßner beim Gartenhäuschen im Weinberg des Schneiders Heichler, um es einer Besichtigung zu unterziehen. Auf dem Rückwege zur Stadt sprach man dann von der Erlangung der sogenannten Heck-Taler, und man beschloß, auch dieses in der Nacht zu versuchen. Doch ist dies nicht zur Ausführung gelangt, da, wie wir sehen werden, die erste Beschwörung nicht zu Ende gebracht werden konnte. (. . .) Die Teilnahme des Heichler wurde (. . .) abgelehnt, da sie sonst zu viert gewesen wären und bei Beschwörungen immer die Zahl der Teilnehmer ungerade sein muß. (. . .)

Des Nachmittags um 4 Uhr etwa gingen nun Weber und Geßner vor die Stadt, wo sie sich mit Zenner zu Ammerbach trafen. Dort hat man noch einmal die Zauberbücher angesehen sowie auch verschiedene abergläubische Gegenstände, die Weber in einer hölzernen Büchse mitgebracht hatte. Abends um 9 Uhr gingen dann die drei Männer mit einer brennenden Laterne und zwei ganzen Unschlittlichten* nach dem Weinberg, um in dem leeren Gartenhäuschen die Beschwörung vorzunehmen. Jeder der Teilnehmer versah sich zunächst mit einem magischen Siegel,** dann schrieb Weber das Wort Tetragrammaton*** über die Tür des Häuschens,

---

* Talglicht aus Tierfett

** Nicht alle Geistersiegel waren so einfach wie das des Geistes Ariel, dessen Schnörkel manchem kompliziert genug schienen. Andere Geistersiegel oder magische Siegel konnten nur von wirklichen „Gelehrten" gezeichnet werden.
Des ferneren geben wir noch ein „Geisterbild", und zwar das des Geistes Adatiel: Das Blatt zeigt die gewöhnliche Gestalt des Geistes, der ja allerdings etwas fremd und sonderbar aussieht. Aber Geister haben nun mal so absonderliches Aussehen. Es ist eine Art Hundskopf mit einem mantelähnlichen Gebilde, das des üblen Geistes geschwollenen und aufgeblähten Leib darstellen soll. Dazu ein Paar mit Krallen bewehrte Pfoten, die es ratsam erscheinen lassen, die Bestie nicht zu reizen. Runenartige Charaktere von ganz absonderlicher Form bilden die Über- und Unterschrift des erwähnten Blattes.
Unsere Spiritisten bedienen sich ja bei der Herstellung von Geisterbildern der modernen Erfindung der Photographie. So darf man ja wohl hoffen, daß diese neuen Aufnahmen von Geistern – wenn es auch nur solche von verstorbenen Menschen sein sollen – entsprechend ähnlich sein werden. Diese alten Höllenfürsten waren jedenfalls ganz schnurrige Kerle.
Für solche Siegel und Bilder zahlte man (. . .) Tausende von Gulden.
(Quelle: Dumcke, Zauberei und Hexenprozeß, Berlin 1912, S. 300 ff.)
*** Bezeichnung für die vier hebräischen Konsonanten J-H-W-H des Gottesnamen JAHWE als Sinnbild Gottes; das Tetragrammaton wurde zur Abwehr böser Geister gebraucht.

und sie sprachen alle mit lauter und inbrünstiger Stimme das Vaterunser. Man zündete – um sich zu wärmen – die bereitstehenden Holzkohlen in einem mittelgroßen Blumentopf an und öffnete etwas die Tür, um den Dampf abziehen zu lassen. Dann wurden die Zauberbücher, die Gegenstände aus der Büchse sowie allerhand andere abergläubische Dinge auf dem Tisch ausgebreitet, wobei niemand ein Wort sprach, weil dies in „Fausts Höllenzwang" verboten ist.

Nach zehn Uhr wurde zur Beschwörung geschritten, und zwar so, daß Geßner mit des Studiosus Degen einen Kreis oben an der Decke des Häuschens zog. Weber stieß dann den bloßen Degen in den gedielten Fußboden. Geßner aber wiederholte dreimal mit Pausen von je einer Viertelstunde seine Zitation, ohne daß der Geist sich meldete.

Es war aber die Beschwörung Geßners fast gleich jener des Studiosus Weber, da beide sich nach „Fausts Höllenzwang" richteten. Sie nannten die Worte: Tetragrammaton, Adonai, Agla und Jehova, und sie beschworen den Geisterfürsten Och aus dem Reiche der Sonne, daß er ihnen auf Verlangen den Geist Nathael senden solle. Geßner sprach die Beschwörung aus dem Gedächtnis, Weber aber nach dem „Höllenzwang". Er ist aber nur einmal dazu gekommen, denn ehe er die Beschwörung das zweitemal zu Ende gelesen, ist er ganz außer sich gekommen, hat nicht mehr sehen können und ist wie von einem heftigen Schlaf überkommen, so daß er plötzlich den Kopf hat auf den Tisch legen müssen. Zu dieser Zeit haben die beiden anderen, Geßner und Zenner, noch aufrecht gesessen.

Was nun weiter geschehen, weiß der Studiosus nicht, denn er ist erst wieder zu sich gekommen, als sein Stubengeselle und der Schneider ihn am andern Tage aufgerüttelt haben. So weiß er auch nicht, ob der Geist erschienen ist. Die beiden Bauern aber, Geßner und Zenner, sind tot gefunden worden!

Nun wurde der Tatbestand der Behörde gemeldet und eine amtliche Untersuchung eingeleitet. Da es inzwischen schon spät geworden war, verfügte die Behörde die Überführung des Studiosus in den Gasthof „Zum goldenen Engel" und bestellte zur Bewachung der beiden toten Bauern sowie des Häuschens drei Wächter, Krempe, Beyer und Schumann. (. . .) Weber aber hat auf alle Fragen nur verworrene Antworten geben können und ist lange krank gewesen.

Zu den drei Wächtern kamen noch zwei Personen hinzu, nämlich der Nachtwächter Starke und der Gerichtsknecht Strauß. Die

Leute haben etwas Branntwein getrunken und wieder ein Kohlenfeuer angezündet, um sich zu wärmen. Der üblen Luft wegen haben sie wiederholt den Fensterladen geöffnet. Merkwürdig ist, daß ihre mitgebrachten Lichte nicht brennen wollten, so daß sie die Lichte des Bauern anzünden mußten, die denn auch gut brannten. Auch haben die Leute Tabak geraucht . . .

Als sie sich mühsam wach erhielten, haben sie ein Gespenst erblickt und gehört in der Gestalt eines Knaben von 7 oder 8 Jahren, das hineinblickte und pustete und die Tür dann mit Donnerkrachen wieder zuwarf. Der eine von ihnen ist, ohne zu wissen wie, ein ganzes Stück auf der Bank hinweggeschoben worden. Nun haben sie miteinander gebetet. (. . .)

Am anderen Morgen hat man sie alle drei tot aufgefunden und nach der Stadt gebracht, wo dem erwähnten Wächter am Kopfe lauter Blattern aufgegangen sind. Die beiden toten Bauern hat man unter dem Galgen verscharrt. Der Studiosus wurde dem Inquisitionsgericht übergeben.

Die ärztliche Untersuchung ergab, daß Weber an seinem Verstande keinen Schaden erlitten hatte, wohl aber hatte er auf der rechten Brust einen länglichen, roten Fleck, wie ein solcher auch am rechten Arm zu sehen war. Am linken Unterarm fand sich eine rötliche Geschwulst und anderes. Am rechten Fuß hatten alle Zehen Frostblasen und ebenso die Fußsohlen, die dann in böse Eiterungen übergegangen sind. Ähnlichen Befund ergab die Untersuchung der Leichen der beiden Bauern. Sie hatten außerdem viele Striemen, wie sie von Schlägen und Stößen herzukommen pflegen. Obgleich nun manches davon auf den Fall von der Bank zurückzuführen ist, so muß doch noch etwas anderes ihren Tod herbeigeführt haben, da bestimmte Brandstellen wie von Pulver unerklärlich sind. Auch der Tod des einen Wächters blieb unaufgeklärt. (. . .)

Dies ist der Verlauf des schrecklichen Ereignisses. Einige gottverlassene Atheisten erklären diesen ganzen Vorfall als Folge des offenen Kohlenfeuers, andere hingegen sagen, daß der Satan selber die Leute umgebracht habe. Wie dem auch sei: die Behörde hat die Veröffentlichung dieses Tatbestandes angeordnet, um Neugierige vor dem üblen Versuch zu warnen, mit den Geistern Zauberei zu treiben, denn der Teufel läßt sich nicht einschläfern.

Quelle: Julius Dumcke, Zauberei und Hexenprozeß, Berlin 1912

In der Öffentlichkeit erhob sich ein lebhafter Streit darüber, ob wirklich der Geist den Tod der Beschwörer herbeigeführt habe oder die Leute einfach einer Kohlengasvergiftung zum Opfer gefallen seien.

Die Behörden im Jahr 1715 nahmen sehr vorsichtig dazu Stellung. Der Student, der die Geisterbeschwörung überlebt hatte, wurde vermutlich wegen groben Unfugs aus der Stadt gewiesen (in anderen Fällen wurden solche Leute damals als Hexer verbrannt). Der Geist, der in Gestalt eines Knaben die Tür geöffnet hat, kann ein neugieriger Nachbarsjunge gewesen sein. Vielleicht waren die Beteiligten aber auch nur vom Alkohol oder vom Kohlengas umnebelt.

„Fausts Höllenzwang" ist eins der bekanntesten Zauberbücher, das auf den großen deutschen Zauberer Doktor Faust zurückgeht. Er schien den Benutzern des Büchleins die größte Sicherheit dafür zu gewähren, daß tatsächlich Geister – insbesondere Ariel – erscheinen. Ariels Zeichen steht für viele ähnlich geartete Geisterzeichen, die bei der Beschwörung eine große Rolle spielen.

Der Name des Geistes
Ariel bin ich genannt, ein Geist der Schätze und verborgenen Güter, die ich unter meiner Botmäßigkeit und Gewalt habe, und gebe sie, wem ich will. Es mag mir ohne meinen Willen nichts entgehen! Nun, so fahre hin! Bin ich's, was begehrest du? Ich will dir geben! Amen!

Dies ist das Zeichen des Geistes Ariel:

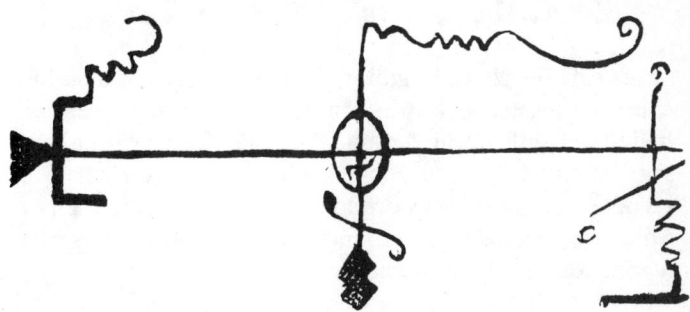

Beschwörung
† Han † Xatt † Zael † Tetragrammaton
† Jesus † Maria † Aaziel † Adyhai † Adonay
† Jeniesi Jesu † Christi † Amen † Komm! komm! komm!
Jad † Uriel † Adifiel † Han Cond † Ady Acrasa † Amen † Komm!
komm! komm!
† Andioma † Dabuna † Amen † O Vid † Luci ad † Komm herfür!

Nenne diese Zeichen:
Gy: Aziel a et o.
W: Versiel Lama.
SW: Spiritus Verus Veninessy.
R: Auctat et ad fisdat.
Ö: Labany Nogery.
D: Thehamer apparat
        Pee u Thessa moridu.
W: Verhilt Uriel Lameca.

Im Namen des Vaters, des Sohnes und des Heiligen Geistes
1. Vale, Laphira, Magoth, Psalte, Baphia duam henehe Amy
Nadzol, Atomaher, Raphael, Emanuel, Christus, Tetragrammaton, Rappiag, Nagoth, Vuy. Komm! komm! komm!
2. Raphael, Heci, Osechy, Sabalos, Agla, Kyrios, Rex, aniom
Lalle Sabalos, Ossadapa, Latter. Komm! komm! komm!
3. Adonay, Raphael, sade Vagoth agrogoste, Laphia hectirele
Adonay graduel amatt zide brach. Komm! komm! komm!
4. Beelzebub agraost sadol agla leady maim lalle amemice charis-
simo Vision Jova veni. Komm! komm! komm!
Quelle: Julius Dumcke, Zauberei und Hexenprozeß, Berlin 1912, S. 248 f.

„Fausts Höllenzwang" gibt – ähnlich anderen Zauberbüchern – Anweisungen, wie sich der Geisterbeschwörer verhalten und auf welche Art und Weise die Beschwörung vor
sich gehen muß, wenn sie auf die Geister wirken soll. Die
Gebete, die zur Beschwörung nötig sind, werden in einer
Mischung aus hebräischer, arabischer, teilweise russischer,
lateinischer und griechischer Sprache gesprochen.

Im ganzen ein wunderlicher Hokuspokus, von dem wir heute kaum noch recht verstehen können, wie ernste Leute ihm Wert beilegen konnten. Unzweifelhaft aber glaubte man damit etwas zu erreichen, denn sonst hätte man ja nicht so viel darum gegeben, solche Zauberbücher zu besitzen. Manch einem schlauen Betrüger wird es geglückt sein, zu nächtlicher Zeit, in graulicher Gegend, an einem verrufenen Orte, mit narkotisch wirksamem Rauchwerk, die Sinne halb denkender Menschen ganz zu umnebeln und ihnen mit Zauberspiegeln und Reflexwirkungen die Gewißheit von gehabten Geistererscheinungen beizubringen.
Quelle: Julius Dumcke, Zauberei und Hexenprozeß, Berlin 1912, S. 241.

Um ein Zauberbuch handelt es sich auch beim „Schlüssel Salomonis". Hier wird angespielt auf den König Salomon der Bibel, der allerdings nicht der Autor des nach ihm benannten „Schlüssels" ist; mit seinem Namen soll der Eindruck besonderer Qualität erweckt werden.

Der Teufel hat keine Hörner
Der neue Kult um Satan

Die übelste Form des Okkultismus ist unserer Meinung nach der Satanismus. Auffällig ist, daß Satanismus nur in Kulturen auftaucht, die christlich geprägt sind; in anderen Religionen ist Satanismus nicht bekannt. Wahrscheinlich handelt es sich bei dieser „Spielart" der Religion um eine Verdrehung aller christlich geprägten Werte: Nächstenliebe wird zum Nächstenhaß.

In diesem Kapitel soll es in erster Linie um Erscheinungsformen und Hintergründe des „modernen" Satanismus gehen. Bevor wir näher darauf eingehen, wollen wir aber das „höchste Gesetz" des Satanismus zitieren, in dem das Wesen satanistischer „Religiosität" am klarsten zum Ausdruck kommt. Der Altmeister der modernen Satanisten, Aleister Crowley, hat dieses Gesetz – so behauptet er jedenfalls in seinen Schriften – vom apokalyptischen Tier mit der Nummer 666* – das ist nach biblischer Vorstellung der Satan – persönlich diktiert bekommen: „Es gibt kein Gesetz außer: Tu, was du willst. Das Gesetz von Thelema."**

Was damit gemeint ist, machen zusätzliche Offenbarungen des Tieres 666 deutlich: „Nichts haben wir gemein mit den Ausgestoßenen und Schwachen: Laßt sie in ihrem Elend verrecken. Mitleid ist das Laster der Könige: Zertretet die Verdammten und Schwachen: so will es das Gesetz der Starken."*** Die Nähe zu faschistischem Gedankengut ist mit Händen zu greifen.

In „Jugend vom Umtausch ausgeschlossen" ist folgender Artikel zu finden:

Als Getaufter und Konfirmierter müßte ich mich eigentlich als Christ bezeichnen. Aber mir gefällt es nicht, schon mit der Geburt in einen Verein eingetreten zu sein, von dem man erst in späteren Jahren die Wahrheit erfährt. Wer sich wie ich gern mit Geschichte befaßt, wird schlimme Geschichten über diesen Verein gehört haben. Diese vielen „heiligen" Kriege, das Abschlachten der Juden, die Kämpfe zwischen den Päpsten, die Inquisition. Dieser Verein heißt Kirche! Ihr Machtanspruch ist zu groß. Ich möchte einen solchen Götzen nicht anbeten müssen.
Ich suchte mir einen anderen Gott. Von ihm heißt es in einem Gebet: Der an den Paria, den Ausgestoßenen denkt,/und mit der Liebe ihm ein Paradies geschenkt,/erbarme, Satan, dich auch meiner tiefen Qualen!
Ja, mein Gott ist Luzifer, Herr der Hölle! In vielen Vollmondnächten rief ich ihn schon an, mit Pentagrammen, schwarzen Kerzen, mit Teufelsdreck und Friedhofserde. Es erregt mich und macht mich glücklich. Ich opferte ihm schon oft mein Blut – und fast schon mal einen Hamster.
Bin ich nun wahnsinnig, weil ich den Teufel anbete? Gibt es ihn wirklich? Für mich jedenfalls gibt es ihn. Er wird mir einmal die Unsterblichkeit übergeben. Und dann beweise ich es all denen,

---

* Vgl. dazu das letzte Buch der Bibel: Offenbarung, Kapitel 13.
** Thelema, griech. Wille
*** Quelle: J. Symonds, Aleister Crowley, Das Tier 666, Basel 1983, S. 90.

die mich verspotteten, mich auslachten und ausstießen – es gibt ihn, den Teufel.   Ozzy Osbourne, 16 Jahre

Quelle: Jugendwerk des Deutschen Shell, Jugend – vom Umtausch ausgeschlossen, Reinbek 1984.

Bei „Ozzy Osbourne" handelt es sich um einen Decknamen. Der richtige Ozzy Osbourne war Sänger der 1969 gegründeten Heavy-Metal-Band „Black Sabbath" (= Schwarzer Sabbat) und wurde dadurch bekannt, daß er auf der Bühne satanistische Show-Einlagen gab. So biß er unter anderem einer weißen Taube während des Konzerts den Kopf ab. „Black Sabbath" unterhielt als eine der ersten Heavy-Metal-Bands Kontakt zu der von Anton La Vey 1966 in San Francisco gegründeten First Church of Satan (= Erste Kirche Satans). Osbourne hatte später Probleme mit Drogen und Alkohol; mittlerweile hat er seine eigene Band gegründet.

Hinter dem Decknamen im oben zitierten Text verbirgt sich ein 16jähriger Junge, dessen Äußerungen wir genauer untersuchen wollen:

Was sagt er selbst?

1. Er ist getauft und konfirmiert – also evangelisch.
2. Er ist ärgerlich, weil er – ungefragt – in diese Kirche aufgenommen wurde, die schlimme Dinge tut bzw. getan hat, als Beispiele nennt er:
   – „Heilige Kriege" (= Kreuzzüge)
   – „Abschlachtung der Juden",
   – „Kämpfe zwischen den Päpsten",
   – „Inquisition",
   – „Machtanspruch".
   Er will den „Götzen" Kirche „nicht anbeten müssen".
3. Er hat sich einen anderen Gott gesucht, der sich um den Ausgestoßenen und dessen Qualen kümmert.
4. Dieser neue Gott ist Satan, den er in vielen Vollmondnächten durch entsprechende Rituale um Hilfe angerufen hat.
5. Satan wird es „all denen" eines Tages schon „beweisen", die ihn „verspotteten, auslachten und ausstießen" – davon ist der Junge überzeugt.

Der 16jährige steht mitten in der Pubertät und fühlt sich von anderen Leuten (Klassenkameraden, Eltern, Erwachsene?) nicht angenommen. Nähere Einzelheiten nennt er nicht. Offenkundig hat er auch bei der Kirche keine Hilfe gefunden und lehnt sie enttäuscht ab. (Dabei sind seine Argumente eigentlich unlogisch: Die schrecklichen Dinge, die im Namen Gottes tatsächlich durch die Kirche angerichtet wurden, müßten dem Satan doch gefallen.)

Daran wird auch das Hauptmotiv des Jungen deutlich: Er hat vergeblich Hilfe bei der Kirche oder ihr nahestehenden Personen – vielleicht auch bei seinen Eltern – gesucht. Nun erwartet er sie vom Teufel, der gemeinhin als das personifizierte Böse angesehen wird.

Sein zweites Motiv deutet er nun an: Die satanistischen Anrufungspraktiken („Pentagramme", „schwarze Kerzen", „Teufelsdreck" und „Friedhofserde") erregen ihn und machen ihn glücklich, dabei spielt das Blutopfer eine wichtige Rolle.

Aus diesem Beispiel lassen sich zwei Hauptmotive für den modernen Satanismus ableiten:
1. Enttäuschung und massive Ablehnung kirchlicher Autorität sowie deren Umkehrung ins Gegenteil;
2. Erwartung von höherem Lustgewinn durch sexualmagische Praktiken.

Welche Formen kann Satanismus in Gruppen von Jugendlichen annehmen?

Zu dieser Frage veröffentlichen wir nachstehend Auszüge aus einer Rundfunksendung des WDR, die sich mit dem Thema „Jugendliche und Okkultismus" beschäftigte:

Aus einer Essener Hauptschule bekamen die Mitarbeiter des Sekteninfos in Essen vor einigen Tagen den Hinweis, daß in dem angrenzenden Waldgebiet der Schule „Schwarze Messen" gefeiert werden. Dreizehnjährige sind dabei, wenn als Blutopfer ein Igel oder ein Huhn geschlachtet wird.
Vor einigen Wochen berichtete die Zeitschrift „QUICK" über die „Teuflische Gefahr" – so die Schlagzeile. „Die jungen Leute", so stand da zu lesen, „die im Keller im Halbkreis stehen, tragen alle

Schwarz. Das Mädchen, das vor ihnen auf einem Altar liegt, ist halbnackt. Schweiß perlt auf dem Körper von Anja – einer 17jährigen Schülerin. Sie atmet flach, ihren Unterleib bedeckt ein Totenschädel. Anja wartet auf den Einzug des Bösen." (. . .)

Wer dies als die übliche Übertreibung einer gewissen illustrierten Presse abtun zu können glaubt, kann falsch liegen. Solche Satansmessen werden tatsächlich gefeiert. Hin und wieder gibt es Informationen darüber von „Aussteigern". Nach Aussagen solcher „Aussteiger" gibt es hierarchisch aufgebaute Satanslogen, die vor allem unter Jugendlichen mit zunächst recht harmlosen Tricks Nachwuchs suchen. Später werden die Neulinge zu Straftaten genötigt, wird ihnen Angst eingeflößt und mit körperlicher Gewalt gedroht, um ein mögliches Aussteigen zu verhindern.

Die folgenden Eindrücke stammen von einer Frau, die als Jugendliche in eine Satansloge geriet und drei Jahre lang dabei war. Weil sie heute noch Angst vor der Rache ihrer ehemaligen Satanslogen-Brüder hat, haben wir ihre Stimme technisch verändert. Auch der Name Ralf, der in ihrem Bericht fällt, ist fiktiv.

„Irgendwann hat er mich zum ersten Mal mitgenommen. Wir kamen in so 'nen schwarzen Kellerraum. Da waren sechs Leute anwesend – alle in schwarzer Kutte. Und da hab' ich mich schon gewundert, was dieses Huhn da soll, das da an so'ner Leine rumhüpfte. Ja – und dann hat man vor meinen Augen eine ‚schwarze Messe' abgezogen. Hat also dieses Huhn geschlachtet, das Blut in so'n Gefäß geschüttet. Dann hat man so'ne geweihte Hostie genommen – also was man in der katholischen Kirche kriegt – und hat das in das Blut getaucht, hat so mit dem Messer drin rumgestochert, und dann mußte jeder von diesem Blut trinken. Und das war dann so ein Opfer für Satan, so eine Schändungsmesse.

Und dann fragte mich der Ralf, ob ich nicht Lust hätte, bei ihnen Priesterin zu werden. Natürlich hatte ich Lust, denn die Gruppe war so strukturiert, daß die sieben Priester in der Gruppe das Sagen hatten. Wenn man dazugehörte, dann war man schon wer. Und diese etwa hundert Anhänger, die mußten dann immer Aufträge ausführen, die von den Priestern gegeben wurden, die angeblich von Satan gegeben wurden – diese Aufträge.

So mußten einige Leute Scheiben einschmeißen oder jemand zusammenschlagen, Drohbriefe schreiben. Und wenn die Leute diese Aufträge gut ausgeführt hatten, dann haben sie Pluspunkte gekriegt. Und wenn sie genug Pluspunkte hatten, dann durften sie mal bei 'ner ‚Schwarzen Messe' zugucken.

Ansonsten war es Außenstehenden möglich, an einer ‚Schwarzen

Messe' teilzunehmen, wenn sie 500 bis 600 Mark hingelegt haben. Und dann kamen auch viele Leute hin, und zwar eher so Männer, also ausschließlich Männer aus gehobenen Schichten mit sehr viel Geld, die sich 'nen besonderen Nervenkitzel verschaffen wollten, weil auf diesen 'Schwarzen Messen' viel Blutopfer gemacht wurden. Zum Teil liefen auch Orgien ab.

Das lief dann so 'ne Zeit mit diesem Aufträgen-Ausführen so – es ging sogar irgendwann mal soweit, daß einer – um sich zu beweisen vor der Gruppe – also in 'ner öffentlichen Kneipe vor sämtlichen Zeugen jemandem mit zwölf Messerstichen den Bauch aufgeschlitzt hat. Um zu zeigen, daß er Satan treu ist.

Die Sache lief und lief auch viel mit Drogen und Prostitution – also Mädchen aus der Anhängerschaft wurden auf den Strich geschickt. Andere wiederum mußten diese Aufträge ausführen – also es ging schon reichlich derbe zu.

Meine Einführung als Priesterin bestand darin, daß ich ein schwarzes Kaninchen schlachten mußte. Und anschließend auch noch das Blut trinken, und dann mußte ich nachher noch meinen Arm aufschlitzen, und dann hat jemand anders mein Blut getrunken, und dann mußte ich dem sein Blut auch noch mal trinken. (. . .)

Es herrschte auch die Regel: Aussteiger müssen eigentlich sterben. Und dann hab' ich überlegt, ich kann nicht mehr mitmachen. Ich hab' echt nur noch dagesessen, und mein Kopf war wie ein Mühlrad. Ich konnt' nicht mehr. Und die haben mich festgehalten, fast täglich zusammengeschlagen, vergewaltigt, unter Drogen gesetzt und haben eine schöne Folterungsmethode angewandt, daß sie mich nicht haben schlafen lassen.

Ja, letztendlich bin ich dann zum Sekteninfo gekommen, und da hab' ich dann zum ersten Mal Hilfe bekommen bei sowas. Und die haben mich dann ernst genommen: Das erste Beratungsgespräch hat über fünf Stunden gedauert, wo ich dann erst mal alles abladen konnte, weil ich nach zwei, drei Jahren das erste Mal überhaupt darüber gesprochen habe mit irgend jemandem – diese Geschichte überhaupt mal erzählt habe. Und dann haben wir auch festgestellt, daß ich psychisch total runter war, daß ich also so fertig war. . . . Ich hatte ja totalen Verfolgungswahn . . .

Hinter jeder Ecke habe ich einen von der Sekte schon gesehen und hab' gedacht, die bringen mich jetzt um oder überhaupt, (. . .) ich hab' geglaubt, irgendwelche Dämonen, die verfolgen mich.

Ja, dann mußte ich in die Psychiatrie, bin dort drei Monate geblieben, und ich kann jetzt anfangen, daran zu denken, was ich eigentlich mal beruflich machen werde."

Quelle: WDR 2, Jugendliche und Spiritismus, 13. 6. 1988.

Soweit die Äußerungen einer früheren „Satanistin", die einen Einblick in Aufbau und Treiben einer Satansloge geben. Vieles erinnert an Praktiken, die in sogenannten „Jugendsekten" ebenso üblich sind wie im Bereich des Drogenhandels bzw. der Prostitution. Aus dem Bericht geht hervor, daß auch massive Gewalt an der Tagesordnung ist – angeblich auf Befehl Satans, der durch den Mund selbsternannter Priester spricht. So kann es kaum verwundern, daß auch der folgende Bericht der „BILD" leider keine Übertreibung ist:

Vor drei Jahren waren die jungen Teufelsanbeter im Stadtteil Kettwig zum ersten Mal aufgetaucht. Sie hatten sich Schallplatten der Beatles gekauft und sie öffentlich zerschlagen. „Die Beatles sind Zombies", sagten sie. (. . .)
Auch Gymnasiast Uwe E. gehörte zur Sekte. Er las Gruselromane, trug schwarze Sachen. Montag nachmittag holte er Gordon Breuer zu Hause ab. Mit ihren Mopeds fuhren sie zur Fabrik, in der einige Tage vorher das Satans-Ritual stattgefunden hatte.
Zuerst wollte Uwe dem Lehrling Angst machen. Er hielt sich in der Dunkelheit ein Feuerzeug vors Gesicht und schnitt eine Fratze. Aber Gordon lachte wieder nur. Da war für Uwe klar: „Das ist ein Zombie, ich muß ihn vernichten."
Er griff sich eine Eisenstange, schlug siebenmal auf Gordon ein, traf den Kopf und den Hals. Dann zerrte er den bewußtlosen Jungen zu einem Abwasserschacht, warf ihn hinein. „Aber die Bestie hat noch geröchelt", gestand er später. „Ich habe gewartet, bis der Zombie still war. Dann habe ich den Schacht abgedeckt und bin weggelaufen."
Zuhause bemerkte seine Mutter die blutigen Sachen ihres Sohnes. Als sie in der Nacht hörte, daß Gordon vermißt wurde, alarmierte sie die Polizei. Am nächsten Morgen fanden die Beamten den toten Lehrling im Abwasserschacht. Uwe wurde festgenommen.
Oberstaatsanwalt Reinicke: „Der Junge litt unter Realitätsverlust und Wahnvorstellungen." Der Haftrichter wies ihn in eine psychiatrische Anstalt ein.
Quelle: Bild, 28. 10. 1988

Es gibt keine gemeinsame Lehre des Satanismus. Einen Satz aber können alle Satanisten unterschreiben: „Es ist kein Gott, außer dem Menschen." So ist auch der Gegenstand des satanischen Glaubens und satanischer Praktiken normalerweise keine Gottheit „Satan", sondern der Mensch. Auch wenn die äußeren Merkmale des Satankultes so erscheinen, als handelte es sich um eine Art Gottesdienst für den „Gehörnten", geht es im Kern um den Menschen und dessen Machtgewinn: „Tu was du willst – auf Kosten der Schwächeren" (A. Crowley).

Um einen ersten Überblick über das umfangreiche Gebiet des Satanismus zu geben, folgen wir der Einordnung von A. Haack/F.-W. Haack (vgl. Literaturhinweise im Anhang), die fünf Formen des „Satanismus mit und ohne Teufel" unterscheiden:

Der historische Satanismus
Er sieht in Satan den Gegenspieler Gottes und bezieht sich auf die Kirche – er ahmt ihre Riten nach. So wird beispielsweise das Kreuz Christi andersherum aufgehängt. Bekannter ist die „Schwarze Messe", die eigentlich nur eine auf den Kopf gestellte christliche Messe ist. Es finden sich – jeweils nur auf den Satan bezogene – Teile der katholischen Messe in ihr wieder. Die Hostie beispielsweise wird geschändet, indem sie in Tierblut getaucht und verspeist wird. Mit dieser Handlung soll Gott verspottet werden.

Der rituelle* Satanismus
Der rituelle Satanismus bildet „Kirchen" und Orden, auch wenn die christliche Kirche nicht mehr sein tatsächlicher Gegner ist. Seine Rituale (= Amtshandlungen", Ordnungen) bilden den Kern des „modernen" Satanismus, mit dem wir es heute vorwiegend zu tun haben.

---

* Rituell = festgelegter, gottesdienstlicher Ordnung in Worten und Handlungen folgend.

Der ambulante oder latente Satanismus*

Er liegt vor bei spontanen Satansfeiern, aber auch bei „Ritual"-Morden wie im oben beschriebenen Mord an dem 16jährigen Lehrling in Essen. Von ambulantem oder latentem Satanismus spricht man auch bei „Schwarzen Messen", die wie ein Karnevalsscherz abgehalten werden. Auch wenn „Grufties" auf Friedhöfen Saufgelage mit satanistischen Ritualen (Totenkopf, Friedhofserde, Grabsteine und Sargdeckel) veranstalten – einfach weil sie „etwas erleben" oder „Nervenkitzel" erreichen wollen –, kann man von ambulantem oder latentem Satanismus sprechen.

Dazu gehören auch Teufelspakte – wie wir schon im Fall des Religionslehrers Gaik sahen, in denen man sich in einer besonderen Weise mit Blut und Feuer dem Satan „weiht" oder mit ihm eine Abmachung schließt. Auch bestimmte Formen der „satanistischen Sexualität", die oft selbsterfunden sind und dem erhöhten Lustgewinn dienen sollen – gehören in diesen Bereich des Satanismus – so zum Beispiel der Totenkopf auf dem Unterleib der 17jährigen während einer „Schwarzen Messe".

Der kulturelle Satanismus

Künstler wie der Wiener Aktionskünstler und „satanistische Hohepriester" Josef Dvorak, die auf der Bühne Satans-Happenings veranstalten, rechnen ebenso dazu wie etliche Filme – angefangen mit „Rosemaries Baby" von Roman Polanski über der „Exorzist" oder „Das Omen". Auch die Heavy-Metal-Musik ist z. T. zum kulturellen Satanismus zu zählen.

Der Wahnsatanismus

Dabei handelt es sich um „Lügenformen" des Satanismus. Dazu gehören angebliche Enthüllungsbücher über Satanismus, so z. B. das Buch von F. S. Banol, Die okkulte Seite

---

* Ambulant = wandernd, ohne festen Sitz; latent = verborgen, ohne feste Merkmale.

des Rock. Derartige Bücher tragen in erheblicher Weise dazu bei, Leser durch aufgebauschte Fehlinformationen zum Thema Satanismus zu verunsichern. Nach dem Lesen wittert man leicht hinter jedem Rockmusiker einen Satansanhänger. Inzwischen kursiert unter Jugendlichen das Gerücht, daß neben den Beatles auch Chris de Burgh dazu gehöre, weil auch seine Platten rückwärts gespielte Botschaften des Satans enthalten sollen.

Aus derartigem Wahnsatanismus entsteht rasch jene Einstellung, die zur Denunziation alles dessen führt, was einem verdächtig vorkommt. Das führt dazu, daß Einzelne oder Gruppen in die Ecke des Satans geschoben und „verteufelt" werden. Wenn dann z. B. AIDS zu einer Sache des Teufels erklärt wird, müssen Homosexuelle eben vom Teufel besessen sein. Der Schritt zur „Hexenverfolgung" moderner Prägung ist nur noch klein. Anzeichen von „Teufelswahn" sehen wir auch darin, daß Jugendliche aus evangelikalen Kreisen Platten mit Rockmusik zerbrochen und weggeworfen haben, weil diese angeblich ein Werk Satans seien.

Aleister Crowleys Jünger
Informationen zum Thelema-Orden

Da es unmöglich ist, alle die Gruppen aufzuzählen, die sich auf Aleister Crowley als geistigen „Vater" berufen, wollen wir uns beispielhaft auf eine beschränken, die gegenwärtig als besonders aktiv gilt, den früheren Thelema-Orden, der heute unter der Bezeichnung „Netzwerk-Thelema" firmiert und angeblich nichts mehr mit dem Orden zu tun hat.

Die Bezirksregierung Lüneburg hält diese Gruppierung für so gefährlich, daß sie im September 1986 eine Dokumentation zum „Thelema Orden / Netzwerk Thelema" herausgab, die wir im folgenden in Auszügen wiedergeben.

Seit Mitte 1985 haben sich im Landkreis Lüchow-Dannenberg an verschiedenen Orten ehemalige Mitglieder des „Thelema-Ordens des Argentum Astrum" niedergelassen, dessen Hauptsitz bislang Berlin war. Die Bezirksregierung will die verunsicherte Bevölkerung mit ihrer Dokumentation über Hintergründe und Aktivitäten der Thelema-Gruppe zum Zeitpunkt 25. September 1986 informieren.

Aleister Crowley und das Gesetz von Thelema – Wegbereiter des Neosatanismus

Eschner – Wiedergeburt von Crowley
Der geistige Führer der Thelema-Gruppe, der am 16. Februar 1949 in Berlin geborene <u>Michael Dietmar Eschner</u>, befaßt sich seit Jahren mit den Lehren des berüchtigten englischen Magiers Aleister Crowley. In der Vereinssatzung des Thelema-Ordens e. V. Berlin wird Eschner in § 2 als der „vorausgesagte Nachfolger" von Aleister Crowley bezeichnet. Eschner selbst hält sich für den „magischen Erben" Crowleys im Sinne der Reinkarnation (Wiedergeburt). Dies hat er bereits 1982 in dem Buch Liber Al vel Legis, Kommentare von Crowley/Eschner (S. 194 ff.) dargelegt und dabei gleichzeitig auf die übermenschliche Herkunft des Liber Al vel Legis, des Hauptwerks von Crowley, verwiesen. (. . .)
Zum besseren Verständnis der Thelema-Gruppe ist (. . .) ein Überblick über Leben und Lehren von A. Crowley erforderlich.

Leben und Lehren von Aleister Crowley
Aleister Crowley (1875–1947) wurde am 12. Oktober 1875 in Leamington in England als Kind einer strenggläubigen Familie der Plymouth-Brethren geboren, einer christlichen Bruderschaft, die stark endzeitlich geprägt war und ist und für die die Johannes-Offenbarung eine große Rolle spielt. Als Ausfluß, wenn auch im Gegensatz zu seiner christlichen Erziehung, hat Crowley aus der Johannes-Offenbarung verschiedene Begriffe übernommen, z. B. das „Tier aus der Erde", der „Prophet des Antichrist" (Offb. 13,11–18) und das „Scharlachrote Weib" (Offb. 17), die „Große Hure Babylon". Mit dem „Tier mit der Zahl 666", der „Scharlachroten Frau" und dem „Antichrist" (Offb. 13,1–10) hat Crowley sich als „befreienden" Symbolen identifiziert.

Am 8., 9. und 10. April 1904 will er in Kairo das Gesetzbuch des neuen Zeitalters, das „Liber Al vel Legis", jeweils mittags von 12.00—13.00 Uhr niedergeschrieben haben. Es soll ihm von einer übermenschlichen Wesenheit namens „Aiwass" diktiert worden sein. Mit diesem Zeitpunkt habe ein „Neues Äon" begonnen, dessen Prophet Crowley selber sein will.

1899 wurde Crowley Mitglied des um 1880 entstandenen Okkult-Ordens „Golden Dawn" (Hermetischer Orden der Goldenen Dämmerung). 1912 wurde er in den 1885 von dem Wiener Fabrikanten Dr. Karl Kellner und dem deutschen Theosophen Dr. Franz Hartmann gegründeten O. T. O. (Ordo Templi Orientis), den wohl bekanntesten aller Okkultorden, aufgenommen und übernahm später die Leitung dieses Ordens.

Für den O. T. O. schrieb Crowley das Ritual einer „Gnostischen Messe", in deren Glaubensbekenntnis es heißt:

> Tue was Du willst, soll sein das ganze Gesetz. Ich verkünde das Gesetz von Licht, Leben, Liebe und Freiheit im Namen von IAO.
>
> Gemeinde: Liebe ist das Gesetz, Liebe unter Willen. (. . .)
> Ich glaube an die Schlange und den Löwen, Geheimnis der Geheimnisse, und sein Name ist Baphomet.

„Bruder Baphomet" ließ Crowley sich nach seinem Eintritt in den O. T. O. nennen. Baphomet ist ein Teufelsname (s. Haack, 1982, S. 34 ff.). Crowley bezeichnete sich auch als „To Mega Therion" (griech. = Das große Tier), was ebenfalls den Teufel symbolisiert (Miers 1976, S. 99).

1920 gründete Crowley die Abtei Thelema (griech: Der Wille) bei Cefalu auf Sizilien. Den Namen hatte er von Rabelais (1494—1553) übernommen, der in seinem Gargantua-Werk eine Abtei dieses Namens als Gegenkloster der Lebensfreude und Lebensbejahung entworfen hatte. In der Abtei Thelema wurden sexuell-religiöse Orgien gefeiert und Tieropfer dargebracht. Daß es dabei auch zu Menschenopfern gekommen ist, wurde zwar behauptet, aber nicht nachgewiesen (Haack, 1974, S. 116).

1925 tauchte Crowley in Thüringen auf. Sein Plan bestand darin, von Deutschland aus als ein neuer Weltheiland aufzutreten und den Geheimorden Thelema zu gründen. Nach Hitlers Machtübernahme ging Crowley nach England, wo er nach einem abenteuerlichen Leben rauschgiftsüchtig, geistig umnachtet und vereinsamt 1947 gestorben ist (Haag, 1980, S. 498).

Das Gesetz von Thelema

Die Formel „Tu was du willst, soll sein das ganze Gesetz", die in dem Liber Al vel Legis (I 39) enthalten ist, wird als das Gesetz von Thelema bekannt. Die Grundlehre dieses Gesetzes mit dem „ideologischen Leitsatz des Neo-Satanismus" (Haack 1982, S. 35) wird in einem von Crowley zusammengestellten Gedicht, das auch als sog. Crowley-Charta bezeichnet wird, deutlich:

Es gibt keinen Gott außer dem Menschen.
Der Mensch hat das Recht, nach seinem eigenen Gesetz zu leben: –
zu leben wie er will,
zu arbeiten wie er will,
zu spielen wie er will,
zu ruhen wie er will,
zu sterben wann und wie er will. (. . .)
Der Mensch hat das Recht, all diejenigen zu töten,
die ihm diese Rechte zu nehmen suchen.
‚Die Sklaven sollen dienen'. (Al, II,58). (. . .)
Wir haben nichts gemein mit den Ausgestoßenen und den Unfähigen; laß sie sterben in ihrem Elend. Denn sie fühlen nicht. Mitleid ist das Laster von Königen; tritt nieder die Elenden und die Schwachen. Dies ist das Gesetz der Starken: Dies ist unser Gesetz und die Freude der Welt. Glaube o König nicht die Lüge, daß du sterben mußt; in Wahrheit sollst du nicht sterben, sondern leben. (II,21).

Nach Haack (Geheimreligion der Wissenden, 1966, S. 27 ff.) sind Crowleys Ideen als eine Mischung aus neugnostischem Geheimwissen, altägyptischen Traditionselementen und indischem Geistesgut anzusehen. Letzlich ist der Mensch Gott dieser Welt und seinem Willen als einzigem Gesetz unterworfen. Das alte christliche Zeitalter mit seiner nach Auffassung Crowleys lebensverneinenden und weltfeindlichen Religion sollte im neuen Zeitalter, dem „Äon des Horus", das 1904 mit der „Offenbarung" des Liber Al et Legis beginnt, überwunden werden. Die wahren Freien, die Initiierten (d. h. Eingeweihten, Erleuchteten) sind die Vorkämpfer zur Befreiung der Welt aus den bisherigen Beschränkungen und Bindungen. In einem neuen Sittengesetz sollten die überkommenen Gesetze und Moralvorstellungen, die das Fortschreiten der Menschheit zu einer vollkommeneren Bewußtseinsstufe verhindern, aufgehoben werden.

So wie die Formel „Tu was du willst, sei das Ganze von dem Gesetz" zu einem Leitsatz für verschiedene Okkult-Orden wurde, ist das Liber Al vel Legis zum Schlüsseltext für den modernen Neosatanismus geworden. An ihm richten sich alle thelemitisch-orientierten Okkultorden und Neosatanisten aus.

Der Begriff Neosatanismus deutet an, daß dieses Gedankengut mit dem Altsatanismus des 17. bis 19. Jahrhunderts nur indirekt in Zusammenhang gebracht werden darf. Bei letzterem ging es um die blasphemische Verhöhnung christlicher Traditionen durch eine Anbetung und Verehrung des personhaften Antichristen, des Teufels, durch das Zelebrieren „Schwarzer Messen“. Beim heutigen Neosatanismus geht es nicht mehr um den „leibhaftigen Teufel“. Der Begriff Satan ist vielmehr ein Symbol für eine Geisteshaltung. „Die christlichen Werte sind umgekehrt, die Triebentfaltung wird zum einzigen ethischen Maßstab. Was dieser Selbstbefriedigung widerspricht, wird abgelehnt, was sie fördert, wird akzeptiert.“ (Haag, S. 500). Der Mensch – in christlicher Vorstellung Teil der Schöpfung Gottes – ist im neosatanistischen Denken selbst Gott, absolut autonom. Es gibt keinen anderen Gott als den Menschen. Die von christlichen Traditionen geprägte Gesellschaft wird abgelehnt. Mit Hilfe enthemmender Methoden versuchen sich die Anhänger dieser Lehren von den internalisierten Wertvorstellungen zu befreien, sich durch okkulte Praktiken ihre Zukunft verfügbar zu machen, zu einer Steigerung der sexuellen Lustgewinnung zu gelangen und über andere Menschen Macht zu gewinnen. In ihren magischen Ritualen geht es um die Freisetzung von Kräften, die Erweiterung des Bewußtseins und den Zugang zu übersinnlichen Erfahrungen. Ziel dieser Ritualität ist letztlich das Erleben der eigenen Göttlichkeit.

Aktuelle neosatanistische Gruppierungen und Strömungen

Die Lehren Crowleys waren richtungsweisend für viele okkulte Gruppen, denen hiermit neue Perspektiven, eine neue Geisteshaltung und eine neue Art von Religion eröffnet wurde. Im abendländischen Kulturkreis existiert eine weltweit verzweigte undurchsichtige Szenerie von Neosatanismus, Schwarzer Magie und seltsamen Ritualen. Darunter befinden sich magisch-mystische Vereinigungen, die sich hierarchischen Ordnungen unterwerfen, geheime Eide ablegen und Geheimkulte treiben. Hierzu zählen aber auch Rockergruppen, die sich z. B. „Hell's Angels“ oder „Satan's Slaves“ nennen und schlicht auf Sex und Gewaltverbrechen aus sind. Wo immer man solchen Strömungen auf den Grund geht, stößt man auf den Namen Aleister Crowley. Insbesondere sind folgende Gruppierungen zu erwähnen:

Der *O. T. O. (Ordo Templi Orientis)* existiert noch heute und hat seine Weltzentrale in der Schweiz. Gruppen, die sich aus dem O. T. O. entwickelt haben, sind einmal die *Fraternitas Saturni,* eine sexuell-magische Geheimloge, die noch zu Lebzeiten Crowleys in Berlin gegründet wurde und mit einem Zweig dort noch heute besteht, und die *Church of Final Judgement.*

Seine Hauptaktivitäten verlagerte der O. T. O. nach Amerika. Als Organisationen, die auf dem Boden der Lehren Crowleys stehen, sind hier insbesondere zu erwähnen: die 1966 von A. S. La Vey gegründete *Church of Satan* und die *Solar Lodge* von Jean Brayton.

Bei den Ritualen der Church of Satan handelt es sich um magisch-drapierte Techniken der Verhaltenstherapie, die zu sexueller Befreiung und ungehindertem Durchsetzungsvermögen führen sollen. Zwar werden sexueller und politischer Anarchismus abgelehnt, dafür wird aber die Ausrottung der Kranken und Schwachen befürwortet (Haag, 1980, S. 500). Die – in Kalifornien legalisierte – Church of Satan soll zahlreiche Filialen in vielen Ländern unterhalten und hohe Mitgliedsbeiträge erheben.

Von der Solar Lodge wird berichtet, daß die Persönlichkeit der Anhänger dieser Gruppe durch Schmerz (z. B. Schnitte in die Unterarme), Überredung, Drogen (Marihuana, LSD) und wiederkehrende sexuell-magische Riten zerstört und dann nach den Vorstellungen der Gruppe neu wieder aufgebaut wurde.

Von dieser Gruppe war *Charles Manson* beeinflußt, der 1968 von sich behauptete, Satan und Christ zugleich zu sein, und sich als „König der Engel der Unterwelt" (Offb. 9,11) verstand. Er glaubte an das Endgericht, das er mit seinen Anhängern herbeiführen wollte, wobei einerseits die Neger, andererseits die „rich piggies" ausgerottet werden sollten (Haag, 1980, S. 499). Die von ihnen veranstalteten Kultorgien gipfelten 1969 in dem Ritualmord an der Filmschauspielerin Sharon Tate, der Frau des Filmregisseurs Roman Polanski.

Mitglied der kalifornischen Gruppe des O. T. O. und beeinflußt von dem Gedankengut des Neosatanismus war um etwa 1945 auch der 1911 geborene Ronald Hubbard, der Gründer der *Scientology Church* (s. hierzu MAGS 1983, S. 24; Haack 1982, S. 283). Eine deutsche Scientology-Gruppe wurde 1971 in München in das Vereinsregister eingetragen. Nach eigenen Angaben soll sie um die 70 000 Anhänger haben. Auch diese Organisation, die sich selbst als Religionsgemeinschaft bezeichnet, ist gekennzeichnet durch die Verheißung von individueller Erfüllung, umfassender Bewußtwerdung, Stärke und totaler Freiheit, die aber letztlich zu totaler Abhängigkeit führen kann (Der Senator für Schulwesen, Jugend und Sport, Berlin 1983, S. 11). Die Scientology Church ist straff organisiert. In der deutschen Zentrale gibt es sieben Abteilungen für alle Organisationsbereiche.. (. . .)

Die Scientology-Lehre geht von der These aus, daß der Mensch ein unsterblicher ewiger Geist ist, der in sich vollkommen angelegt ist. Dieser Geist wird „Thetan" genannt. Er verkörpert sich über die Jahrtausende in immer wieder anderen Personen oder Wesen. Die im Verlauf der verschiedenen Reinkarnationen erfahrenen Erlebnisse und Belastungen können durch das Scientology-Programm gelöscht und beseitigt werden, so daß der „Thetan" völlig frei wird. Die Scientology-Kirche nimmt also für sich in Anspruch, mit Hilfe ihrer Methoden die Intelligenz, die Fähigkeiten und die Selbstverwirklichung des einzelnen zu steigern und somit das Bewußtsein von Unsterblichkeit hervorzubringen. Als Beweis für die Wirksamkeit ihrer Methoden bezieht sie sich auf verschiedene Künstler, die Anhänger sind oder erfolgreich an ihren Kursen teilgenommen haben, wie z. B. den Jazzpianisten Chick Corea, die Sängerin Julia Migenes oder den Filmschauspieler John Travolta. (. . .)

Schließlich ist noch auf die Zusammenhänge zwischen Satanismus und Bereichen der Rock-Musik hinzuweisen (Hard Rock, Heavy Metal, Black Metal). Sie sind gerade für den Jugendschutz von besonderer Wichtigkeit, da über diese Musik und die hiermit verbreitete „message" besonders Jugendliche und junge Erwachsene angesprochen werden. Überhaupt ist Musik für die Jugend z. Z. das bedeutsamste und am meisten genutzte Medium, wobei auch das Fernsehen für die heutigen Jugendlichen in starkem Ausmaß ein Medium der Musik ist (Berg 1986, 179 ff., 193 ff.).

Daß in der Rock-Musik im westlichen Kulturkreis Magie und Okkultismus in weitem Umfang verbreitet wird, ist seit langem bekannt. Im rororo-Sachbuch „Rock Session 1" von 1977 werden in zwei Beiträgen (Granini, S. 3 ff., Schmidt-Joos, S. 10 ff.) auch schon die Einflüsse Crowleys auf die Rock-Musik der 60er Jahre beschrieben, wo sich u. a. auch die Rolling Stones – beeinflußt vor allem durch den amerikanischen Filmemacher Kenneth Anger – mit okkulten Themen und Texten befaßte. Anger, der von Schmidt-Joos als der prominenteste Anhänger und Fortführer der Lehren Crowleys bezeichnet wird, hat in seinen Filmen die Aussagen Crowleys über Magie, Sexualität, Gewalt und Satanismus optisch umgesetzt. Später war es die Gruppe „Black Sab-

bath" mit dem Rock-Sänger Ozzy Osbourne, die den Okkult-Rock „salonfähig" machte (Roth 86, 41).
Im September 1984 fand in Süddeutschland ein Rockfestival „Monsters of Rock 84" statt, an dem überwiegend Gruppen beteiligt waren, die sich offen zum Satanskult bekennen und in ihren Songs für Satan, Gewalt und jede Art Sex werben (EZW 12/1984). Im August 1986 hat die Presse über eine von „Anhängern des Satans" veranstaltete schwarze Messe anläßlich eines alljährlich in der Nähe von Posen stattfindenden Rockfestivals berichtet (LZ vom 16./17. 8. 1986). Im Juni-Heft 1986 berichtete das Magazin „Metal Hammer", daß die polnische Band KAT unter den Titel „666" und „Metal and Hell" das „erzkatholische Polen mit Satanswerk und Schwermetall" attackiere. (. . .)

Thelema-Orden/Netzwerk Thelema

Der Thelema Orden in Berlin
Nach der Darstellung Eschners soll der Orden schon seit Jahrzehnten bestehen. Er könne mit Sicherheit bis 1930 „zu dem damaligen Kontakt mit Crowley" zurückverfolgt werden und habe wahrscheinlich schon früher gearbeitet (Die Geheimen Unterweisungen und Rituale des Hermetischen Ordens der Goldenen Dämmerung, 1985, S. 24). Insofern bestreitet Eschner, Gründer des Ordens zu sein.
Er will erst 1972 zu dem Orden hinzugekommen sein. Belegt ist dies alles nicht. Tatsache ist, daß Eschner schon 1970 wegen Straftaten, die im Zusammenhang mit der Thelema-Lehre gesehen werden müssen, verurteilt worden ist. Dabei ging es zum einen um die Verurteilung wegen Verbreitung unzüchtiger Schriften und Werbung für jugendgefährdende Schriften, zum anderen um Verurteilungen wegen Untreue, Betruges, Unterschlagung und betrügerischen Bankrotts. 1972 wurde er zu einer Gefängnisstrafe von 3 Jahren und 6 Monaten verurteilt.
Am 1. Dezember 1982 wurde der „Thelema-Orden des Argentrum Astrom e. V." in Berlin gegründet und anschließend in das Vereinsregister eingetragen. Zuvor hatte es bereits eine Art von Ordensgemeinschaft gegeben, die als „Institut für Angewandte Metaphysik" firmierte.
Zu den Gründungsmitgliedern gehörten neben Eschner u. a. Andreas Baar (1. Vorsitzender des Vereins), Sigrid Kersken-Canbaz (3. Vorsitzende und Kassiererin), Jörg Roestel, Maria Gratopp und Martina Yilmaz.

Nach § 2 der Satzung ist der Verein eine „ordensartig organisierte Religionsgemeinschaft". Als Vereinsziel wird die Verbreitung der Lehren des „Liber Al vel Legis – Gesetz von Thelema" angegeben. (. . .)

Insbesondere wird der Aufbau von Abteien, Tempeln und Gruppen angestrebt, in denen die thelemitische Lebensweise praktiziert wird, die Verbreitung entsprechender Schriften, die Veranstaltung von Vorträgen, Kursen und Schulungen sowie alle weiteren Tätigkeiten, die direkt oder indirekt die thelemitischen Lehren verbreiten oder es ermöglichen, ein Leben in ihrem Sinne zu führen. Abteien sind Häuser oder Wohnungen, in denen mehrere Ordensmitglieder unter der Leitung eines Ausbilders zum Zwecke der Praktizierung thelemitischer Lebensweise zusammenleben. Tempel sind Zentren thelemitischer Lebensweise und Ausbildung (§§ 22 ff. der Satzung). Zur Verbreitung der thelemitischen Lehre sollen ein Verlag und eine Druckerei aufgebaut werden, in denen vornehmlich Ordensmitglieder beschäftigt werden (§ 24).

Nach § 8 a und b der Satzung werden dem „Nachfolger" (Eschner) verschiedene Sonderrechte und -pflichten eingeräumt. U. a. hat er gegen alle Ordensbeschlüsse das Vetorecht. Die Wahl des Vorstandes und die Auflösung des Ordens bedürfen seiner Zustimmung. Er hat das Recht, Mitglieder auszuschließen und seinen Nachfolger zu benennen. Er hat den Orden in allen das Gesetz von Thelema betreffenden Fragen zu beraten. Er ist verpflichtet, seine Sonderrechte aktiv auszuüben, „da sie ihm aufgrund seiner Stellung als höchster Vertreter des Gesetzes von Thelema verliehen sind".

Ab 1982 wandelte sich also der Orden von der bisherigen mehr oder weniger geschlossenen Gesellschaft zu einer Organisation, die nach außen – teilweise – offen war, nämlich hinsichtlich der unteren vier Grade in der Ordenshierarchie (so Eschner, Thelema Netzwerk, S. 9). Der Orden trat öffentlich auf, gab der Presse Informationen und veranstaltete frei zugängliche Kurse für Kandidaten, aus denen neue Mitglieder hervorgingen. Es wurde die Abtei Thelema in Berlin gegründet, in der die Ordenskandidaten eine theoretische und praktische Ausbildung im Sinne der thelemitischen Lehren erhielten. Im „Kersken-Verlag – Stein der Weisen" wurden einschlägige Schriften publiziert und die Ordensmitglieder beschäftigt.

Beim Eintritt in den Orden mußten die Mitglieder gegenüber Eschner einen sog. Gehorsamseid ablegen.

Nach den Feststellungen des Verwaltungsgerichts Berlin vom

20. 3. 1985 (VG 6 A 84.85) mußten die Sektenmitglieder folgende Verpflichtung gegenüber dem Verein bei ihrem Eintritt abgeben:

1. Hiermit bestätige ich, daß ich keinerlei persönliches Eigentum besitze. Alles, was mir vor Eintritt in die Abtei gehörte, ist in das Eigentum des Thelema e. V. übergegangen.

2. Ich habe keinerlei irgendwie geartete finanzielle Ansprüche gegen den Thelema e. V. oder gegen den Kersken-Verlag.

3. Gegen den Kersken-Verlag bestehen zum jetzigen Zeitpunkt keine Ansprüche wegen zuvor geleisteter Arbeiten. Ebenso leiste ich alle künftig anfallenden Arbeiten ohne Anspruch auf finanzielle Gegenleistung, so daß auch zu einem späteren Zeitpunkt keinerlei Ansprüche geltend gemacht werden können. (. . .)

Zur Beschreibung des Lebens in der Abtei erhielten Interessenten folgende Darstellung:

2. Die Abtei läuft nur unter Gehorsamseid.

3. Niemand, der in die Abtei kommt, behält irgendwelches Privateigentum. Ihr bringt all Euren Kram mit in die Abtei, das Brauchbare wird dort benutzt, und alles andere wird verkauft.

4. Gelder, die ihr monatlich bekommt (auch Arbeitslosenunterstützung, Sozialhilfe etc.) laßt Ihr auf das Thelema e. V. Konto überweisen. Diese Gelder stehen dann auch nicht mehr zu Eurer Verfügung, sondern werden als Spende bzw. Beitrag verbucht. (. . .)

5. (. . .) Einziges Ziel des Ganzen ist es, möglichst schnell den Grad des Adeptus Minor des Inneren zu erreichen, und das geht natürlich am schnellsten, wenn Ihr Euch um „all Eure Rechte und Wünsche" keine Gedanken macht.

6. Ihr könnt ganz locker davon ausgehen, daß die ersten Monate hauptsächlich damit ausgefüllt sein werden, unser materielles Überleben zu sichern. Natürlich werden wir auch alle dazu notwendigen Arbeiten unter dem Gesichtspunkt der Ausbildung durchführen.

7. Alle Außenkontakte – völlig egal, zu wem oder welchem Zweck – könnt Ihr getrost vergessen. Insbesondere irgendwelche Arbeiten außerhalb. Notwendige Behördenkontakte werden von Fall zu Fall einzeln genehmigt – oder auch nicht.

8. Jeder, der jetzt immer noch in die Abtei will, kann mir dieses Blatt unterschrieben zurückgeben.

Bei der Einschätzung des Ordens kam das Verwaltungsgericht zu folgendem Ergebnis:

Ziel des „Ordens" (ist) die „Umkonditionierung" des Menschen zu einer „höheren Bewußtseinsstufe". Dies soll erreicht werden durch die „Zerstörung der bisherigen Moralvorstellungen, Neugliederung der gesellschaftlich anerkannten Lebensform und Lösung der bisherigen sozialen Konditionierung". Unter anderem durch erzwungenen Sexualverkehr, durch ein sogenanntes Ekeltraining – Urin trinken und Kot essen – sollen die Betroffenen ihre natürlichen Hemmschwellen überwinden, wobei ggf. Alkohol als Hilfsmittel eingesetzt wird. Die Höchstdauer der täglichen Nachtruhe ist auf sechs Stunden begrenzt, was offenbar dazu dienen soll, die natürliche körperliche und psychische Widerstandskraft gegen die „Umkonditionierung" auf Dauer zu schwächen. Dem Leiter des Vereins oder einzelnen „Ausbildern" sind die Angehörigen des „Ordens" unbedingten Gehorsam schuldig. Die damit angestrebte psychische Abhängigkeit, die Isolierung von der Außenwelt, das Loslösen vom Leben in der Gemeinschaft sowie der Ausschluß der eigenverantwortlichen Willensbildung und Lebensgestaltung widerspricht der oben umschriebenen Zielsetzung des Bundessozialhilfegesetzes.

Als Konditionierungsmaßnahmen im Rahmen der Ausbildung wurden sog. „Sektenstrafen" eingesetzt, die darin bestanden, daß die Sektenmitglieder sich oder einander mit Rasierklingen Schnittwunden beibringen oder daß ihnen schmerzhafte Daumenbisse zugefügt werden mußten.

Gegen führende Mitglieder des Ordens sind in Berlin Strafverfahren anhängig. Dabei geht es um Betrugsdelikte und Körperverletzungen in der Zeit von 1982 bis Juni 1985. Anklage ist im Juli 1986 erhoben worden. Nachdem die polizeilichen Ermittlungen aufgenommen waren und von den Berliner Behörden ein Verbot des Vereins geprüft wurde, löste der Thelema e. V. sich im Mai 1985 selbst auf.

Eschner hat in einer Gegendarstellung in der „Uelzener Allgemeinen Zeitung" vom 19. Juni 1986 die Ordenstätigkeit in Berlin wie folgt beschrieben:

Der Thelema e. V. war ein in Berlin ordnungsgemäß eingetragener Verein, der als Experiment für u. a. teilnehmende

Arbeitslose und Sozialhilfeempfänger durch Vermittlung neuer beruflicher Fähigkeiten einen neuen beruflichen Start ermöglichen wollte. Nach dem Scheitern des Experiments hat sich der Verein in Berlin vor etwa 1 1/2 Jahren aufgelöst. (. . .)

(. . .) Es gehört zum neuen Konzept der Thelema-Gruppe, die bisherigen Ziele und Aktivitäten zu leugnen oder zu verschleiern. Über die Wahrheit setzen sie sich Außenstehenden gegenüber unbedenklich hinweg.

Sie können lügen und alles mögliche und werden nicht rot dabei und wenden sich ab und widersprechen sich andauernd, aber es macht ihnen gar nichts aus. Auch wenn sie merken, daß sie gelogen haben, da erwischt man sie, und es kratzt sie überhaupt nicht. Das geht los, daß sie in irgendwelche Bushäuschen da Zettel reinhängen: Suche Briefkontakt mit dem und dem, aus dem und dem Dorf und so. Und daß sie sich so an die Leute heranwagen, aber es ist halt alles, es sieht aus, als wenn es legitim wäre, aber was passiert, ist wirklich illegal. (Jugendlicher in der Radio-Sendung des NDR I, Radio Niedersachsen, vom 14. 6. 1986)

3.2 Das Netzwerk Thelema in Lüchow-Dannenberg

In unmittelbarem Anschluß an die Auflösung des Vereins in Berlin sind ehemalige Vereinsmitglieder im Landkreis Lüchow-Dannenberg aufgetaucht. Von den Vereinsmitgliedern, die bei der außerordentlichen Mitgliederversammlung vom 15. Mai 1985 die Erklärung über die Auflösung des Vereins unterzeichnet haben, sind dies außer Eschner die folgenden Personen: Andreas Baar (1. Vorsitzender), Martina Yilmaz (Vorstand), Sigrid Kersken-Kanbaz, Jörg Roestel, Rita Ruther, Johanna Bohmeier-Hartwig, Jessica Höck, Joachim Dautert, Andreas Hartwig, Ilona Brandenburg, Renate Gratopp, Peter Schmoll und Frank Kujath.

Wenn sie befragt werden, bestreiten sie, mit Thelema noch irgendetwas zu tun zu haben, und behaupten von sich, „nette, friedliche Leute" zu sein, „die ihrer Arbeit nachgehen" (Netzwerk News 6/86).

Dies entspricht der neuen Strategie, wie sie Eschner selbst in dem in Clenze im September 1985 veröffentlichten Buch „Netzwerk Thelema – Die geheimnisvoll-spektakulären Wege aus der Roboter-Einfalt zur Vielfalt des Erleuchteten" dargelegt hat. Inzwischen ist nämlich das „zeitlich begrenzte Experiment" in Form eines eingetragenen Vereins mehr oder weniger öffentlich zu wirken, beendet. Der ehemalige Orden Thelema e. V. organisiert sich nunmehr nach dem Guerilla-Konzept als „Netzwerk Thelema".

Wie Eschner im Vorwort dieses Werkes ausgeführt hat, wurde die Neuorganisation erforderlich, damit „der Orden" – der nach der Beschreibung Eschners in Berlin durch die Kirchen und die staatlichen Stellen bedroht war und zu unterliegen drohte – „den Kampf gewinnt, das heißt, daß er weiter wächst und die individuelle Weiterentwicklung seiner Mitglieder sichergestellt ist". Hierzu schreibt Eschner in seinem Buch (S. 13 ff.):

> Der Orden stellt sich heute völlig anders dar als vor drei Jahren, sogar anders als vor einem Jahr. 1984 begann die Realisierung der neuen Struktur. Heute, im September 1985, ist sie weitgehend abgeschlossen.
>
> Der Orden hatte früher eine ganz normale Vereinssatzung, wie sie vom Gesetzgeber vorgeschrieben ist, und war eine ordnungsgemäß eingetragene Religionsgesellschaft. Inzwischen ist der Orden nicht mehr eingetragen, seine neue Satzung – abgedruckt auf Seite 17 – enthält den Satz: Es gibt keinen Orden Thelema. Im weiteren wird festgelegt, daß der nichtexistierende Orden keinen Vorstand, keine Satzung und keine Mitglieder hat. (. . .)
>
> Die „Abbey" Thelema ist aufgelöst. Es gibt jetzt im ganzen Land viele kleine Gruppen (Evolutionszentren), welche bei hohem individuellem Entwicklungsstand effektiv arbeiten. Viele wohnen zusammen in Wohngemeinschaften, andere treffen sich ein- bis zweimal wöchentlich. Einige bezeichnen sich als Thelemiten oder Thelema-Gruppe, andere haben andere Namen, und einige benennen sich gar nicht. Die Gruppen sind selbständig und selbstverantwortlich, einige haben viele Kontakte mit anderen Gruppen, einige kaum welche. Ausbilder – also Leute, die in ihrer persönlichen Entwicklung schon etwas weiter sind – reisen oft durch halb Deutschland, um irgendeiner Gruppe bei einem Problem zu helfen.
>
> Niemand kennt mehr alle Gruppen. Es werden keine Verzeichnisse geführt, notwendige Kontakte lassen sich immer finden. Verzeichnisse helfen nur den amtskirchlichen und staatlichen Institutionen. Die Aktivität, Kreativität und Eigeninitiative der Gruppen, die ich kenne, ist sehr hoch, der Mitgliederzuwachs progressiv steigend. (. . .)

Heute könnte Thelema selbst durch Ausschaltung aller ehemaligen Ordensoberen nicht mehr zerstört werden. Es gibt keine hierarchische Organisation mehr, der damit der Kopf genommen werden könnte, und das Wissen ist weit genug gestreut. Thelema ist keine Organisation mehr, sondern eine Bewegung bewußtseinsverändernder Qualität.

Deshalb ist es jetzt richtiger, nicht mehr vom „Orden Thelema" zu sprechen, sondern vom „Netzwerk Thelema".

Das heißt also, daß zwar eine neue Organisationsform entstanden ist, sich aber an den Inhalten und der Zielrichtung nichts geändert hat. An die Stelle des „Ordens Thelema" ist lediglich das „Netzwerk Thelema" getreten. (. . .) Der ideologische Gesamtzusammenhang ändert sich durch die Neuorganisation nicht:

Das Netzwerk-Thelema gründet sich im wesentlichen auf die Schriften und Lehren des englischen Magiers und Mystikers Aleister Crowley, welche unter der Kurzbezeichnung Thelema zusammengefaßt werden. (Eschner, Netzwerk Thelema, S. 23)

Die ehemaligen Ordensmitglieder leben in kleinen Wohngemeinschaften in verschiedenen Orten (. . .), wobei sie ihre Anschriften häufig wechseln. Das Zentrum befindet sich seit Juli 1986 in Bergen/Dumme, wo Eschner kürzlich, auftretend als Bevollmächtigter eines dritten Auftraggebers, ein Hausgrundstück erworben hat. Er hatte schon früher verlauten lassen, daß ein Haus in der Lüneburger Heide als neue „Abtei" gekauft werden solle.

Zu den zahlreichen Unternehmungen von Netzwerk Thelema – auch in wirtschaftlicher Hinsicht – gehört die Publikation von Schriften und eines Musik- und Meditations-Kassettenprogramms aus den Bereichen der Magie und des Okkultismus, die überwiegend von Eschner und anderen Thelema-Anhängern (z. B. Baar, Kersken-Canbaz, Yilmaz und Roestel) herausgegeben oder verfaßt worden sind. Darunter befinden sich auch eine Reihe von Werken Crowleys. Sie werden vom „Johanna Bomeier u. Co. Versand und Verlag", Clenze, vertrieben und in der Druckerei „Joachim Dautert u. Partner", Clenze, gedruckt. Im Verlagsprogramm werden die Autoren als hohe Initiierte, als Kräuterhexe und jedenfalls als namhafte Theoretiker und Praktiker, die sich seit Jahren intensiv mit der Materie befaßt haben, vorgestellt. Mit Hinweisen wie z. B., daß die Anwendung der in den Schriften enthaltenen Informationen, Rituale und Techniken „für jeden Anfänger eine tödliche Zeitbombe" sei, „wenn er das so gewonnene Wissen unbedacht anwendet", wird der Interessent angeregt, sich zwecks weiterer Ausbildung an Experten zu wenden. (. . .)

Diese weitere Ausbildung bieten ein *N.E.O.N.*- und ein *IDEE*-Institut (Institut für Dynamische Evolutions-Entwicklung) in Form von Kursen zur persönlichen Weiterentwicklung (mit Arbeitsheften, Kassettenprogramm und Intensiv Wochenenden) an, in Bereichen wie Magie, Sexualmagie, Yoga, Bioenergetik, Runenmagie, Meditation, Tarot, Partnerschaftstraining, Psychologie usw. Dabei wird dem Interessenten nicht nur vermittelt, daß er durch diese Kurse magische Fähigkeiten erlangen und Zugang zu mystischen Erlebnissen finden könne (z. B. Astralreisen, Beschwörungs- und Wahrsagetechniken), sondern ihm wird auch die Lösung aller persönlichen Probleme, die Steigerung von Konzentrationsfähigkeit, Energie, Kreativität, Weltoffenheit, Selbstbewußtsein und Lebenskraft verheißen.

Mit Sexualmagie lassen sich alle Wünsche erfüllen, wenn man nur genügend Ausdauer aufbringt, um alle vorbereitenden Übungen richtig durchzuführen. Hat man diese Grundvoraussetzungen erfüllt, so lassen sich Energien und Kräfte freisetzen, die jetzt noch jenseits Ihrer Vorstellungskraft liegen. (Info des IDEE-Instituts)

(. . .) Außerdem wird das alternativ aufgemachte Monatswerbeblatt *„Netzwerk News"* herausgegeben. Das mehrseitige Blatt, von dem inzwischen sieben Nummern – nach Angaben der (wechselnden) Herausgeber mit einer Auflage von 10 000 – erschienen sind, wendet sich seinem Inhalt nach vornehmlich an Jugendliche und junge Erwachsene. Es wird kostenlos in Geschäften, Gaststätten, Discos usw. verteilt. Als Verbreitungsgebiet sind die Landkreise Lüchow-Dannenberg, Uelzen, Lüneburg und Gifhorn anzusehen, wobei in jüngster Zeit sich das Schwergewicht von Lüchow-Dannenberg nach Uelzen und Gifhorn zu verlagern scheint. Dies hängt möglicherweise mit der Presseberichterstattung im Lüchower Raum zusammen.

Die „Netzwerk News", die im Untertitel als „Landkreis-, Kulturszene- und Freizeitmagazin" bezeichnet werden, machen rein äußerlich einen eher unauffälligen und harmlosen Eindruck, der durch Hinweise auf kulturelle Veranstaltungskalender und Programme der Jugendpflege, Berichte über Hilfen für junge Arbeitslose sowie seriöse Firmeninserate verstärkt wird. Sie beinhalten daneben u. a. Videotips für Horror- und Science-Fiction-Filme sowie zahlreiche Kleinanzeigen, Kontaktadressen und sogenannte „Netzwerk-Aktionen" (Freizeit-, Telefon-, Computerclubs usw.), mit denen junge Leute angesprochen und so an Unternehmungen der Thelema-Anhänger herangeführt werden können. Dabei wird geschickt vor allem das Interesse junger Menschen an Musik, Computertechnik und alternativen Lebensformen sowie das Unbehagen an Politik, Behörden und Kirchen aufgegriffen. Außerdem wird eine „Fantasy-Story" in Fortsetzungen mit einschlägigem ideologischen Hintergrund abgedruckt (Äonenwechsel, Reinkarnation, Magie, Primatendenken, Ablehnung der überkommenen Wertvorstellungen, neue Weltordnung usw.), wobei gelegentlich auch der große Meister mit geheimen Kräften, Mdesch, auftaucht, der unschwer als Michael Dietmar Eschner zu erkennen ist. Als Mitarbeiter, Inhaber, Herausgeber und Autoren firmieren Andreas Baar und andere ehemalige Ordensmitglieder, wobei ausdrücklich in den letzten Nummern jeglicher Zusammenhang mit Eschner und dem Thelema-Orden abgestritten wird. Schließlich betreiben Mitglieder von Netzwerk Thelema noch ein Musikstudio, eine Konzertagentur, einen Wahrsagedienst, einen New-Age-Laden und befassen sich zudem mit der Herstellung und dem Vertrieb von Computer-Hard- und Software, Büromaschinen und Kassetten, neu und gebraucht, Im- und Export. (. . .)

Inwieweit weiterhin wie in Berlin die „Schwarzen Messen" und magischen Rituale stattfinden, über die seinerzeit die Medien berichtet haben, ist nicht mit hinreichender Sicherheit bekannt. Fest steht jedoch, daß wöchentlich thelemitische Treffen mit Eschner stattfinden und daß auch die sexuellen bzw. sexualmagischen Rituale als wesentliche Elemente thelemitischer Lebensweise weiterhin praktiziert werden.

Die Thelema-Lehre in der Interpretation von Eschner

Der Beitrag Eschners besteht im wesentlichen darin, in seinen Kommentierungen der Schriften und Lehren Crowleys das thelemitische System zu konkretisieren, auf die Gegenwart anzuwenden und mit wissenschaftlichen bzw. pseudo-wissenschaftlichen Elementen zu verbrämen.

Das neue Äon

Die thelemitische Lehre zielt auf das mit der „Offenbarung" des Liber Al vel Legis beginnende neue Zeitalter, das eine neue Evolutionsstufe des Menschen bedeuten soll. Die kommenden 2000 Jahre des neuen Äons sollen als ein Prozeß verstanden werden, in dem das „universelle Bewußtsein die bisherige Stufe seiner

Ausprägung, welche durch die letzten 2000 Jahre bestimmt ist, zerstört, um eine neue schaffen zu können" (Netzwerk Thelema, S. 31). Die neue Evolutionsstufe wird nach dieser Auffassung das „Christentum ebenso ablösen, wie die christliche Entwicklungsstufe der Menschheit die heidnische überwunden hat. Was die Bibel und das Christentum für das alte Äon waren, ist das Liber Al vel Legis und das Thelemitentum für das neue Äon, das 1904 begonnen hat" (Klappentext zum Liber Al vel Legis, 1986). (. . .)
Dem abendländischen Dogma des „Sterbenden Gottes" wird die Formel des „Verborgenen Gottes", des Menschen, entgegengesetzt. Die Leitformeln des thelemitischen Gesetzes „Tu was du willst" und „Liebe ist das Gesetz, Liebe unter Willen" bedeuten nach Eschner: Finde deinen wahren Willen, dann handle nach diesem Willen (Netzwerk Thelema S. 28). Dies bedeutet nun keineswegs Beliebigkeit des Verhaltens, sondern anderes Verhalten als gewohnt:

> Der Mensch handelt gewöhnlich so, wie es von ihm durch Erziehung, Kultur und soziale Bande gefordert wird. In diesem Rahmen verbringt er sein Leben, ohne die Frage nach Sinn und Zweck zu stellen. Die thelemitische Lehre verlangt aber gerade, daß er diese Sinn- und Zweckfrage stellt. (Netzwerk Thelema S. 29)

Der normale Mensch, der durch die bisherige Erziehung programmiert ist und daher sich im Stadium von Robotern, domestizierten Primaten, Unerleuchteten und Larvalen befindet, muß aus dieser Programmierung ausbrechen, um die höhere Evolutionsstufe zu erlangen. Deshalb umfaßt der Weg dahin die radikale Zertrümmerung aller überkommenen Gesetze und Moralvorstellungen, Vorurteile, Vorlieben und Abneigungen. Ein wesentlicher Teil der thelemitischen Ausbildung besteht dementsprechend in der Befreiung der Sexualität, da im sexuellen Akt Energien fließen und Prozesse in Gang gesetzt werden können, die als „Erleuchtung" bezeichnet werden. Erst dem von allen bisherigen Prägungen befreiten Menschen wird es möglich sein, den „wahren Willen" zu erkennen und in Übereinstimmung mit diesem wahren Willen zu handeln. (Eschner, Liber Al vel Legis, 1985, S. 12 ff.; Netzwerk Thelema S. 23 ff.)

Stellung zu Staat und Gesellschaft

Aus dem Vers Nr. 25 in Kapitel II des Liber Al vel Legis „Ihr seid gegen das Volk, oh meine Auserwählten" wird von Eschner abgeleitet, daß die Idee der Demokratie und die Idee der Gleichheit abzulehnen sind. Die wenigen Erleuchteten sind den anderen so sehr überlegen, daß sie fast jede Situation nach ihrem Willen leiten können. Dementsprechend werden die Vorstellung, daß alle Gewalt vom Volke ausgehe – und das heißt nach thelemitischer Auffassung von der „niedersten und am wenigsten spirituellen sozialen Schicht" –, als „ideologische Perversion", die entsprechende politische, wirtschaftliche und soziale Ordnung als „primitivste denkbare Staatsform" und das demokratische System als „Dekadenzerscheinung" bewertet. (Eschner, Netzwerk Thelema, S. 61 ff., 68; Liber Al vel Legis, S. 56, 211 f.)

Dies führt zu der Frage, ob man sich an die Gesetze halten müsse. Dabei sind zu unterscheiden das Liber Al vel Legis als das Buch des Gesetzes des Seins, „welches von oben, aus einer höheren Ebene des Seins, nach unten wirkt", und die Gesetze, die in der Bundesrepublik gelten, die rein menschlichen Ursprungs sind. Nach Eschner ist es richtig, dem Liber Al vel Legis als dem Höheren Gesetz zu folgen:

> Richte dich einzig nach dem Höheren Gesetz, denn sonst unterliegst du dem gleichen Trug wie die anderen (. . .). Nur so gehst du den Weg nach oben. (Netzwerk Thelema, S. 69)

Demgegenüber gilt für die Gesetze der Bundesrepublik Deutschland folgendes:

> Die heutige Justiz hingegen beruht auf willkürlichen, von Menschen ausgedachten Gesetzen, welche aus diesem Grund nicht Recht, sondern Unrecht sind. Kein Mensch muß sich an diese Gesetze halten, denn sie sind ungültig. Man kann sogar noch weiter gehen und sagen, es ist Recht, diese Gesetze im Namen des höheren Rechts zu bekämpfen. Man muß dabei natürlich berücksichtigen, daß sich die Macht und Gewalt, welche die Einhaltung der unrechtmäßigen Gesetze sicherstellen soll, gegen den Revolutionär richtet. (a. a. O., S. 63)

Unter Berufung auf ein – wie auch immer geartetes und letztlich von ihm selbst zu interpretierendes – „höheres Gesetz" stellt Eschner also die gesamte Rechtsordnung einschließlich der Wertordnung des Grundgesetzes in Frage. (. . .) Verstöße gegen die geltenden Gesetze stellen kein Unrecht dar, sondern werden als revolutionäre Akte legitimiert. Die anhängigen staatsanwaltlichen und gerichtlichen Verfahren belegen, daß dieses Gedankengut in die Praxis umgesetzt wird.

Christentum und andere Religionen

Es versteht sich, daß das Christentum und die anderen Religionen als einer früheren und zu überwindenden Evolutionsstufe zugehörig abzulehnen sind. Religiöse Toleranz kann es nicht geben, da die Kirchen als Vertreter überkommener Wert- und Moralvorstellungen der Durchsetzung des „Wahren Willens" entgegenstehen. Ihnen wird Neoinquisition und Manipulation vorgeworfen. Die evangelische Kirche beispielsweise wird als „Wolf im Schafspelz" apostrophiert (Netzwerk News 7/86).

Alle Religionen werden im Liber Al vel Legis abgelehnt (III,49 ff.):

> Ich bin in einem geheimen vierfachen Wort die Blasphemie gegen alle Götter der Menschen. (49)
> Mit meinem Falkenkopf picke ich nach den Augen von Jesus, da er am Kreuze hängt. (51)
> Ich schlage meine Flügel in das Gesicht von Mohammed und blende ihn. (42)
> Auf dem Rade werde die unbefleckte Maria zerrissen. Um ihretwillen sollen alle keuschen Frauen unter euch vollständig verachtet sein. (55)
> Mir bringt ihr die Verehrung entgegen! Zu mir kommt ihr durch die Drangsal der Prüfung, die Seligkeit ist. (62)

Sexualität, Ehe und Familie

Die Befreiung der Sexualität von den Bindungen und Hemmungen, wie sie durch die Kirchen und die überkommenen Institutionen Ehe und Familie vermittelt werden, ist erklärtes Ziel der Thelema-Lehre und Thelema-Ausbildung. (. . .)

Wenn auch grundsätzlich das Prinzip der Freiwilligkeit aufgestellt wird, so gilt dies auch nicht ausnahmslos. Denn nach Eschner gibt es Fälle, wo Verführung oder Vergewaltigung für den Beteiligten Emanzipation oder Erleuchtung sein können. Ehebruch, Inzest und Päderastie können somit als Mittel zur „Befreiung" und „Initiation" eingesetzt werden, wie selbstverständlich auch Alkohol und andere Drogen.

Ausbildung zum Thelemiten, Autoritäts- und Führungsstruktur

In Anlehnung an die früheren Ordensgrade wird ein Ausbildungs-Stufensystem benutzt (Netzwerk Thelema, S. 36 ff.). Den einzelnen Stufen (Student, Kandidat, Neophyt usw. bis zum Ipsissimus) sind jeweils bestimmte Kenntnisse und Fähigkeiten zugeordnet, die von einem weiter Fortgeschrittenen abgeprüft werden, bevor die nächste Stufe erreicht werden kann. Auf diese Weise ist auch steuerbar, wie weit im Stufensystem der einzelne Kandidat gelangt. Denn bei den höheren Stufen müssen magische Fähigkeiten (Hellsehen, Astralreisen, Geisterbeschwörung usw.) nachgewiesen werden.

Der Kandidat muß, um Neophyt zu werden, einen Eid ablegen, wonach er es als sein höchstes Ziel betrachtet, seinen wahren Willen kennenzulernen. Der Thelemit muß das Liber Al als „Wort und Buchstaben der Wahrheit und einzige Lebensregel" akzeptieren (S. 51).

Auf dem Weg zur Erkenntnis des „Wahren Willens" müssen zunächst alle bisherigen Prägungen des einzelnen aufgebrochen werden. Als Mittel hierzu werden Schock, Krankheit, Trauma, Drogen, Niederkunft, Stimuli-Entzug usw. angesehen (S. 119). Zur Dekonditionierung alter Programme, Verhaltensweisen und Wertvorstellungen muß der Einzelne Handlungen vornehmen, die den geltenden Konditionierungen widersprechen. In diesem Zusammenhang ist das sog. Ekeltraining zu sehen, aber auch das Begehen von Straftaten. Was der Einzelne bislang für gut und richtig gehalten hat, soll er sich auf diese Weise abgewöhnen. Was er für ekelhaft gehalten hat, soll er so oft tun, bis er den Ekel überwunden hat. Sodann ist eine Neukonditionierung neuer Verhaltensweisen erforderlich, die eine Neuprägung ermöglichen. Für die Neuprägung werden die Methoden der magischen und mystischen Tradition, insbesondere entsprechende Ekstasetechniken eingesetzt. Mit dem Erreichen dieses Stadiums, von Eschner als „fünfter Schaltkreis" bezeichnet, ändern sich sämtliche Wertvorstellungen. Die bisherigen Werte werden als inhaltsleer, nutz- und wirkungslos durchschaut.

Bewertung

Gemeinschaften, die als „Jugendreligionen" oder „Destruktive Kulte" zu bezeichnen sind, werden durch drei Grundelemente gekennzeichnet (Haack, 1985, S. 4 ff.):
1. die Behauptung, ein „Rettendes Rezept" zu besitzen, mit dem für die Gesellschaft und für den einzelnen der sonst drohende Untergang abgewehrt werden kann;
2. eine sich als „gerettete Familie" verstehende Kerngruppe, die es sich zur Aufgabe gemacht hat, das rettende Prinzip zum Durchbruch zu bringen, und die ihre ganze Zeit, Kraft und alle Mittel zur Erreichung dieses Ziels einsetzt;

3. ein lebender „Heiliger Meister", der absolute Autorität besitzt.

Diese Gemeinschaften lassen dem Neuling keine Chance, wirklich Einblick zu bekommen. Er muß sich über ein Stufenmodell zu höherer Erkenntnis hochdienen. Die Richtlinien für das Handeln der Gruppe setzt nicht die Umwelt mit ihren ethischen und gesetzlichen Maximen, sondern das vom Meister vertretene Konzept.

Alle diese Elemente sind bei der Thelema-Gruppe um Michael Eschner gegeben.

Hier wird ein „Glaube" praktiziert, der eindeutig im Widerspruch zu den ethischen Normen unseres Kulturkreises steht. Es werden Zielsetzungen verfolgt, die der Idee der freiheitlichen, demokratischen, rechts- und sozialstaatlichen Ordnung unseres Staates widersprechen. (. . .)

Nach dem dargelegten Verfahren zur Umprägung der Persönlichkeit versteht es sich von selbst, daß der einzelne, der in den Einflußbereich dieser Gruppe gerät, Gefahr läuft, daß seine Persönlichkeit zerstört wird. Daß diese Gefahr real ist, wird durch die Feststellungen des Verwaltungsgerichts Berlin, dem die Erkenntnisse der polizeilichen Ermittlungen zugrunde liegen, wie auch durch neuere Erkenntnisse aus dem Raume Lüchow-Dannenberg belegt. (. . .)

Die Verbreitung des thelemitischen Gedankenguts, wie sie durch das Schriften- und Kassettenprogramm und die speziell auf Jugendliche und Junge Erwachsene zugeschnittenen „Netzwerk News" erfolgt, bedeutet eine erhebliche Gefährdung für Heranwachsende, die noch auf der Suche nach der eigenen Identität und dem Sinn des Lebens sind. Die von Eschner und seinen Anhängern vertretenen politischen und ethischen Vorstellungen sind als sozialethisch desorientierend einzustufen.

Andererseits sind derartige Lehren für junge Leute durchaus attraktiv, was nicht allein mit dem „Thrill des Satanismus" zusammenhängt.

> Mir zeigen sich an vier Feldern individueller Erfahrung, warum sich Jugendliche auf die religiöse Suche begeben:
> Erstens an einer Bruchstelle ihrer heutigen Existenzerfahrung, nämlich der Suche nach der Sinnhaftigkeit auf sinnliche Weise und der Suche nach der Ganzheit der Existenz. Gerade in einer immer abstrakter werdenden Gesellschaft ist die Sinnerfahrung, die Identitätserfahrung ganz schwer zu vermitteln; und in diesem Zusammenhang greifen nun

junge Menschen hinaus in andere kulturelle Traditionen, etwa Meditationsbewegung, Yoga, Zen-Buddhismus oder andere östliche Meditationstechniken, und versuchen nun, dort diese Sinnerfahrung und Identitätserfahrung zu machen und diesen Weg nach innen zu gehen, da sie den Weg nach außen in unserer Gesellschaft anscheinend nicht mehr hinbekommen.

Die zweite Bruchstelle ist die Suche nach einer Gesellschaft, in der nicht die Macht, sondern der Geist regiert. Sehr viele junge Leute sind gegen das System und gegen das Syndrom von Geld, Macht und Gewalt; und sie haben in diesem Zusammenhang von vornherein eine Entscheidung gegen das Christentum getroffen, indem sie, jedenfalls in der westlichen Form, dieses System und dieses Sydrom entdecken.

Der dritte Punkt ist die Suche nach einem neuen Verhältnis zur Natur, Natur nicht mehr als Ausbeutungsobjekt, sondern als der Partner. Sie sind durch die ökologische Krisensituation sensibilisiert und wollen deswegen diesen Herrschaftsanspruch über die Natur zurückdrängen zugunsten einer Versöhnung mit der Erde; und dabei treffen sie auf diese kosmische Alleinheit des Hinduismus; sie treffen auf die indianischen Vorstellungen der Mutter Erde. Der religiöse Vegetarismus Asiens spielt eine große Rolle; und es zeigt (sich) auch eine naiv romantische Re-Mythisierung der Natur als Boden- und Schollenmythos, der ebenfalls vorhanden ist. Und eine für mein Empfinden sehr respektable Konsequenz ist diese franziskanische Lebenshaltung.

Als Viertes kann ich beobachten eine Bruchstelle, die sich mir zeigt in der großgeistigen Wetterlage, die Suche nach dem spirituellen Meister, nach dem Guru, nach dem Führer und Vermittler religiöser Erfahrungen, einem Menschen, der vom Geist erfüllt ist, der Gemeinschaft stiftet, der allen Geschöpfen zugetan ist; und in dem Guru sucht man nun das Gegenbild zum eindimensionalen Menschen, von dem damals Herbert Marcuse sprach.

Walter Schmidt, in: „Neue Jugendreligionen", NDR, 16. Juli 1985

Orientierungslosigkeit, Verunsicherung in bezug auf Lebensperspektiven, Wertepluralismus, Autoritätsverlust, Mangel an Gemeinschaft und Überbetonung des rationalen Denkens bei den christlichen Konfessionen werden vielfach als Gründe für die Anziehungskraft neuer Weltanschauungsgruppen angesehen

(MAGS, 1983, S. 52 ff.; Fischer 1985, Bd. 4, S. 334 ff.). Die neuen „Religionen" verheißen Antworten und Lösungen, die viele junge Menschen bei den Kirchen nicht mehr finden. (. . .)

Okkultismus, Satanismus, Esoterik als neuer Trend

Auf den ersten Blick erscheint die Thelema-Gruppe als ein peripheres Phänomen unserer Gesellschaft. Bei näherer Betrachtung deutet sich jedoch an, daß es sich auch um die Spitze eines Eisbergs handeln könnte. Der Trend zum Okkultismus, auch in seiner Form des Neosatanismus, ist seit Jahren festzustellen. Die Ausstrahlungskraft derartigen Gedankenguts ist – wie z. T. hohe Buchauflagen, eine Vielzahl von Zeitschriften und die Zahlen der Teilnehmer bei einschlägigen Tagungen und Festivals zeigen – um ein Vielfaches größer, als die verhältnismäßig geringen Mitgliederzahlen in festorganisierten Weltanschauungsgemeinschaften ahnen lassen. (. . .)

Zu beobachten ist, daß Fernsehen und Wochenzeitschriften sich verstärkt Themen aus dem Bereich des Okkultismus widmen (s. z. B. den Artikel „Die Hexen kommen" im „Stern" vom 11. September 1986 oder die ZDF-life-Sendung aus Hannover „Gesund durch Gedankenenergie" am 9. Oktober 1986). Volkshochschulen bieten „Hexenkurse" an. Der Aberglaube ist gesellschaftsfähig geworden. Nach einer Umfrage des „Stern" glauben 15 Millionen Bundesbürger an die Macht der Magie, was im Vergleich zu früheren Umfragen eine erhebliche Steigerung bedeutet.

Der heutige Wertwandel, der zwar weitgehend durch ökonomische und soziale Veränderungen bedingt ist, aber in der modernen Informations-, Lern- und Mediengesellschaft zum eigenen Wandlungsfaktor wird (Rosenmayr 1986, S. 48 ff., 63), kann als einer der Hauptgründe für solche Strömungen der Re-Mythisierung angesehen werden.

Die Destabilisierung und Destrukturierung vieler Lebensmuster und Grundwerte ist kulturell allgemein. Sie hat Kirchen, große politische Organisationen, die ehedem auf starken überregionalen Utopien und Solidaritäten aufgebaut waren, auch Verhalten politischer Gruppen zueinander, in aller Öffentlichkeit sichtbar erfaßt. Die Wieder- oder Neubegründung von gesellschaftlichen Verbindlichkeiten ist (trotz diesbezüglich verbreitetem Zynismus), wenn Autonomiegewinne (der Frauen, der Jugend, der Alten) beibehalten und geschützt werden sollen, das vielleicht vordring-

lichste sozialethische und politische Problem. (Rosenmayr,
a. a. O., S. 74)
Gelingt die Lösung dieses Problems nicht, so ist anzunehmen, daß
okkultes und neosatanistisches Gedankengut weiterhin auf junge
Menschen eine große Faszination ausüben und manchem als „rettende Alternative" erscheinen wird. (. . .)

Hakenkreuz und Runenzauber
Anmerkungen zu den Beziehungen zwischen
Okkultismus und Faschismus

Und deswegen muß man aufklären: Weil in dem „Gesellschaftsspiel Glasrücken", in der angeblich feministischen Hexerei, in der Symbolsprache der Tarotkarten, in aller Magie die Gefahr des Faschismus steckt.
Ein Beispiel: Runen – Schriftzeichen und Begriffssymbole bei den germanischen Völkern – finden wir heute wieder in der Heavy-Metal-Szene, der esoterischen Literatur bis hin zu Runenexerzitien. Niemand soll faschistoide Einstellung unterstellt werden. Die Frage ist, ob man sich bewußt ist, was gerade im 3. Reich mit Symbolen erreicht wurde:
„. . . denn mit den Runen, die einen wichtigen Bestandteil der arischen Kultur bilden, werden urtümliche Werte wieder herausgeführt, die nur zu lange verschüttet und vergessen waren." (Runenfibel 1935)
Das Spiel mit dem Okkulten ist ein Spiel mit der Macht. Unterdrückung und Abhängigkeiten sind subtiler kaum auszudenken.
Quelle: Martin Blachmann, Keine Macht des Teufels – aber teuflische Macht, in: Fakten, Nr. 3, Sept. 1988.

Der Gesichtspunkt, daß Okkultismus mindestens im Kern
etwas mit zunehmendem Machtgewinn zu tun hat, wird
nach unserer Kenntnis noch immer zu wenig beachtet.
Dabei liegen Untersuchungen in ausreichender Zahl vor,
die den Zusammenhang zwischen Okkultismus und Faschismus belegen. Darauf deutet auch ein Zitat des NRW-Kultusministers Schwier vom Februar 1988 hin:

Die Überantwortung der Zukunft an Karten, Pendel, Hexen etc. heißt in Wirklichkeit, daß Jugendliche die Entscheidung über ihr Leben teilweise gewissenlosen Vermarktern und Förderern der Schwächen anderer anvertrauen. (. . .) Der massive Kampf gegen die Vernunft, mit dem sich offenbar viel Geld verdienen läßt, kann auch politische Folgen haben, die Deutschen verfügen hier über einschlägige Erfahrungen.

Um auf diese „einschlägigen Erfahrungen" genauer einzugehen, zitieren wir Auszüge aus dem Buch „Der moderne Okkultismus" von Prokop/Wimmer:

Noch heute schlägt so manches unverbesserliche Okkultistenherz heimlich höher, wenn die Erinnerung an jene letzte Glanzepoche der Zunft beschworen wird: das sogenannte „Dritte Reich". Mystische 1000 Jahre sollte es währen, doch verblieb es dankenswerterweise bei 12 – ein Dutzend zuviel –, bis es dann in Blut und Schmach und Schande unterging. Angesichts der grauenvollen Folgen, zu denen scheinwissenschaftlicher Irrwitz damals geführt hat, nimmt es nicht wunder, daß die noch lebenden Nutznießer heute sorgsam stille schweigen und notfalls auch vor groben Geschichtsfälschungen nicht zurückschrecken, wenn die Decke weggezogen werden soll, die sie über ihr Wirken und Spinnen am Garn jener düsteren Ära gebreitet haben. Doch auch diese Vergangenheit ist zu bewältigen, schon damit die notwendige „Trauerarbeit" geleistet werden kann. (. . .) Da über diese Dinge noch immer viel zu viele Lügenmärchen umlaufen, erscheint es dringend geboten, einmal gründlich in die Nebelschwaden hineinzuleuchten, die über diesem Sumpf liegen.
(. . .) Es ist einfach unwahr, wenn von interessierter Seite immer wieder vorgebracht wird, die Nationalsozialisten hätten die Parapsychologen (. . .) unterdrückt. Die inzwischen zugänglichen Dokumente zeigen, daß das Gegenteil richtig ist. Abgesehen von einigen kleinen Astrologen, Wahrsagern und Kartenlesern, die nach der Flucht des „Sternenfreundes" Rudolf Heß vorübergehend ins KZ wanderten, blieben die „großen" Okkultisten (. . .) unbehelligt, ja erfuhren (. . .) großzügige Unterstützung ihrer „Forschungen" durch oberste Bonzen des Regimes.
Quelle: Otto Prokop/Wolf Wimmer, Der moderne Okkultismus, Stuttgart 1987, S. 243 ff.

Prokop/Wimmer weisen anhand breitgefächerter Literatur nach, daß sowohl die „Naturheilkunde" als auch „Homöopathie" und „Radiästhesie" (= Wünschelruten u. ä.) unter anderem in Konzentrationslagern an wehrlosen Menschen ausprobiert wurden.

Beim Pendeln glaubte sich Heinrich Himmler besonders gut auszukennen: Er pendelte gewöhnlich die Handschriften seiner Mitarbeiter aus, ob sie „gut" oder „böse" waren. Bekannt wurden auch die lächerlich fehlgeschlagenen Versuche des Reichsmarineamts im zweiten Weltkrieg, durch Pendeln über Seekarten die Lage feindlicher Schiffe auszumachen.

Himmler hielt sich für die „Wiedergeburt" des deutschen Herzogs Heinrich der Löwe. Prof. E. Fischer begutachtete daraufhin ein 1935 ausgegrabenes menschliches Skelett, das sich als das einer Frau mit erheblichem Hüftleiden herausstellte. Da er jedoch Himmlers Aberglaube kannte, schrieb er ins Gutachten, es handele sich um eben jenen Heinrich den Löwen, dessen Hüftverwachsung von einem „Jagdunfall" stamme.

Nun war Prof. Fischer nicht irgendwer, sondern einer der Hauptvertreter jener Ideologie des Rassenwahns, der dem Massenmordverbrechen der Nazis den Weg bereitete. Er galt als oberste Autorität für „Rassenhygiene": „Ein Volk muß, wenn es seine eigene Art nur irgendwie bewahren will, fremdes Rassegut ablehnen, und wenn es eingedrungen ist, wieder verdrängen und ausmerzen. Der Jude ist also andersartig und deswegen, wenn er eindringen will, abzuwehren. Es ist Notwehr."

Nachzulesen ist auch, daß der spätere Altmeister der Parapsychologie, H. Bender, der den Lehrstuhl für Parapsychologie in Freiburg innehatte, in NS-Rassenkunde ebenso firm gewesen zu sein scheint und offenbar nicht davor zurückschreckte, einen wissenschaftlichen Gegner als Judenfreund zu denunzieren (vgl. Prokop/Wimmer, a. a. O., S. 253 ff.).

Das alles kam natürlich nicht aus heiterem Himmel. (. . .) Wir wissen nämlich heute, daß fast alle führenden Nationalsozialisten aus dem Thule-Orden hervorgegangen sind, einem mystischen Geheimbund, der verworrene okkulte Lehren über Telepathie und Weissagungen mit antisemitischer Hetze (. . .) verquickte. (. . .) Symbole des obskuren „Ordens" waren Hakenkreuz („Ar-Rune") und Adler („Ar-ier").

Neben Hitler gehörten Rudolf Heß, Hermann Göring, Heinrich Himmler, Alfred Rosenberg, Dr. Hans Frank, Julius Streicher und Prof. Dr. Karl Haushofer zum Thule-Orden. Bereits 1905 hatte ein anderer Thule-Bruder, Guido von List, in Wien die „Armanenschaft" gegründet, die bald zu einem Zentrum des rassistischen Antisemitismus wurde und den „Heil!"-Gruß, das Hakenkreuz und den „Runen-zauber" benutzte.

Ein noch größerer Wirrkopf war ein anderer Thule-Bruder, der ehemalige Mönch Lanz, der aus dem Kloster fort-ging und seinen eigenen Orden gründete, den „Orden Novi Templi" (ONT). Dort verkündete er seine selbstgeschaf-fene Religion von der angeblichen Überlegenheit der „ario-heroischen" Herrenrasse der „blonden Asinge" über die niederen „Dunkelrassen", die „der Dämonen Pfuschwerk" seien. Derartige Anschauungen verbreitete Lanz in seinen Traktatheftchen „Ostara, Briefbücherei der Blonden", die in deutschen Okkultistenkreisen starke Aufnahme fanden. Daß Hitler nicht nur seine Schriften, sondern auch Lanz selbst kannte, steht fest. Lanz sah später in Hitler einen seiner Schüler (Prokop/Wimmer, a. a. O., S. 256 f.).

Der Okkultismus hat auch bei der Geburt der NS-Rassenmystik Pate gestanden. (. . .) Wie so viele Halbgebildete war eben auch Hitler okkultistischen Gedankengängen in starkem Maße zugäng-lich. Daß er an Telepathie glaubte und an eine geheimnisvoll – okkulte „Vorsehung", ist aus seinen Reden hinlänglich bekannt. Zu Rauschning soll er einmal gesagt haben: „Eine neue Zeit der magischen Weltdeutung kommt herauf, der Deutung aus dem Wil-len und nicht dem Wissen."
Quelle: Prokop/Wimmer, a. a. O., S. 257.

Hier werden wir sofort erinnert an „Thelema" des Aleister Crowley und seiner „Wiedergeburt" Michael D. Eschner, der solche Vorstellungen mit Hilfe der Thelema-News auch heute noch verbreitet.

Auch auf Hellsehen hielt Hitler große Stücke. Kein Wunder, daß er auch auf den Okkultbetrüger „Hanussen" hereinfiel. (. . .) Hitler jedenfalls muß von „Hanussen" begeistert gewesen sein, denn er hatte ihm versprochen: „Nach meiner endgültigen Machtübernahme werde ich den Okkultismus in jeder Weise fördern. Ich plane, eine Hochschule zum Studium der parapsychologischen Phänomene (wie z. B. Telepathie, Hellsehen, Spuk usw.; Anm. d. Verf.), einzurichten."
Quelle: Otto Prokop/Wolf Wimmer, a.a.O., S. 258.

Weitere aufschlußreiche Einzelheiten sind dem dringend empfohlenen Buch von Prokop/Wimmer zu entnehmen. Wir glauben, daß sich weitere Kommentare zum Thema „Okkultismus und Faschismus" erübrigen, da die Parallelitäten und Verbindungslinien zwischen Okkultismus und Faschismus auf der Hand liegen, wobei wir abschließend natürlich darauf hinweisen möchten, daß sich der komplexe Begriff des Faschismus nicht auf die Darstellung seiner Nähe zum Okkultismus reduzieren läßt.

Spielt der Teufel E-Gitarre?
Über die Einflüsse des Satanismus in der Musik

Auf Schallplatten mit Rockmusik sind verschlüsselte Botschaften, die zum Satans-Kult und Drogenkonsum auffordern – das behauptet der Musik-Autor Michael Buschmann (27) aus Höxter.
Seine These: Wer Songs von Pop-Stars wie Bruce Springsteen, Sandra oder Chris Norman auf einem alten Plattenspieler rückwärts anhört, stößt auf die teuflischen Sprüche; Satzfetzen fordern zu Schwarzen Messen auf. Eine andere Technik: Tonbandge-

räte älteren Baujahrs lassen beim Rückspulen eines Songs Satzfetzen erklingen.

„In den USA gibt es 400 Satans-Kirchen, wo regelmäßig verschlüsselte Texte abgehört werden", so Theologie-Student Buschmann zu BILD. Schallplatten mit Songs, wie „Born in the USA" von Bruce Springsteen, würden mit der Hand rückwärts gedreht. „In kurzen Abständen ertönt dann der Satz: Oh, Christus, du bist Dreck und Mist", sagt Buschmann. Andere Beispiele: Chris Normans Hit „Midnight Lady" enthalte rückwärts gespielt den englischen Satz „Die Kirche ist verdammt." Sandra soll in „Hey little girl" rückwärts gespielt „Das Böse ist in mir" singen.

Laut Buschmann wissen die Künstler nichts von den unheimlichen Sprüchen im Rückwärtsgang: „Drahtzieher sind wahrscheinlich Manager und Produzenten". Dazu Erfolgsproduzent Dieter Bohlen, Komponist von „Midnight Lady": „Natürlich gibt es komische Töne, die sehr fremdländisch klingen. Wenn man große Vorstellungskraft hat, kann man sich einreden, ganze Sätze zu hören." Kollege Ralph Siegel: „Produktionstechnisch ist alles möglich. Aber das ist aufwendig und teuer."

Ein Renner in den USA ist auch der Videofilm „Ragman". Darin empfängt ein Musikfan per Platte Botschaften von seinem verstorbenen Idol. Ein Gesetz im US-Staat Arkansas schreibt vor, daß LP's mit einer „Rückwärts-Botschaft" gekennzeichnet werden.
Quelle: Bild, 28. 10. 1988.

Zur Frage, ob wirklich Texte zu hören sind, wenn man bestimmte Rockplatten rückwärts spielt, wollen wir zunächst einige Autoren aus dem christlichen Bereich zu Worte kommen lassen. In „IXX – Die christliche Musikzeitschrift"* äußern zwei Autoren, die sich aus christlicher Sicht mit dem Problem beschäftigt haben, ihre Positionen. Wir drukken Steve Lawheads Stellungnahme ab, weil gerade aus einer bestimmten christlichen Richtung Stimmung gegen fast jede Art von Rockmusik gemacht wird. Das hat u. a. dazu geführt, daß in einigen evangelischen Jugendgruppen bereits ganze Plattensammlungen zerstört wurden, weil angeblich Satan seine Botschaften darauf eingespielt hat.

---

* Nr. 4/1988

94

Die Hauptfrage beim Thema „Backward Masking" ist, ob die Rückwärtstexte eine Auswirkung auf das Leben der Hörer haben oder nicht. Der bekannte amerikanische Buchautor Steve Lawhead hat sich unter anderem mit „Backward Masking" beschäftigt und kommt zu einem erstaunlichen Schluß.
Der folgende Artikel ist in Auszügen der erweiterten Fassung des empfehlenswerten Buches „Das Schaf im Wolfspelz – Rock aus der Sicht eines Christen" entnommen (. . .):

Wenn wir von Beeinflussung durch Rockmusik sprechen, müssen wir uns auch mit „Backward Masking" beschäftigen. Es handelt sich dabei um Worte, Phrasen oder musikalische Bruchstücke, die rückwärts aufgenommen werden. Sie werden dann in einen Song „untergemischt", und sie hören sich wie ein Spezialeffekt an. Die „Beatles" haben dieses Verfahren als erste Gruppe angewendet. Zunächst noch als Gag verstanden, erhielt die ganze Sache eine negative Wende, als Gruppen wie „Led Zeppelin", „Eagles", „Blue Oyster Cult" oder auch „AC/DC" begannen, sexuelle Anspielungen oder satanische Botschaften in ihren Songs zu verstecken – rückwärts. Das bedeutete, daß diese Botschaften beim normalen Hören der Platten versteckt waren.
„Backward Masking" ist produktionstechnisch kein Problem. Aber, was ist mit den Botschaften, die so aufgenommen wurden? Hier verliert die ganze Theorie meines Erachtens ihren Boden. Bisher konnte noch keiner zufriedenstellend erklären, wie das Gehirn mit der Masse an bedeutungslosen Klängen – die rückwärts ablaufen – fertig wird, wo sie doch von viel verständlicheren Klängen – die vorwärts laufen – überlagert werden. Wie kann es die Rückwärtsbotschaften entschlüsseln?
Selbst diejenigen, die an „Backward Masking" glauben, drücken sich in diesem Punkt nur sehr verschwommen aus. Ich habe mir viele Bänder rückwärts angehört, der Sound war gut, aber ich habe nicht ein einziges Wort verstanden, obwohl ich manchmal vorher wußte, was die Leute singen. (Anm. d. Redaktion: Beim Hören von 70 Titeln rückwärts haben wir die gleichen Erfahrungen gemacht!) Wenn mein Unterbewußtsein die geheimen Botschaften entschlüsselt hat, dann hat es sie wohl für sich behalten . . .

Das phonetische Problem
„Backward Masking" ist ein phonetisches Problem. Bestimmte Vokale und Konsonanten klingen rückwärts ganz anders als vor-

wärts. Wir können zwar versuchen, Worte rückwärts zu sprechen, wir sprechen sie dabei aber in jedem Fall vorwärts aus! Wenn wir sprechen, stoßen wir Luft aus und bilden damit die Laute. Keiner wird Luft bei der Lautbildung einatmen können.

Unser cleveres Gehirn müßte also in der Lage sein, „Backward Masking" zu erkennen, zu verstehen und umzuwandeln – und das alles in Millisekunden! Wem das noch nicht reicht: Die Botschaften sind ja für das menschliche Ohr nicht erkennbar und sind unter einer Menge von hörbaren Klängen verborgen . . .

Aber okay, nehmen wir einmal an, unser Bewußtsein hätte während des Musikhörens nichts Besseres zu tun, als die „Backward"-Botschaften herauszufiltern, sie zusammenzusetzen und ihre Botschaft zu bestimmen. Wenn es dazu fähig wäre? Was dann?

Es hängt alles davon ab, wie das Bewußtsein auf solche Botschaften reagiert. Haben die Worte „Satan is Lord" (was ja die meistverbreitete Botschaft von „Backward Masking"-Texten ist) in sich selbst die Kraft, Menschen zu beeinflussen? Wie werde ich beeinflußt, wenn mein Bewußtsein eine solche Botschaft empfängt?

Es wird behauptet, daß dieser Satz mehr Macht hat, weil er nicht über die „normalen Informationskanäle" gekommen ist. Die gesamte Theorie des „Backward Maskings" beruht auf diesem Punkt: wer an „Backward Masking" glaubt, glaubt auch, daß diese Botschaften mehr Macht haben und daß sie uns negativ beeinflussen.

Wie Gott ins Leben von Menschen kommt

Wie auch immer, ich habe bisher geglaubt – und habe es auch so gelernt –, daß Gott mir bewußt begegnet und daß er mit meinem Bewußtsein arbeitet – sprich: meinem Willen. Etwas, daß unter meiner direkten Kontrolle steht! Der Teil von mir, der nicht unter meiner direkten Kontrolle steht – mein Unterbewußtsein –, liegt außerhalb meiner Verantwortung. Alles, was nicht unter menschlicher Kontrolle liegt, mag Gottes Sache sein, aber nicht meine. Als Christ bin ich nur für die Dinge verantwortlich, für die ich etwas kann, die Dinge also, die mir bewußt sind. Ich bin nicht verantwortlich für Dinge, die in meinem Unterbewußtsein ablaufen – weil sie mir eben nicht bewußt sind! Ich bin nicht für die nächtlichen Träume zuständig, denn ich erinnere mich ja auch meistens nicht an sie. Träume sind – wie mir gesagt wurde – Produkte meines Unterbewußtseins, und nie hat mir jemand gesagt, ich solle sie besser unter Kontrolle halten. Erst wenn mir meine Träume bewußt werden, kann ich damit umgehen. Dann sind sie aber nicht mehr im Unterbewußtsein, denn ich reagiere ja bewußt auf sie.

„Backward Masking" fällt unter die gleiche Kategorie wie Träume. Um uns beeinflussen zu können, müssen die „Backward Masking"-Botschaften in unser Bewußtsein gelangen, und unterstehen damit unserer direkten Kontrolle. Wenn das einfache Hören der Worte „Satan is Lord" Menschen auf schlechte Wege bringen könnte, müßten wir uns tatsächlich fürchten, denn dann hätten wir es mit Magie zu tun. Für mich persönlich scheint die ganze „Backward Masking"-Thematik nur eine sensationell angelegte Kampagne unreifer Persönlichkeiten zu sein. Es ist nur ein weiterer Beweis dafür, wieviel Unvernunft die Rockmusik umgibt, und für die Unfähigkeit oder den Unwillen, falsche Vorstellungen von der Wirklichkeit zu trennen.

Im Frühjahr 1982 wurde die Rockgruppe „Led Zeppelin" verurteilt, weil sie ihr Stück „Stairway to Heaven" mit „Backward Masking" manipuliert hatte. Eine kalifornische Verbraucherschutzorganisation hatte durch einen von ihr angestrengten Prozeß eine größere Öffentlichkeit davon in Kenntnis gesetzt, daß derartige psychologische Techniken in der Rockmusik eingesetzt wurden, ohne daß der Zuhörer dies bemerkt.

Die Texte, die bestimmte Hardrock- oder Heavy-Metal-Gruppen vorwärts singen, lassen an Deutlichkeit nichts zu wünschen übrig. Wenn die Gruppe „Venom" (= Gift) in ihrem Stück „Possessed" (= Besessen) unter anderem singt: „Ich trinke das Erbrochene der Priester, mache Liebe mit der sterbenden Hure", dann müssen wir uns fragen, ob ein rückwärts eingespielter Text mehr Schaden anrichten kann als z. B. solches „Ekeltraining".

Was jugendliche Heavy-Metal-Fans dazu meinen, ist nachstehenden Auszügen aus Briefen zu entnehmen:

Eigentlich guck' ich mir die Texte gründlich an, und es gibt auch viele, die 'ne richtige Aussage haben, aber bei Gruppen wie Slayer sind die Texte für mich Nebensache. Die sollte besser keiner für wichtig halten. Wenn ich in einer aggressiven Stimmung bin, kann es schon mal passieren, daß mich die Texte ansprechen, aber ansonsten nehme ich sie nicht ernst. Für die Typen, die Textaussagen von Black-Metal-Gruppen toll finden und daraufhin Schwarze Messen zelebrieren, hab' ich kein Verständnis. So was find' ich hirnrissig, und die Bands sagen meistens selber, daß besser niemand danach handeln soll. Das hört sich jetzt natürlich so an, als ob die sich selbst nicht ernst nehmen, aber besser so, als wenn sie ihre Fans zum Abschlachten auffordern. Ich glaube, jeder Black-Metal-Fan hat mal so 'ne Phase, wo er total an Satan glaubt, aber ich glaub' an gar nichts, vor allen Dingen nicht an Gott, weshalb ich solche Bands wie Stryper total beschissen finde, die mit Bibeln um sich werfen.

Ich höre Speed-Metal, weil ich glaube, daß das so ziemlich die einzige Musikrichtung *der Jugend* (außer Klassik) ist, die nicht aus Synthesizer, Computer und E-Drums (ich spiele selbst Schlagzeug) besteht, sprich wie so bei Poppern/Posern wie Modern Talking. (. . .) Nicht, daß ihr jetzt denkt, ich würde eine Intoleranz gegenüber allen anderen Musikrichtungen aufbauen, aber dieser Kommerz ist nunmal nicht zu ertragen. Ich glaube, alle Metaller der härteren Sorte hören Hardcore, um sich abzureagieren. Das ist halt der Frust, der sich so sammelt durch Schule, Eltern, Posern . . .
Themawechsel: Die Sache mit den Texten find' ich bei manchen Bands echt beschissen. Extrem bei Slayer, der ganzen Black-Underground-Szene und den Mentors. Da darf man sich die Texte wirklich nicht durchlesen. Das ist Gewalt, Verbrechen, Sadismus sogar Vergewaltigung und sexueller Mißbrauch in den Texten der Mentors, was doch nur Kopfschütteln hervorrufen kann. Für mich steht jedoch die Musik im Vordergrund und nicht die Texte. Metallica oder auch Anthrax haben meines Erachtens anspruchsvolle Texte, wie z. B. „Indians" oder „One World" von Anthrax oder „Master of Puppets" von Metallica. (. . .)
(. . .) hatte aber jedesmal den Eindruck, daß diese Satansgeschichten doch nur Image sind. Der Einzige, der auf mich überzeugend wirkt, ist King Diamond. Man kann es auch übertreiben, denke ich mir immer, finde seine Musik aber sehr gut. Mit 13 Jahren war ich auch ein totaler Satansfan, mittlerweile reicht mein Geist allerdings aus, um mir mal Gedanken über den/die Hintergründ(e) zu machen. Ich bin Christ und möchte auch lieber in den Himmel als in der Hölle zu schmoren, wie man so gepflegt sagt. Mich interessiert das alles mit dem Glauben jedoch nicht so richtig. Der, den es interessiert, soll sich meinetwegen mit Para

psychologie, Schwarzen Messen und Höllenlegionen abgeben (jedem das Seine). Was man allerdings sagen muß, daß ich bezüglich Wunder von der Hand Gottes noch nichts gesehen oder verspürt habe, dagegen passiert aber sehr viel Böses in der Welt (Zitat Arajas). Ist das nicht ein Punkt zum Nachdenken?

Im Materialdienst der Evangelischen Zentralstelle für Weltanschauungsfragen vom 1. Dezember 1986 ist eine Dokumentation über Teufelsbeschwörungen und Satanskult im Heavy-Metal-Bereich abgedruckt, die wir zitieren, weil sie einen knappen Überblick bietet:

Teufelsbeschwörungen und Satans-Kult im Heavy-Metal

Vorbilder des „Black Metal"-Booms
In den späten 60er Jahren waren es Musiker wie Jimmy Page (Led Zeppelin), Graham Bond oder auch die Rolling Stones („Sympathy For The Devil"), die sich, vor allem durch den amerikanischen Filmemacher Kenneth Anger beeinflußt, mit okkultspiritistischen Themen beschäftigten. Anger selbst war Schüler des „Magiers und Satanisten Aleister Crowley, der . . . okkulte Orgien und Einweihungsrituale in den ‚Thelema' genannten Geheimkulten und in seinem 1912 gegründeten Orden ‚Ordo Templi Orientis' zelebrierte" (Zitat nach S. Schmidt-Joos, „Sympathy For The Devil", S. 10, in: „Rock Session" 1; Reinbek). Auch Mick Jagger zählte in jenen Jahren zur Hörer- und Anhängerschaft Kenneth Angers – bis zu jenem verhängnisvollen Altamont-Festival, bei dem am 6. 12. 1969 der 18jährige Farbige Meredith Hunter von Hell's Angels direkt vor der Bühne erstochen wurde, auf der die Stones gerade ihre „Sympathy for The Devil" bekundeten. Gleichzeitig sollte, so Schmidt-Joos, Mick Jagger in einem Anger-Film die Rolle des Satans spielen. Nach Altamont brach Jagger jedoch seine Kontakte zu Anger abrupt ab. „Er hatte zuvor", kommentiert Anger, „die ganze Magie wohl bloß als Spiel verstanden, aber nun wurde es auf eine Art Wirklichkeit, die die Gruppe zerstören konnte. Er hatte den Film als einen Jux aufgefaßt, und nun war er plötzlich zu sehr involviert, um es noch vergnüglich zu finden" (Schmidt-Joos, a. a. O., S. 17/18). Black Sabbath waren es dann, die den Okkult-Rock hoffähig machten und heute wohl als die großen Vorbilder des momentanen Black-Metal-Booms anzusehen sind. „Ozzy Osbourne (voc.), Toni Iommi (g), Glazer

Butler (bg) und Bill Ward (dr) ergingen sich zunächst in okkulten Bühnen-Ritualen und prahlten von ihren gewalttätigen Kinderspielen, bis sie sich als romantische Rock-Outlaws volkstümlich gemacht hatten", urteilen Siegfried Schmidt-Joos und Barry Graves in ihrem „Rock Lexikon" (S. 54, aktualisierte und erweiterte Auflage 1975).

Ausstieg aus der Verantwortung

Doch wie sieht es bei der heutigen Generation der sich ach so okkult und satanistisch gebärdenden Kraft-Rocker aus? „Wir haben absolut nichts mit dieser Sache am Hut, in keinster Weise! Für uns war das einfach Fantasy, mal ein anderes Thema als immer nur ‚being on the road' oder Liebe!" Dieses Statement steht exemplarisch für eine Erfahrung, die man bei Gesprächen und Interviews mit Black-Metal-Bands heutzutage macht: die Distanzierung von diesem umstrittenen heißen Eisen, „eigentlich haben wir es ja gar nicht so gemeint", „unser Fall ist das mit dem Teufel ja nicht, bei den anderen, die das machen, na ja . . ." Zu dem, was sie ihrem Publikum vorsetzen, wollen sich die allerwenigsten Vertreter dieser Stilrichtung des Rock bekennen:
„Wir provozieren überhaupt nichts, wir sagen nicht, ‚macht dieses oder jenes', wir behaupten nicht, was Gut und Böse ist . . . Wir gehen nicht raus auf die Bühne und sagen den Leuten, daß sie das tun sollten, wenn sie sich beispielsweise den Mund blutig beißen, sich quasi selbst verstümmeln – wenn sie das tun, sind sie krank in ihrem Schädel!" Und auf die Frage, ob sich die Musiker von Slayer selbst als Satanisten sehen: „Wenn ich diese Frage verneine, würden viele Leute an unserem Image zweifeln. Im Grunde zählt nur, was der einzelne als Wahrheit ansieht. In dieser Beziehung soll jeder für richtig halten, was er denkt!"
Ausweichende Antworten also! Slayer sind im Heavy Metal beileibe nicht die einzige Band, in deren Texten geradezu eine gehäufte Tendenz von allerlei satanischen Inhalten zu beobachten ist. Wie sehen Venom das Problem, die für sich selbst sicher in Anspruch nehmen können, Vorreiter einer zweiten Generation von Black- und Okkult-Bands der 80er Jahre zu sein? Auf die Frage, welche Rolle bei ihnen okkulte Inhalte spielen, bemerkte Mantas: „Man sollte das nicht überbewerten, da ist schon viel Image dabei." Und überhaupt würde sich Cronos intensiver mit der Materie befassen, aber man sollte das doch bitte schön nicht ganz so ernst nehmen . . .
Sollten die Herren Musiker, respektive Texter aber schon! Schließ-

lich tragen sie auf ihren mehr oder weniger breiten Schultern nicht nur Patronen- und Gitarrengurte, sondern auch eine ganz schöne Portion Verantwortung, und das in mehrerlei Hinsicht. Die meisten Kids, die auf Black Metal abfahren, sind zwischen 13, 14 und 18, 19 Jahre alt, stecken noch mitten in ihrer geistig-mentalen Entwicklung und sind somit noch längst nicht „ausge-reift", so daß es nicht ausreicht, sich damit zu begnügen, von ihnen sei zu erwarten, sie wüßten schon, was gut für sie ist. Ganz abgesehen von der Vorbildfunktion eines Heavy-Metal-Musiker-Idols, dem mancher Fan (oft blind) nacheifern zu müssen meint, ohne groß darüber nachzudenken. Es besteht doch die Gefahr, daß in einer Zeit, der es an geistigen Orientierungspunkten fehlt, die von Schnellebigkeit und innerer Leere geprägt ist, manche Kids in innere Konflikte gestürzt werden, am Ende das für bare Münze nehmen, was ihnen da auf LP oder auf der Bühne leicht-fertig und gedankenlos vorgesetzt wird . . .

Glaube an die Kräfte der Finsternis

Welche konkreten Formen dieser ganze Satans- und Teufelskrempel annehmen kann, zeigt sich nicht zuletzt bei den gerade in letzter Zeit wie Pilze aus dem Boden schießenden deutschen Newcomer-Bands aus der Hard-and-Heavy-Szene. Einige davon (wohl ge-merkt, nicht alle!!!) haben sich hundertprozentig dem Black- oder Okkult-Rock verschrieben; ihre Mitglieder sind meist erst wenige Monate mehr oder weniger schlechte Beherrscher ihrer Instrumente und oftmals nicht älter als 20 Jahre. Das folgende Beispiel ist ebenso makaber wie traurig und ist aus einem Einladungsschreiben zu dem Konzert irgendeiner Newcomer-Band aus Deutschland zitiert (der Name wurde von der Redaktion bewußt weggelassen): „Wenn Ihr blutgeil seid, müßt Ihr auf unser nächstes Slaughter-in-Hell-Konzert kommen. Wir zersägen Kreuze und blutige Köpfe auf der Bühne, erschießen Mönche und Jesus Christus . . . etc. Bloodlust!" Ein Kommentar erübrigt sich wohl!
Nicht immer wird jedoch im Black Metal so unverblümt und dumm-dreist gesprochen. Damit es vielleicht nicht ganz so direkt rausge-knallt wird, verkleidet man es teilweise wohl auch in unverfäng-lichere Phrasen, womit der abschreckende Faktor herunterge-schraubt wird. Das hört sich dann wie folgt an: „Woran ich glaube, ist, was unerforschlich ist. Das sind die Kräfte des Unbekannten, die Kräfte der Finsternis, die die Erde in der Balance halten. (. . .) Wir sind alle mit bestimmten Gefühlen geboren worden, und warum sollen wir sie nicht ausleben?" Originalton King Diamond.

Nicht alle Rockmusiker Satansanbeter

Ein weiteres Problem scheint darin zu bestehen, daß Außenstehende, die von der Sache, will sagen, dem Heavy Rock, wenig Ahnung haben, irgendwo etwas aufschnappen und dann alles und alle in einen Topf werfen. Da heißt es dann nicht mehr, xy oder die Band sowieso tönt lauthals mit Satansanbeterei, sondern pauschaliert sind plötzlich alle Rockmusiker und -fans Teufelsanbeter, demnach die Rockmusik generell etwas Böses, was unterdrückt, verfolgt oder sonstwas werden muß. (Bestes Beispiel ist wohl die derzeitige Indizierungskampagne in den USA.) Was jedoch andererseits nach- bzw. bedenklich stimmen muß, ist die Gedankenlosigkeit vieler Musiker, die es scheinbar wenig stört, was sie ins Mikro röhren. Ob das nun ein Steckenbleiben in geistiger Pubertät ist, Rebellion, Protest, der Wunsch nach Auffallen um jeden Preis – der eigenen Glaubwürdigkeit ist es jedenfalls wenig zuträglich, wenn sich ab einem gewissen Zeitpunkt nicht mehr verheimlichen läßt, daß das jeweilige Okkult-Gehabe nur Masche ist. In den meisten Fällen stellt sich schnell heraus, daß eine Band gar nicht hinter dem plakativen Image steht, das sie nach außen hin vertritt.

In den Frühzeiten des derzeitigen Black-Metal-Booms haben Bands gemerkt, daß sich dieses Image in einem bestimmten Rahmen ganz gut verkauft, Kohle einbringt. Logische Konsequenz war, daß dann geschäftstüchtige Manager, Plattenfirmen, meist Independent Label, und Musiker da einen Absatzmarkt vermuteten und voll darauf einstiegen. Und so etwas muß natürlich hemmungslos ausgebeutet werden von den Rattenfängern des 20. Jahrhunderts; der Zweck heiligt ja schließlich die Mittel, oder etwa nicht? Moralisch-ethische Bedenken werden da ins Hinterstübchen gesperrt, soll doch jeder sehen, wie er mit den Gefahren, die damit verbunden sind, fertig wird. Auffallen um jeden Preis heißt die Devise, je eklatanter, desto besser – und wenn es noch so abstoßend, perfide oder absurd ist. Möglichst viel (künstliches) Blut auf der Bühne, gewalttätiges Aussehen und Auftreten, echte Menschenknochen oder -schädel on stage als Mikro-Ständer etc. zweckentfremdet, das erregt schon Aufsehen, beschert Publicity und bringt Umsatz, auch wenn die allseits so oft beschworene Menschenwürde auf der Strecke bleibt.

Und wenn man die Kids auch noch dazu bringt, sich die Schädel im Namen Lucifers einzuschlagen, wird die ganze Chose noch geiler, meine Herren von Exodus, nicht wahr? „Du kannst es dir nicht vorstellen, wie bei unseren Konzerten das Blut in Strömen fließt. Und die Kids tun alles, was du ihnen sagst! Wenn du ihnen sagst, ‚ich mag den Burschen dort drüben nicht, schlagt ihn zusammen, bis er bewußtlos ist‘, dann tun sie das!"

Irgendwie kann man sich da nur noch an den Kopf fassen; aber glücklicherweise gehört dieses Zitat von Exodus zur unrühmlichen Ausnahme im Heavy Metal, und auch King Diamond scheint einer der wenigen Musiker zu sein, die sich in ihrer Freizeit ernsthaft mit okkulten Problemen und spiritistischen Dingen beschäftigen. Ansonsten ist alles, was Songtexte, Platten-Cover, Live-Auftritte usw. angeht, wohl doch nur in erster Linie Show, Image und Gehabe, wie abschließend das Zitat von Possessed, einer amerikanischen Kult-Band jüngeren Datums, beweist: Frage an Possessed: „Um auf euer Outfit zu sprechen zu kommen: Nehmt ihr das wirklich ernst mit den umgedrehten Kreuzen, dem ganzen Blutgeschmiere etc.?" Antwort von Mike: „Nein, wir nehmen das nicht so ernst wie einige unserer Fans. Nur Larry ist irgendwie an Magie interessiert. Als wir damals anfingen zu proben, machte das mit diesem ganzen Okkultzeug niemand hier, und wir waren die einzigen, außer Slayer vielleicht."

Wie jüngere Heavy-Metal-Fans ihre Musik sehen, beschreibt einer von ihnen – Marcus von Harlessem aus Wiehl – in dem folgenden Beitrag, der eigens für dieses Kapitel geschrieben wurde:

Der Teufel trägt E-Gitarre und Lederjacke?

Hardrock und Heavy Metal (HR/HM) sind ein Nährboden für Brutalität, Gewalt, Horror, Okkultismus und Satanismus. Fans dieser Musikrichtung sind jugendliche Verbrecher, Satanisten, Fußballrowdies, Rocker, kurzum – der Abschaum unserer Gesellschaft. Die Musiker des HR/HM verbreiten antikirchliches Gedankengut und jeder, aber wirklich jeder, der diese Musik hört oder gar auf diese Konzerte geht, ist von Grund auf böse und nur schwer wieder zu heilen. Deshalb bleibt nur eins zu tun: Wir müssen diese Musikrichtung bekämpfen und ausrotten, koste es, was es wolle, um unsere Kultur in bezug auf Musik wieder rein und gut zu gestalten.

So oder so ähnlich steht es geschrieben. Zwar nicht in der Bibel, aber in verschiedenen Schriften, die von Verfechtern einer Religion verfaßt wurden, die auf eben dieser Bibel basiert. In diesen

Schriften wird der HR/HM diffamiert, seine Fans werden als hohl-
köpfige und gewalttätige Satanisten hingestellt. Am liebsten wäre
es den Verfassern solcher Texte, wenn man einen Vertrag mit der
Kirche abschließen und sich dazu verpflichten würde, nie wieder
HR/HM zu hören.

Der am häufigsten angesprochene Punkt in diesen Propaganda-
Schriften ist die Verbreitung von Satanismus im und durch den
HR/HM.

Daß ein kleiner Teil der Heavy-Metal-Gruppen sich dem Satanismus widmen oder gewidmet haben und diesen propagieren, ist
richtig. Aber Behauptungen, fast alle HR/HM-Gruppen besängen
den Satan, wollten nur Gewalt, Tod und Horror preisen, sind
reine Lügen. Dies zeigt, daß die Verfasser solcher Schriften nicht
genug oder gar keine Kompetenz besitzen, was den Bereich HR/
HM betrifft.

Gruppen wie AC/DC und Iron Maiden haben nichts mit Satanismus zu tun, auch wenn Plattencover von Iron Maiden oder Songti-
tel von AC/DC dies vielleicht vermuten lassen. Eine Gruppe wie
AC/DC, die mittlerweile 15 Jahre besteht und bis jetzt schätzungs-
weise 150 Songs verfaßte, kann man doch nicht als Satanisten ver-
urteilen, nur weil vier Songs das Wort „Hell" in ihrem Titel beinhalten. Und daß dort manchmal eine ganz andere „Hölle" gemeint ist (z. B. „Hell ain't a bad place to be" handelt von der
Hölle, in der der Sänger unter einer Frau zu leiden hat), wird oft
gar nicht beachtet. Der einzige Grund, warum immer wieder AC/
DC und Iron Maiden benutzt werden, liegt in dem hohen Bekanntheitsgrad dieser Gruppen.

Doch es gibt auch Gruppen, die tatsächlich Gewalt und Satanismus verbreiten, wie z. B. Venom, Slayer, Possessed, Celtic Frost
(Ex-Hellhammer), VOI VOD, King Diamond, um nur einige der
bekanntesten zu nennen. Von diesen Gruppen ist es aber wiederum nur ein geringer Teil (vielleicht 5%), die es wirklich ernst
meinen. Der überwiegende Teil der Gruppen benutzt jenes Image
des Bösen nur aus reiner Geldmacherei, denn: Böse sein ist „in";
wenn man die Verfasser solcher Songs auf ihre Texte anspricht,
reden sie fast immer von Fantasy-Texten und Horror-Geschichten.
Lediglich King Diamond gibt zu, sich wirklich mit schwarzer
Magie zu beschäftigen, den Okkultismus zu erforschen und zu
betreiben.

Als Beispiel, worüber in solchen Songs gesungen wird, nun die
Übersetzung eines Textes von der Gruppe Possessed: „Holy Hell"

Geheiligte Hölle, uns der Tod
Satan niederschlägt, schreckliche Begierde
Des Teufels Wasser, die Überschwemmung beginnt
Gott ist niedergemetzelt, trink sein Blut
Unser bindendes Vertrauen steht nahe bevor
Gehen müssen wir in Satans Land
Bitte um den Tod und verlang' nach Leben
Des Schnitters Atem wird neues Leben hauchen
Satans Kind, er ist geboren
und dem Tod ist er verschworen
Tage des Hasses und Tage des Schmerzes
Endlose Frist der Herrschaft des Satans
Endlose Träume, in der Nacht
Ewiger Schlaf, ewige Furcht
Entweihte Kreuze, oh schwarze Messe
Satans Herrschaften, zuletzt ich
Alle im Himmel, alle auf Erden
ihr werdet euren Gott treffen
Gekettet an die Qual, gekettet an den Schmerz
wie ein Hund
Böse Tage und böse Nächte
sind schwarz wie der Tod
Herzen der Sünder, Herzen aus Stein
Schnitters Atem
Da war Blut und da war Schmerz
Ekstase
Zorn der Magie, Zorn der Hexen
Zauberei
Fühl' die Kraft, fühl' die Hitze
tief unten
Vernichte die Leute, morde sie
Nimm ihre Seele
Schwarze Messen, schwarze Kreuze
Ritual
Trenne die Köpfe ab, zerschneide die Kehlen
Nimm den Sturz

Dies ist kein besonders ausgesuchter Text, man hätte von dieser Gruppe auch jeden anderen Text nehmen können. Sie alle haben nur satanistische, teufelsverehrende und anti-kirchliche Themen zum Inhalt. In Texten solcher Gruppen wird Gewalt und Tod gepriesen. Slayer singen „I am the Antichrist"; „Jesus Saves"; „Evil has no Boundaries" (Das Böse hat keine Grenzen)) usw. VOI

VOD singen „To the Death", HELLHAMMER sangen „Triumph of Death", Venom singen „Welcome to Hell" oder „In League with Satan". Diese Aufzählung ließe sich erweitern.

Als Venom Anfang der 80er Jahre immer erfolgreicher wurde, begann die sogenannte „Black-Metal"-Welle. Immer mehr Gruppen folgten und ahmten das Teufels-Image von Venom nach. Auch Slayer gehörte zu den Gruppen, die nur über Tod, Teufel und Horror sangen. Aber auf ihrer neuesten LP „South of Heaven" sind kaum noch Titel mit satanistischen Inhalten zu finden, sondern teilweise recht vernünftige Songs wie „Silent Scream", ein Song gegen Abtreibung, oder zwei Anti-Kriegslieder, „Behind the crooked Cross" und „Mandatory Suicide". Dies zeigt, daß sie vielleicht doch keine wirklichen Satanisten sind, sondern dies alles nur aus kommerziellen Gründen gemacht haben.

Man kann davon ausgehen, daß 80–95% aller Black- und Death-Metal-Gruppen keine ernsthaften Satanisten sind, sondern nur aus PR-Gründen dieses Image benutzen. Im übrigen gilt die Black-Metal-Welle seit ca. zwei bis drei Jahren bzw. seit dem Untergang von Venom als ausgestorben.

Wie es im wirklichen Leben Satanismus und Christentum gibt, existiert auch im Heavy-Metal eine Gegenbewegung zum Black Metal: „White-Metal". Diese Welle wurde in den letzten Jahren durch die Gruppe Stryper bekannt. Stryper hat sich dadurch einen Namen gemacht, daß die Gruppe während ihrer Konzerte Bibeln ins Publikum wirft. Auch im „White-Metal" meinen es nur wenige Gruppen wirklich ernst, während die meisten versuchen, auf der Welle mitzuschwimmen. Auch sollte man beachten, daß alle „Black"-, „Death"- und „White-Metal"-Gruppen zusammen nur einen kleinen Teil im riesigen Gebiet des HR/HM ausmachen.

Wir haben den Chefredakteur von „Metal Hammer/ Crash", Edgar Klüsener, gebeten, uns Auskunft über mögliche Zusammenhänge von HR/HM-Musik, Okkultismus/ Satanismus und Neofaschismus zu nennen.

Leider haben wir kaum Material zum Thema Okkultismus oder Neofaschismus gesammelt, da beide Strömungen sicherlich ausgeprägt vorhanden sind, jedoch nur in Randbereichen im Zusammenhang mit Hardrock und Heavy Metal zu sehen sind, uns daher eigentlich nicht so sehr berühren.

Speziell Neofaschismus ist eine unselige politische Erscheinung, die kaum mit einer bestimmten Musikrichtung in Verbindung zu bringen ist, sondern leider in vielen Schichten unserer Gesellschaft latent vorhanden ist, wenn auch weniger als bewußte politische Überzeugung, denn eher als emotionelle Grundeinstellung, die kaum reflektiert wird. Wir haben im allgemeinen den Eindruck erhalten, daß das Gros der Heavy-Metal-Fans, zumindest, was den Kreis der Metal Hammer/Crash-Leser angeht, reaktionären und neofaschistischen Tendenzen sehr kritisch gegenübersteht. Wie überhaupt das Heavy Metal-Publikum erfreulich kritisch ist und sich damit positiv von der Masse anderer Jugendgruppierungen abhebt.

Neofaschismus wird eigentlich nur in dem Bereich dieser Musik zum Thema, in dem sich Einflüsse aus traditioneller Skinhead-Musik und extreme Formen des Heavy Metal vermischen.

Ähnliches gilt für okkultistische Erscheinungen. Es gibt sicherlich eine okkultistische Tradition im Heavy Metal, die ursprünglich von Bands wie Black Sabbath begründet worden ist.

Allerdings ist wirklich ausgeübter Okkultismus eine Erscheinung, die sich quer durch alle Gesellschaftsschichten zieht und nur recht wenig mit der jeweils bevorzugten Musik zu tun hat. Als Väter dieser Bewegung dürften eher selbsternannte Großmeister oder Magier wie Aleister Crowley anzusehen sein als Rockbands.

Zudem werde ich den Eindruck nicht los, daß Okkultismus, so wie er von Hausfrauen ebenso betrieben wird wie von Schülern oder Rechtsanwälten oder sonstwem, eher die Suche nach Antworten auf ungelöste Fragen des Lebens ist, also praktisch die Funktion einer Ersatzreligion hat. Offensichtlich sehen Okkultisten oder Anhänger magischer Zirkel die alten Religionen für unfähig an, diese Antworten noch zu geben.

Ich würde Okkultismus durchaus gleichstellen mit anderen pseudoreligiösen Sektenformen wie dem Bhagwan-Kult, der Mun-Sekte o. ä. Nur, daß okkultistische Zirkel eher dezentral organisiert sind.

Heavy Metal und Hardrock eignen sich nur bedingt als Medium für okkultistische oder reaktionäre Botschaften, da beide Musikstile direkt dem ursprünglichen Rock'n 'Roll entwachsen sind. Kennzeichnende Elemente sind Wildheit, Energie, Rebellion und – in den Texten – die Ablehnung negativer Werte und Vorstellungen. Rock'n 'Roll ist seit jeher ein Schrei nach Freiheit, der Aufstand gegen eine als einengend und lustfeindlich erfahrene Umwelt, gegen Konservatismus, Krieg und Gewalt, also das genaue Gegenteil dessen, was Okkultismus oder faschistoide Ideologien beinhalten und geben können.

Im Januar 1988 veröffentlichte „Metal Hammer/Crash" einen Kommentar zum Thema HR/HM-Musik und Faschismus, aus dem wir auszugsweise zitieren:

„Wir wollen Deutschland wiedervereinigen, und zwar in den Grenzen des Heiligen Römischen Reiches Deutscher Nation von 1042 . . .!" Klingt doch gut, oder? Zurück zu verlorener Größe, wenn möglich noch per schwarzer Magie, schmerzlicher – aber „leider" unumgänglicher Ausmerzung aller fremdrassiger Elemente . . . der Rassismus wird neuerdings wieder ganz groß geschrieben. Auch in der harten Rockmusik! Ebenso wie übersteigerter Nationalismus . . . Um Nationalismus, Faschismus, Rassismus geht es . . .
Bedenkliche Zeiterscheinungen, deren Wiederaufleben man nach dem unrühmlichen Ende des „Tausendjährigen" Dritten Reiches eigentlich nicht mehr erwartet hatte, die aber in den 80ern plötzlich wieder an erschreckender Realität gewonnen haben . . .
„Jesus Hitler" wird von Carnivore (HR-Gruppe; Anm. d. Vf.) besungen, die Parallelen ziehen zwischen der Radikalität der Religionen Christentum und Nationalsozialismus, für eine rigide Rassenpolitik eintreten . . .
Rockmusik und Rockmusiker als Vorreiter des Faschismus? Aber sicher . . . Der Beispiele sind viele. Eric Clapton zum Beispiel, der nachlassende Popularität durch zunehmende rechtsextreme Aktivität kompensiert, Carnivore oder viele andere „all American" Bands, Skinbands all over the world, aber auch ganz normale, nach eigenem Selbstverständnis „unpolitische" Gruppen. Black Sabbath in Südafrika? Klar, wir sind ja schließlich nur und in erster Linie Musiker. Was interessieren uns da die politischen Zustände??? . . .
Wie auch immer, die Apologeten des, nehmen wir als Oberbegriff ruhig „Faschismus", rocken und singen munter und ungebremst vor sich hin . . .

Wir verbinden diese Hinweise der Redaktion des „Metal Hammer/Crash" mit einem Kommentar aus der gleichen Zeitschrift vom August 1988, den Jonathan Gold zum Zusammenhang von Okkultismus und Satanismus geschrieben hat und den wir – bis auf einige schwarzseherische Äußerungen – in der Zielrichtung teilen:

„Herr Satan, komm' und erlöse uns von all' dem Guten dieser Erde. . ."

Im Zeichen des Tieres, auf gut Altgriechisch „To Mega Therion" genannt, übrigens auch die Selbstbezeichnung des „größten Magiers der Neuzeit, Aleister Crowley, machen sich die Mächte des Dies- und Jenseits daran, das Zeitalter der Magie endgültig zu verwirklichen . . .

Magie und Okkultismus haben mal wieder Hochkonjunktur in einer Zeit, die weder Werte noch Ideale noch sonstwas anzubieten hat. Die großen Religionen haben ebenso schmählich versagt wie die Politik und die verschiedenen ideologischen Systeme, die noch zu Beginn unseres Jahrhunderts so stark und verheißungsvoll erschienen. Stattdessen bestimmen hohle Phrasen, leere Schlagworte, Lügen, Repression und unverhohlene Ausbeutung die Gegenwart. Das einzig gültige Gesetz unserer Tage scheint das Gesetz der gepanzerten Faust zu sein, das Recht des Stärkeren auf alles. Die eigene Ohnmacht wird, gerade weil keine Religion und keine Ideologie mehr Zuflucht und Identifikationsmöglichkeiten bietet, als unerträglich empfunden. Der Ausweg heißt da für viele: Satan, Magie, Okkultismus, Dämonologie . . .

Wo das Gute versagt hat, so das heimliche oder auch offen gegebene Eingeständnis, kann nur noch das Böse helfen. Magie in ihrer langen Geschichte bedeutet immer auch den Versuch, Macht, Kraft und Stärke, die zu erlangen notwendig erscheint, für sich ganz persönlich zu erreichen. Und dafür die eigene Seele zu verkaufen . . .

Setzt man Seele gleich mit Geist oder Geisteszustand, dann kommt man exakt auf den Punkt – und damit auf die große Gefahr, die der Umgang mit dem Okkulten birgt.

Okkultismus – und ich spreche jetzt nicht von vergleichsweise harmlosen Spielchen wie Gläserrücken oder ähnlichem – Okkultismus kann gefährlich sein.

Gefährlich nicht etwa, weil nun tatsächlich das „Böse" – was immer das auch sein mag, wenn man bedenkt, daß „Böse" und „Gut" oftmals bereits von Mensch zu Mensch unterschiedlich definiert werden, von den stark voneinander abweichenden Begriffsdeutungen in verschiedenen Zeiten, Kulturkreisen und Religionen mal ganz zu schweigen – nicht also etwa, weil das Böse nun den Menschen beherrschen könnte, sondern weil das „Böse", der Dämon, die Macht der Magie oder was auch immer an sich und als Idee schon eine Schöpfung des menschlichen Verstandes ist. Eine Phantasie also. Phantasien wiederum haben die unangenehme Eigenschaft, gelegentlich oder auch häufiger, für den Geist – Verstand –, der phantasiert, realer als die Wirklichkeit zu werden.

Der Geist verliert buchstäblich den Verstand und wechselt von der Außen- in die Innenwelt. Realitätsflucht? So könnte man das wohl nennen. Eine gefährliche Realitätsflucht aber immer dann, wenn sie unter kundiger Leitung eines „Meisters", „Lehrers" oder „Führers" erfolgt, denn der hat nahezu immer alles andere im Sinn, nur nicht das persönliche oder geistige Wohlergehen seines Eleven.

Der Eleve in seiner Gläubigkeit ist das dankbare Opfer für ganz reale Machtgelüste seines Führers und ein williges Werkzeug in den Händen des Meisters . . .

Das ist, neben dem Verlust der eigenen Urteilsfähigkeit oder gar der geistigen Gesundheit, die wirkliche Gefahr im Umgang mit Okkultismus oder Magie . . .

Langer Rede kurzer Sinn: Wer immer diese Zeilen liest, laßt die Finger von Séancen, magischen Zirkeln, Schwarzen Messen oder Satanskulten. Ihr erhaltet nur Illusionen und verliert dafür das Wichtigste überhaupt, den klaren Kopf und die Fähigkeit, das Beste aus einer Welt herauszuholen, in der es, zugegebenerweise, nicht mehr allzu viel Schönes gibt. Statt Geister zu beschwören, sollte der Mensch selber für sich und für sein Leben kämpfen, das bringt ihn am Ende immer noch weiter.

Wichtig ist uns bei Jonathan Gold vor allem sein Hinweis auf die leichte „Verführbarkeit" durch machthungrige „Führer", die sich okkulter und magischer Praktiken bedienen und so in politische und gesellschaftliche Unmündigkeit hinein(ver-)führen. Seine Warnungen halten wir für berechtigt.

Auch „hartgesottene" HR/HM-Fans haben uns bestätigt, daß sie die Gefahr des Alkoholmißbrauchs, aber auch das „blinde" Nachmachen satanistischer Kulte, die von einigen HR/HM-Musikern auf der Bühne oder in Filmen vorgemacht werden, für bedenklich halten. „Die Kleinen raffen das noch nicht", sagte ein Fan, „die nehmen alles für bare Münze, was die Jungs da oben auf der Bühne abziehen."

„Rosemarie's Baby"
Satanismus auf Zelluloid*

Der Film, ein Produkt des industriell-technischen Zeitalters, wurde durch technische Erfindungen wie die „Camera obscura", „Laterna magica", „Lebensrad" und „Wundertrommel" erst ermöglicht. Alle diese „magischen Werkzeuge" wollten wirklichkeitstreue Bilder und Bewegungen darstellen. Der Film war anfänglich, wie auch seine Vorläufer, eine Jahrmarktattraktion und entwickelte sich erst zwischen 1896 und 1912 zur Kunstform und Wirtschaftsbranche. Die Neugierde für das, was die Alltagsmoral von jeher verbietet, war schon immer groß.

Zwar haben auch andere Künste dem Satan ein bestimmtes Aussehen zugeschrieben, doch niemand hätte wohl früher gedacht, daß er sich bloß eine Eintrittskarte zu kaufen braucht, um bei Teufelsriten persönlich anwesend sein zu können.[1] Die Kinozuschauer konnten den Bösen in „action" sehen. So ist die Darstellung des Satans im Medium Film so alt wie das Kino selbst. Schon einer der ersten Filmpioniere, Georges Méliès, erkannte die technischen und künstlerischen Möglichkeiten des Films, „übernatürliche Phänomene" darzustellen, und brachte 1896 als erster den Teufel auf die Leinwand.

Im weiteren Verlauf der Filmgeschichte hat es dann verschiedene Perioden von Satanismus auf Zelluloid gegeben. So griff das expressionistische Kino der zwanziger Jahre mit Filmen wie „Satanas" (1919) von F. W. Murnau oder „Blätter aus dem Buche Satans" (1921) von C. Th. Dreyer das Sujet des Satanskults auf Zelluloid wieder auf. Die am meisten bezeichnenden und spektakulären Darstellungen von Besessenheit – oder zumindest von Personen unter dem Einfluß des Bösen – sind sicherlich „Rosemary's Baby" (1968) von Roman Polanski, „Der Exorzist" (1973)

---

* Diesen Beitrag haben Susanne Just und Augustin Kühne geschrieben.

von William Friedkin und „Das Omen" (1976) von Richard Donner – Filme, in denen Mütter das eigene Fleisch und Blut nicht mehr wiedererkennen.

In „Rosemary's Baby" wird eine Durchschnittsamerikanerin (Mia Farrow) vom Satan erwählt, ihm einen Sohn zu gebären. Parallelen zur Geburt Christi sind vom Regisseur intendiert. Der Film erzeugt beim Zuschauer tiefgreifende Ängste, weil Rosemary nicht nur mit einem, sondern mit unzähligen Teufeln konfrontiert wird: Da ist ihr skrupelloser Ehemann, der sie um den Preis einer Schauspielerkarriere an den Teufel verkauft (Faust-Motiv), da sind die netten Nachbarn und der Arzt. Polanski braucht kein Gruselarsenal wie einsame Spukhäuser; der Einbruch des Bösen findet in der Anonymität der Großstadt statt. „Er (der Satan; Anm. d. Verf.) findet seine Opfer überall dort, wo religiöses Desinteresse herrscht, wo die Menschen im Glauben lasch geworden sind und die Ermahnung vergessen ist: „Seid nüchtern und wachet. Euer Widersacher, der Teufel, streift umher wie ein brüllender Löwe und sucht, wen er verschlinge."[2]

Im Film „Der Exorzist" dringt das Böse durch die brüchig gewordene Fassade amerikanischen Kleinbürgertums ein. Regan (Linda Blair) wächst in einer nicht intakten Familie auf und wird vom Teufel besessen. „Friedkin bedient sich bei der Darstellung . . . aller nur möglichen Spezialeffekte, bringt grünlich Erbrochenes und wahre Orgien von Hautpusteln auf die Leinwand, ein verrückt spielendes Zuhause, dazu Tod, Blut und auch sonst allerlei Schreckliches."[3] Auch in diesem Film kann Vernunft, Wissenschaft und Fortschrittsglaube des 20. Jahrhunderts nichts gegen das Böse unternehmen. Der Exorzist scheitert im Kampf gegen das Böse – der Film provoziert so das Gefühl der Ohnmacht gegenüber dem Teuflischen.

Im Film „Das Omen" verbirgt sich das Böse „hinter der Maske kindlicher Unschuld". US-Botschafter Robert Thron will seiner Frau den Schock einer (angeblichen) Todgeburt ersparen und läßt sich zur Adoption eines (angeblichen) Waisenjungen überreden. Wenig später häufen sich mysteriöse Todesfälle und Vorzeichen, die den kleinen Damien nicht als gewöhnliches Kind, sondern als Antichristen, den Statthalter des Bösen auf Erden, kennzeichnen. Damien tötet seine Adoptiveltern und steht bei ihrer Beerdigung vielsagend lächelnd an der Seite des US-Präsidenten.

„. . . in ihrem Kern, ihrer elementaren Story-Struktur nach sind dies Familienfilme: In (mehr oder minder) intakte Familien gutbürgerlicher Prominenz dringt das Böse, der Satan, ein, zerstört sie zumindest momentan, läßt unheilbare Wunden zurück. Daß er sich ausgerechnet des Nachwuchses bemächtigt, sich der Maske der kindlichen Unschuld bedient und deshalb lange Zeit unentdeckt bleibt, scheint das mir dabei Entscheidende: In diesem religiös-mythologischen Kostüm satanischer Besessenheit wird die Rebellion der jungen Generation thematisiert. In Filmen wie ‚Das Omen‘ spiegelt sich die Angst der Mittelklasse, ihrer Kinder nicht mehr Herr zu werden, ja von ihnen in den Tod getrieben zu werden.“[4]

Der Satan des High-Tech-Zeitalters findet im Kino der Jahre 1987/88 durch „Special-Effects“ seinen adäquaten Ausdruck: „Blut-Maskenbildner“ erleben Hochkonjunktur („Creepshow II“), gruftige Gestalten („Prince of Darkness“) huschen über die Leinwand, Zombies („Hellraiser“) fordern Blutopfer, und im Film „The Outing“ feiert der Gute Geist aus Aladins Wunderlampe seine Wiederaufstehung als grausiger Poltergeist.

Allerdings hat der moderne Kinoteufel auch andere Seiten: Mr. Louis Cyphre (Robert de Niro) im Film „Angel Heart“ (1986) von Alan Parker oder Daryl Van Horn (Jack Nicholson) in „Die Hexen von Eastwick“ (1987) von George Miller haben ein durchaus menschliches, gepflegtes Äußeres und schrecken selbst vor christlichen „Tabus“ wie Kreuz oder Gotteshaus nicht zurück. Der Film „Angel Heart“ spielt im Jahre 1955. Der heruntergekommene Detektiv Harry Angel (Mickey Rourke) soll Johnny Favorite

113

ausfindig machen, der bei Mr. Cyphre noch eine Schuld zu begleichen hat. Hearts Recherchen führen ihn nach New Orleans – dem Zentrum des Voodoo-Kults –, sein Weg dorthin ist allerdings von grausam verstümmelten Leichen gepflastert. Erst der schreckliche Mord an einem jungen Mädchen macht Harry Angel klar, daß nur er der Mörder sein kann und der Mann, den er sucht, er selbst ist. Vor zwölf Jahren hatte er mit dem Teufel einen wahrhaft Faustschen Pakt geschlossen: Er verkaufte seine Seele um den Preis einer neuen Identität an den Teufel, der nun gekommen ist, um das zurückzufordern, was ihm gehört.

Nicht Mephisto, sondern ein wahrer Macho verbirgt sich hinter dem Satan in „Die Hexen von Eastwick". Er kommt in die Idylle eines Städtchens in Neuengland, um sich drei alleinstehenden Freundinnen als der Märchenprinz zu präsentieren. Bald hat er alle drei Frauen in seinen Bann geschlagen – „er packt sie bei ihrer Einsamkeit, ihrem Intellekt und ihrem Schamhaar."[5] Wegen angeblicher Orgien zu viert werden sie von den selbsternannten Moralaposteln des Städtchens geächtet. Als sich die Frauen dem Einfluß van Horns entziehen wollen, bricht in Eastwick die Hölle los – eine schwelgerische „Special-Effects-Session". Letztlich besinnen sich die drei „Hexen" auf das uralte Frauenklischee der Naturverbundenheit und versuchen mit einer Mischung von Voodoo-Kult und Frauen-Power den Teufel auszutreiben.

Nicht nur in diesen Filmen liegt Voodoo im Trend. „Das Ritual" (1987) von John Schlesinger spiegelt aktuelle Strömungen in der US-Gesellschaft wieder. Das Böse entstammt dem „Schwarzen Kontinent", und seine Macht ist unermeßlich. Nach dem Tod seiner Frau zieht der Psychologe Cal Jamison mit seinem Sohn nach New York, wo er „Cops" therapiert, die mit den Anforderungen ihres Berufs nicht mehr fertigwerden. Als sich Jamison einer anderen Frau zuwendet, kommt es zum Konflikt mit Sohn Chris. Doch bevor sich der Konflikt lösen kann, werden beide in den Strudel des Unheils gezogen. Auslöser ist der Ritual-

mord an einem kleinen Jungen. Jamison, der den angeblichen Mörder Lopez, einen Polizisten, betreut, nimmt Kontakt zu einer Santeria-Sekte auf, die sich nach außen als
Drogenrehabilitationszentrum getarnt hat. Kurz darauf ist
Lopez tot – bei seiner Obduktion findet man schwarze Wür-
mer in den Gedärmen. Der übernatürliche Horror steigert
sich zu einem unentrinnbaren Alptraum. Zwei Väter opfer-
ten dem Voodoo-Gott bereits ihre erstgeborenen Söhne –
erst der dritte Vater, Cal Jamison, wird den Kreis schließen.

Durch die einseitige „Schwarz-weiß-Malerei" des Films
setzte in der US-Presse eine Rassismusdebatte ein. Der
Film legt die Interpretation nahe, fremden Kulturen, vor
allem der dunkelhäutigen Rasse, mit Mißtrauen und Vor-
sicht zu begegnen. Der fanatische Voodoo-Priester ist natürlich ein hünenhafter Afrikaner mit stechendem Killer-
blick, alle übrigen „Farbigen" werden zu stereotypen Rand-
figuren, der alleinige Held des Films ist Cal Jamison, natürlich ein Weißer.

In all den hier beschriebenen Filmen wird ein pessimi-
stisch-auswegloses negatives Zukunftsbild entworfen. Die
Apokalypse kündigt sich durch Umweltzerstörung, unbe-
herrschbare Technologien und eine schnellebige Gegenwart ohne christlich-moralische Werte an.

Aus Ängsten, die einen psychologisch, sexuell, ökono-
misch sehr realen Kern haben, wird die Angst vor dem Teufel, vor der Unfreiheit unbegriffener Technik und vor einer
ungewissen und schicksalshaften Zukunft. Es sind Ängste,
die das Individuum daran hindern, seine wirkliche Situation zu erkennen und zu verändern.

Die Zuschauer konsumieren begierig wie immer größere
und irrationalere „Leinwand-Teufel", seien sie von Genma-
nipulatoren oder High-Tech-Wissenschaftlern kreiert. Rettung von der ideologisch eingeimpften Unfähigkeit, sich
selbst zu erlösen, erhoffen sich die Zuschauer dann von anderen „Leinwand-Helden" – Rambo, Superman & Co.

Anmerkungen

1 Vgl. Crispino, Anna Maria/Giovannini, Fabio/Zatterin, Marco: Das Buch vom Teufel. Geschichte, Kult, Erscheinungsformen, Frankfurt/Main 1987, S. 169
2 Giesen, Rolf: Der Phantastische Film. Zur Soziologie von Horror, Science-Fiction und Fantasy im Kino. Teil 2: Mythologie, München 1980, S. 295
3 Das Buch vom Teufel, S. 180
4 Der Phantastische Film, S. 198
5 Cinema/Nr. 11, Heft 114, November 1987, S. 98

Forum der Betroffenen

Im alten Rom war das Forum ein für den Marktverkehr und die Volksansammlungen bestimmter freier Platz, auf dem jeder seine Meinung offen sagen konnte. Wir stellen mit dem Forum der Betroffenen einen vergleichbaren Ort her, an dem Menschen zum Thema „Okkultismus" ungehindert zu Wort kommen.

Manche möchten namentlich nicht genannt sein, andere wiederum legen Wert darauf. So wie auf einem Markt ein lebendiges und buntes Treiben herrscht, geht es auch auf diesem Forum zu. Wie auf jedem Markt wird nicht jede Nachfrage befriedigt, wird es Angebote geben, die nur von wenigen Interessenten betrachtet werden. Mit der „Markt-Analyse" aus den Fallbeispielen im Hinterkopf, kann jeder Leser die Angebote auf dem Okkultismus-Forum selbst prüfen.

Jugendliche berichten über ihre Erfahrungen mit dem Okkultismus

Robert, ein 17jähriger Berufsschüler, schildert seine Erlebnisse beim Glasrücken:
Wir waren zu fünf Personen. Auf den Tisch wurden die Karten gelegt – alle Buchstaben von A bis Z, die Zahlen und JA und NEIN. Mein Freund benutzte zum Glasrücken ein Glas. Das war von seinem Bruder, der bei einem Autounfall ums Leben gekommen war. Manche dachten, es wäre Selbstmord gewesen. Aber der Bruder wollte das nicht

glauben, weil der Verstorbene auch beruflich gut dran war. Aber der hatte auch eine Freundin gehabt, die wollte ihn verlassen. Ich glaub', daß der aus Zufall ums Leben gekommen ist.

An diesem Abend waren wir alle im Wohnzimmer zusammen. Licht war aus, nur eine Kerze brannte auf dem Tisch. Dann haben wir die Fingerkuppen auf das Glas gehalten. Der Freund hat gefragt: „Hallo Geist – bist du hier?" Beim ersten Mal war nichts, die ersten Versuche überhaupt nichts. Irgendwann rutschte dann das Glas auf die JA-Karte zu. Sie haben dann noch gefragt, wie die Mutter von der Freundin des verstorbenen Bruders hieß. Das wußte nur der Bruder. Und es ist wirklich der richtige Name herausgekommen. Das war wirklich verblüffend. Außerdem haben wir noch gefragt, wie alt der Bruder war, als er starb. Das war auch richtig.

Ich hatte bei der ganzen Sache schon ein bißchen Kribbeln im Bauch, so'n bißchen mulmig ist es gewesen. Angst nicht direkt, aber schon etwas merkwürdig. Auch bei den meisten anderen war es so. Sie waren ziemlich angespannt.

Wir haben hinterher darüber gesprochen. Ich glaub' auch, daß der Geist des verstorbenen Bruders da war – einer war dabei, der war ganz weg. Als wir hinguckten, standen dessen Schnürsenkel ganz hoch, nicht, daß die an der Hose hängengeblieben waren – die standen richtig hoch. Wir haben alle ganz große Augen gemacht. Der hat nichts davon gemerkt, aber es sah so aus, als hätte ein unsichtbarer Geist die Schnürsenkel hochgehalten. Ich glaube daran, daß es gute und böse Geister gibt. Ich habe dann nie wieder mitgemacht, obwohl die mich noch ein paarmal eingeladen haben. Mir ist das zu gefährlich, wenn die dann mal die Frage stellen würden, wann ich sterbe.

Kai Gramlich, Schüler einer Berufsschulklasse, gibt folgenden Bericht:
Der Mann, um den es hier geht, ist heute ca. dreißig Jahre

alt und Türke. In seiner Kindheit lebte er mit seinen Eltern und seinem Großvater in einem kleinen Dorf in Anatolien. Dort erkannte er seine paranormalen Fähigkeiten, die, wie er sagt, man nicht erlernen könne, sondern Veranlagung oder Vererbung seien.

Er belauschte seinen Großvater dabei, wie dieser erzählte, was man mit seinen Feinden machen kann. Er sagte, daß man nur ein Haar des Feindes und einen Behälter voll Seifenwasser brauche, um seinen Feind zu töten. Man müsse das Haar in das Wasser legen und warten. Der Feind würde sich dann – so, wie die Seife im Wasser – auflösen und sterben. Da er die Folgen der Erzählung nicht richtig erkannte, probierte er es an seinem Bruder aus. Der Bruder erkrankte tatsächlich, wurde dünner. Da bekam er Angst und fragte seinen Großvater um Rat.

Dieser erklärte ihm, daß er selbst von dem Seifenwasser trinken müsse, um alles aufzuhalten. Danach wurde der Bruder wieder gesund, blieb aber dünn und blaß.

Heute lebt der Dreißigjährige in Deutschland und heilt Leute von ihren Kopfschmerzen und Warzen – mit Erfolg. Außerdem liest er noch die Zukunft aus Kaffeesatz und Handflächen. Die Methoden seiner Heilkunst darf er niemandem weitersagen, sie bleiben ein Geheimnis zwischen ihm und seinen Patienten. Verrät einer etwas, werden die Beschwerden schlimmer (z. B. mehr Warzen). Er selbst darf sie auch nicht preisgeben, sonst wird er krank.

Zwei angehende Friseusen, 16 und 17 Jahre alt, berichten über ihre Erfahrungen im Zusammenhang mit der Heavy-Metal-Musik. Sie wollen nicht namentlich genannt werden. Die Antworten sind z. T. gekürzt:
Am liebsten höre ich Kiss, AC/DC und Judas Priest . . . In ein paar Konzerten war ich mal, aber von der finanziellen Lage – 30 bis 40 DM plus Fahrt – das krieg' ich nicht hin . . . Ich bin jetzt ungefähr drei Jahre dabei . . . die alten Gruppen sind aber immer noch die besten . . .

Frage: Gibt es Fan-Clubs, die sich regelmäßig treffen?

Ja, die starten zusammen Feten und schmeißen Geld zusammen für Konzerte . . . Die haben alle einheitliche Aufnäher von einer Gruppe. Dann wird Geld zusammengeschmissen, die haben einen Schatzmeister, und der regelt das alles . . .

Frage: Was gefällt euch besonders gut an Heavy-Metal?

Die Texte, und . . . bei der Musik kann man sich so gut entspannen. Die Leute, die die Musik nicht kennen oder nur mal so reingehört haben, denken immer gleich an Krach und Lärm . . . Und die Texte sind irgendwie richtig sachlich. Ich würde mir die Musik nicht anhören, wenn keine Texte dabei wären . . .

Frage: Man sagt, daß einige Heavy-Metal-Musiker mit Satansgeschichten auftreten.

Ja, Alice Cooper! Der macht eine besonders wüste Schau. Die Shows sind bei dem auch erst ab 18. Unter 18 kommt man da, glaub' ich, nicht rein . . . Ich hab' mal das ganze Videoband von Ozzy Osbournes letzter Show gesehen . . . Der hat da einer Fledermaus, einer Schlange und einer Taube den Kopf abgebissen. Das hab' ich aber nicht gesehen . . . Bei Alice Cooper handelt jeder zweite Satz vom Teufel und vom Satan und so.

Frage: Glaubt ihr selber, daß es solche Dämonen gibt?

Ja – muß es! Wenn es Gott gibt, muß es auch den Teufel geben. Weil – man kann ja gar nicht so nur an Gott denken. Ich meine, wenn Gott da ist, ist auch der Teufel da . . . Ich meine, ich höre die Musik, aber ich hab' wirklich ein bißchen Schiß vor sowas. Schwarze Messen oder Gläserrücken oder Tischrücken . . . da hab' ich ehrlich Angst vor. Ein Bekannter hat mal Glasrücken gemacht und hat die Gläser aber falsch herum auf den Tisch gestellt. Er hat dann auch etwas gefragt und so, die waren dann auch voll dabei, und dann ist plötzlich ein Glas zerplatzt. Die machen das auch nicht mehr . . . Eine Freundin macht das auch. Die hat dann den Radiosender eingestellt und hat dann Stimmen gehört – nur von Geistern . . .

Frage: Beschäftigen sich nach deiner Kenntnis viele Leute mit okkulten Praktiken?
Ja – am tollsten machen sie es in Hagen . . . In letzter Zeit verschwinden ja die ganzen schwarzen Katzen. Ein Bekannter von mir hatte mal zwei schwarze Katzen, auf einmal waren die weg. Der hat dann angerufen, und die haben gesagt, er soll doch mal in Hagen anrufen. Das hat er dann auch gemacht. Da nehmen Leute von hier Katzen mit nach Hagen, oder die Hagener kommen halt hier runter, wenn sie keine Katzen da haben. Die nehmen sie dann mit als Opfer . . . Die werden geschlachtet, und sie bespritzen sich gegenseitig mit dem Blut. Selber haben wir das noch nicht erlebt . . . würden wir auch nicht erzählen. Aber so was läuft auch hier bei uns ab. Auf dem Friedhof in M. z. B. stand eine große Figur mit Maria und dem Kind. Die haben die kaputtgeschlagen, Gräber aufgebuddelt und versucht, was rauszuholen . . . die Knochenteile. Die wollten Totenschädel. Die sind am beliebtesten . . . Unter anderem werden die auch gebraucht als Trophäen für das eigene Heim . . .
Frage: Hast du auch einen Totenschädel?
Ja.
Frage: Willst du erzählen, woher du ihn hast?
Nee! Ich meine, den kriegt man natürlich nicht nachgeworfen, da bezahlt man gut Geld . . .
Frage: Was ist denn so faszinierend an einem Totenschädel?
Ich weiß nicht . . . Das paßt eigentlich zu der Musik. Der macht sich gut in meinem Zimmer.
Frage: Was sagen deine Eltern dazu?
Och, was sollen sie machen? Bei meinen Sachen sag' ich, die sollen sich da raushalten . . . Und mit dem Totenkopf, das war so: In W. gibt es so eine Heavy-Metal-Kneipe. Ich geh' das erste Mal da rein, da seh' ich so einen Totenschädel mit einem Irokesenschnitt. Den fand ich toll, den wollte ich auch unbedingt haben . . . Ich kenne jemanden, der hätte auch ganz gerne einen, aber der darf nicht . . . Ein anderer Bekannter hat einen, aber der ist unecht. Der ist so groß wie eine Pampelmuse und sitzt auf einer Bibel.

Frage: Was zahlt man für einen echten Totenschädel?
Also, so um die vier- bis fünfhundert Mark. Das find' ich
auch richtig so, . . . denn das ist manchmal richtig gefährlich, wenn man für irgendwelche Leute solche Totenschädel ausgräbt, das ist mit Risiko verbunden, das ist Grab-
schändung. Aber so einen Totenschädel hat eben nicht
jeder. Wenn ich jetzt Leute kennenlerne, sag' ich nicht
gleich: Kommt hoch, ich hab' nen Totenschädel. Das find'
ich ganz blöd. Manche fragen schon: „O, wo haste denn
den her, und traust du dich das überhaupt?" Also – ich find'
das einfach gut, und deshalb hab' ich mir auch so ein Ding
da reingestellt, nicht so, daß ich irgendwie damit angeben
würde oder so . . . ich find' das eben nur gut . . .
*Frage: Hat man keine Angst mehr vor solchen Sachen, wenn
man in der Szene drin ist und solche Musik hört?*
Ja, also, meine Clique sagt, daß ich mir die Texte zur Musik
erst mal anhören sollte, denn am Anfang bin ich immer
ausgetitscht. Ich sollte einfach mal sagen, wie das so ist.
Dann hab' ich das auch mal gemacht, erst ganz leise, weil
ich den Krach nicht haben konnte, dann fand ich das später
auch total gut. Auch, wenn man so zusammen ist, und man
hört die Musik, dann fühlt man sich richtig wohl. Ich
könnte mir gar nicht vorstellen, da irgendwo in der Disko
rumzuhängen, wo nur ganz normale Musik läuft . . . Im
Sommer haben wir uns mal auf dem Bahnhof getroffen,
dann ging es da auch tierisch ab.
Frage: Welche Rolle spielen Alkohol und Drogen?
Die spielen eine große Rolle. Die meisten sagen, Alkohol
gehört dazu. Wenn ich auf eine Fete gehe, dann hol' ich
mir ein Bier und hab' schon eins in der Hand. Man steht
kaum vor der Tür, da hast du die Sachen schon in der
Hand. Und wenn du dann kommst und sagst, du hättest
gern 'ne Cola oder Limo, dann belächeln die einen nur
so . . . Von Feten auf Friedhöfen habe ich schon öfter gehört. Da mache ich aber nicht mit – nicht aus Angst, aber
ich find' das blöd, das mach' ich nicht mit.
Frage: Wie sind die Gruppen, die ihr kennt, aufgebaut?

In jeder Gruppe gibt es einen Oberboß, und wenn sich eine Gruppe besonders toll fühlt, dann geht sie zu einer anderen hin und kassiert Schutzgeld. Dafür schützt sie diese Gruppe auch vor anderen. Die verprügeln sich aber auch untereinander. In unserer Gruppe gibt es auch einen Oberboß, aber wenn der mal sagt: Laß uns Zoff machen und die anderen sagen: Ne, dazu haben wir jetzt keine Lust, dann sagt er: Ist gut – und schlägt was anderes vor . . . Wir haben etwa 20 in der Gruppe. Die aus B. haben doppelt soviele, aber viele Kleine darunter – so dreizehn, vierzehn Jahre alt . . .

Frage: Möchtet ihr zum Schluß noch etwas sagen, was euch besonders wichtig ist?

Viele sagen ja, die Musik mache aggressiv. Mein Freund hat mal gesagt: „Seit du voll auf Heavy abgefahren bist, hast du dich verändert." Ja, und jetzt reduzier' ich das schon mal: Wenn ich allein bin, höre ich Heavy, wenn er da ist, eben Discomusik. Na ja – und dann auch meiner Mutter zuliebe . . . Ich kann da nicht jeden Tag voll Power . . . Vielleicht denk' ich da in einem Jahr schon ganz anders drüber und sage dann: Was hast du bloß im vorigen Jahr für 'nen Blödsinn gelabert!

Volkmar Mühleis, 16 Jahre, engagiert in der katholischen Kirche, formuliert seine Gedanken zum Okkultismus:

In der „Weltspiegel"-Ausgabe vom 23. Oktober '88 drang es immer wieder durch: Ein gewichtiger Grund für die Zunahme des Okkultismus bestehe darin, daß Langeweile herrscht, so der Kommentator, wie auch der katholische Bischof, der es aus zahlreichen Zuschriften erfuhr. Ort der Handlung: Turin, Norditalien, als Zentrum des Okkultismus in Italien bekannt. 40 000 Satansjünger seien dort bekannt. 40 000 – in einer, wenn auch großen Stadt, ein erschreckendes Gegenextrem zu unserer „Liebestheorie". Denn wenn man Satan opfert, so die Priester dort, habe man Erfolg, Gesundheit, kurz – ein gutes Leben. Und eigentlich treffen diese Leute dort, wo die Menschen am ehesten zu erreichen sind, bei sich, bei jedem einzelnen persönlich. Keine Nächstenliebe wird da gepredigt, es geht um mich! So erschien es mir jedenfalls aus dem Bericht, wobei der Ort weit weg liegt, das Land nur als Ferienziel bekannt ist und überhaupt dort nur die Sonne scheint. Die Handlung ist nicht ortsgebunden, sondern Realität, auch in meiner 20 000-Seelengemeinde.

Unabhängig vom Okkultismus habe ich mich oft gefragt, ob wir nicht oft zu selbstverliebt, zu gelangweilt, zu wunschlos glücklich daherleben, mit all unseren Bequemlichkeiten, Absicherungen und Wehwehchen. Hier möchte ich ansetzen, denn ich glaube, diese „Welle" hätte sich nicht in dem Maße ausgebreitet, wäre da nicht diese vollkommene Sicherheit, wegen der gewiß auch schon mancher Jugendliche von einem der älteren Generation angesprochen wurde: „Wir haben die Not erlebt!" Okkultismus scheint mir ein Ventil zu sein für eine Jugend, deren Lebensideale sich schnell erschöpfen.

Ich will um Gottes Willen keine Not heraufbeschwören! Ganz im Gegenteil. Ich denke, daß wir noch lernen müssen, wie man mit Wohlstand umgeht. Anders kann ich mir eigentlich nicht all den Satanskult erklären, denn zuerst dachte ich, na ja, sowas gab's immer, und alles, was unerklärlich ist, wurde schon oft bösen Mächten zugeschoben . . . Beim Okkultismus kommt mir oft der Gedanke: Wo die Vernunft aufhört, da fängt der Satan an.

Jana (15) und Sarah Höhn (13) haben an einer Sitzung teilgenommen, in der Gläser gerückt wurden. Beide waren vorher in längeren Gesprächen auf diese Sitzung vorbereitet worden. Aus ihrer Sicht berichten sie, was sie beim Glasrücken erlebt haben, zuerst Jana:
Ein weißer, runder Tisch steht mitten in der Küche. Der Kajalstift, mit dem die Buchstaben von A−Z, die Zahlen von 0−9 und die Worte Ja und Nein auf den Rand des Tisches geschrieben wird, wird nicht so schnell verwischen.

Wir sind sieben Leute, die sich mit ihren Stühlen um den Tisch verteilt haben. Meine Mutter und deren Freundin, meine Schwester, drei Gäste, die wir extra für diesen Abend eingeladen hatten, und ich.

Ich bin ziemlich aufgeregt – klar, ich hatte viel über das Gläserrücken gelesen und wußte aus Gesprächen mit meinen Eltern Bescheid, was ablaufen würde. Ich glaube nicht an irgendwelche Geister, die ihre Hand im Spiel haben könnten oder an Stimmen Verstorbener. Aber es ist das erste Mal, daß ich „live" dabei bin.

Ich beobachte die drei jungen Leute, die uns an diesem Abend in die Geheimnisse des Gläserrückens einweihen wollen. Wir unterhalten uns erst ein bißchen, zwei unserer Gäste erzählen, wie sie „zum Glas" gekommen waren.

„Ich komm' aus dem Ruhrpott", erzählt uns S., „damals haben wir fast jeden Abend mit Ulli geredet." (Ulli ist durch einen Autounfall ums Leben gekommen.) „Wir wußten sofort, wenn Ulli ,dran war', weil alle Dinge, die wir fragten, zutrafen." Später ist S. dann ins Oberbergische gezogen, und es bildete sich an ihrer Arbeitsstelle eine neue Clique, die mehrmals in der Woche zur „Sitzung" zusammenkam. „Der Kontakt mit Ulli klappte dann nicht mehr so gut, viele Antworten waren einfach falsch."

I. sagt uns, daß der Reiz am Gläserrücken für sie das Kribbeln sei, das sich oft einstellen würde – eine Art Trancezustand. Bei Geistern, da wäre sie skeptisch, aber die seien für sie uninteressant geworden. Skeptisch deshalb, weil zuviele Antworten plötzlich nicht mehr zutrafen.

Wir reden noch eine Weile. I. und S. erzählen lebhaft weitere Beispiele, C., der dritte unserer Gäste, hält sich weiterhin im Hintergrund.

Endlich soll es losgehen. I. gibt Anweisungen und erklärt uns, daß wir uns zu allererst einmal auf irgendeinen Verstorbenen konzentrieren müssen, den wir gekannt haben.

„Also gut", denke ich mir, „Mama wird sich auf Opa konzentrieren, der schon seit ein paar Jahren nicht mehr lebt, versuche ich es mal mit Dina, unserer verstorbenen Briard-

Hündin." Ich hatte vergessen zu fragen, wie das mit den Kontakten zu toten Tieren ist.

Während der Konzentrationsphase, in der eine Totenstille eintritt, schiele ich zu den anderen. I. hat ihre Augen geschlossen, S. und C. wirken auf mich ebenfalls sehr angespannt. Die anderen drei interessieren mich nicht so sehr, ich kenne ihre kritische Haltung dem Okkulten gegenüber.

Bevor das Glas wirklich abgeht, will ich noch wissen, ob das Licht der Küchenlampe nicht störend sei. Aber I. meint, Kerzenlicht wäre ihr unheimlich – überhaupt zu gruselig.

Zuerst übernimmt I. die Regie. Wir sollen den rechten Zeigefinger locker auf den Glasrand legen.

„Nimm all deine Kraft und Energie und geh auf ja . . ."

„Gib uns ein Zeichen!"

„Aha", denke ich, „das Glas setzt sich aber schnell in Bewegung."

Es dauert nur ein paar Sekunden, und das Glas steuert auf „O" zu.

„Opa, bist du es?" Ich grinse.

„Nein", ist die Antwort.

„Geh' sofort zurück in die Mitte", verlangt I., und damit ist das Glas gemeint.

Von neuem versucht es I.: „Bitte nimm all deine Kraft und Energie, und gib uns ein Zeichen." Sie wiederholt das mehrmals, und ihre Stimme wird immer fordernder.

„S A T . . ." Wir sprechen die Buchstaben laut mit.

„Ja, ist klar", beide Mädchen nicken zustimmend. Satan ist gemeint.

„Den kriegen wir so schnell nicht wieder weg." Da sind sich beide einig.

„Wir wollen dich nicht, verschwinde!"

Das Glas wandert wieder in die Mitte.

Bei der nächsten Frage, ob da irgendwer sei, bewegt sich das Glas auf „N" zu, dann kommt „A".

Ich möchte gern „NATASCHA" als Antwort haben. Es ist schwierig, das Glas in Richtung „T" zu lenken. Ich spüre den Widerstand in I.s Finger. Ihr Unterbewußtsein scheint sich auf einen anderen Buchstaben konzentriert zu haben. Aber der Widerstand läßt nach, als das Glas einmal auf „T" zu stehen kommt.

„Gibt es jemanden, der Natascha heißt, oder der an eine Verstorbene mit diesem Namen gedacht hat?"

Ich melde mich nicht.

Beim nächsten Versuch scheint wieder Satan im Spiel zu sein.

„KOMM ZU MIR"

„Wer soll zu Dir kommen?" fragt I.

„DU"

Eine ganze Zeit scheint es so, als führe I. einen Dialog mit Satan.

„Stört dich etwas?" will S. wissen, weil wir zwischendurch ziemlich unklare Antworten bekommen. „Kannst du nicht ein bißchen schneller gehen?" fragt I.

Die Ergebnisse sind sehr unbefriedigend.

Wir legen eine kurze Pause ein, nehmen unseren Finger vom Glas und sprechen über die Antworten.

Einen Versuch wollen wir noch machen.

Das, was jetzt passiert, ist für mich das Erschreckendste an diesem Abend.

„DU HAST BÖSE ENERGIEN"

Satan hat sich anscheinend nicht vertreiben lassen.

Kurz darauf: „GEBE IHN MIR ALS OP . . ."

Die drei sind überzeugt, daß es Opfer heißen muß.

„Wen meist du?", fragt I.

„MARK" lautet die Antwort.

S. und C. sehen sich an. Die Stille in diesem Moment wirkt bedrückend.

Ich sehe zu I.; ihr ganzer Körper zittert. Sie ist sehr blaß. Ist das das geheimnisvolle Kribbeln, von dem I. anfangs gesprochen hatte?

Das Zittern jagt mir fast Angst ein, und ich bin froh, als es nach zwei Minuten wieder aufhört.

Es wird Zeit, ins Bett zu gehen, und ich verabschiede

mich von allen. Ich frage mich, in welchem Unterbewußtsein Sätze eingespeichert sind, wie: „GEBRAUCHE BÖSE MACHT" oder „GEBE IHN MIR ALS OPFER". Manche Sätze bleiben mir noch lange im Kopf, aber ich habe nicht vergessen, bevor ich mich in mein Zimmer zurückzog, meinem Vater ins Ohr zu flüstern: „Das mit Natascha war ich."

Ähnliche Erfahrungen machte Janas Schwester Sarah; hier ihr Bericht:
Der Küchentisch wurde freigemacht, und das Alphabet von A−Z wurde erst mit Kreide aufgemalt. Es ließ sich aber zu leicht wegwischen, und wir holten einen weißen, runden Tisch aus dem Keller. Dann wurde mit Kajalstift noch einmal das Alphabet an den Rand des Tisches geschrieben.

Jetzt begann es, und mir war nicht ganz gut dabei. Wir setzten uns an den Tisch. Jetzt wurden noch schnell die Zahlen an den Rand des Tisches geschrieben – wo noch eine kleine Lücke war. Rechts neben die Zahlen kam das Wörtchen Ja, gegenüber ein Nein hin. Es wurde ein Mittelpunkt in den Kreis gemalt und das Glas umgedreht, so daß der Glasboden nach oben zeigte.

Jetzt mußte man sich ca. 5 Minuten auf einen länger Verstorbenen konzentrieren. Ich konzentrierte mich auf meinen Opa.

Danach mußte jeder den Finger auf den Glasboden legen und ein Mädchen – I. hieß sie – fragte, wen sie „im Glas" habe.

Das Glas raste plötzlich mit einiger Geschwindigkeit auf die Buchstaben S.A.T.A.N. zu, kam wieder in die Mitte und blieb bis zur nächsten Frage stehen.

Eine Frage lautete: „Bitte nimm alle Kraft von uns und sage uns, wer du bist!"

Eine Aussage von Satan war: „Bringe mir ein Opfer!"

Es ging längere Zeit so, aber Satan schrieb auch unerklärliche Dinge wie „AKBQ" oder auch den Vornamen des Mädchens I.

Für mich war es schlimm, daß die Mädchen das alles geglaubt haben.

I. hatte schreckliche Angst, wovor weiß ich nicht.

An einer Stelle fing sie an zu zittern, ganz stark.

Als das andere Mädchen zwischendurch mal sagte: „Geh doch in das andere Zimmer!", rührte sich das Glas überhaupt nicht mehr, obwohl unsere Finger immer noch auf dem Glasboden lagen.

Als wir ins Bett mußten, war es schon 23.13 Uhr. Papa ging mit hoch. Ich habe ihm erzählt, daß ich das Mädchen genau beobachtet und gesehen habe, daß sie selber das Glas geschoben hat: Ihre Fingerkuppe wurde immer ganz weiß, wenn das Glas hin und her rutschte. Das passiert doch nur, wenn einer mit dem Finger fest drückt. Vielleicht hat I. es gar nicht selber gemerkt, sondern es unbewußt geschoben.

Ein 16jähriger Schüler aus Stolberg, Guido Thönnißen, schrieb folgende Erfahrungen für uns auf:
Ich habe die Sendung „Die unglaublichen Geschichten" im Fernsehen verfolgt. Dort ging es um Pendel. Und im Anschluß daran folgte eine Art „Do-it-Yourself"-Verfahren. Es wurde gesagt, daß es nicht unbedingt auf ein teures Pendel ankommt, vielmehr, daß man an den „Humbug" glaubt. Also hatte ich nichts eiligeres zu tun, als mir ein solches provisorisches Pendel zu bauen. Eine Nadel an ein Stück Zwirn gebunden und durch den Korken gesteckt, bildete mein „Pendel". Nun wurde noch geraten, eine runde Scheibe aus Pappkarton in der Mitte durchzuschneiden und darauf das Alphabet und die Zahlen von null bis neun aufzumalen.

Mit diesem „Gerät" hatte ich allerdings noch keinen Erfolg. „Na ja", sagte der Mann aus der Sendung, „es ist wie bei allem: Übung macht den Meister!"

Nun wurde in der Sendung noch der Vorschlag gemacht, eine runde Scheibe (z. B. einen Bierdeckel) mit zwei Pfeilen, die aufeinander zuführen, zu malen. Der eine Pfeil, welcher in Kreisform nach rechts zeigt, heißt: Ja, männlich und stark. Der Pfeil in Kreisrichtung links, heißt: Nein, weiblich und schwach. Es ginge allerdings auch andersherum. Man müsse sich natürlich nur festlegen. Auch sei die Scheibe eigentlich ohne Bedeutung, sie diene nur der Orientierung.

Ich habe das ganze ausprobiert, und zwar mit zwei Fotos. Auf einem war eine Frau abgebildet, auf dem anderen ein Mann. Ich habe diese Fotos auf die Bildseite gelegt, gemischt und mir eines genommen. Danach habe ich das verdeckte Foto unter den Deckel gelegt und versucht, den Pendel so ruhig wie möglich zu halten. Siehe, da begann er von alleine zu drehen, was mich schon staunen ließ. Nach mehreren Versuchen stellte ich fest, daß die Wahrscheinlichkeit, richtig zu liegen, größer ist.

Ich habe das dann für ein Kind versucht, das im kommenden Januar geboren werden soll. Ich bin schon auf das Ergebnis der Ultraschalluntersuchung gespannt. Es soll – laut Pendel – männlich werden. Abwarten und Tee trinken. Ich werde es, bevor das Ergebnis rauskommt, noch einmal versuchen . . .

Das Geschäft mit der Esoterik-Welle

Monika Höhn hat Leute befragt, die sich z. B. mit dem Pendeln befassen. Hier ihre kurzgefaßten Antworten:
– „Meine Tante pendelt genau das Geschlecht eines Neugeborenen im Verwandten- und Freundeskreis aus. Es stimmte bisher immer."
– „Von einer Nachbarin erfuhr ich, daß sie gerade das Pendel befragt hat, ob sie ihr Haus verkaufen solle oder nicht. Sie wird es verkaufen. Sie wollte übrigens schon immer aus dem Dorf raus."

- „Ich habe ausgependelt, ob ich mich von meinem Freund trennen soll oder nicht."
- „Meine Frau hat mir gerade andere Tabletten besorgt. Sie hat ausgependelt, daß die alten nichts taugen."
- „Ich habe bei einer Freundin exakt ausgependelt, daß sie ein Magenkarzinom hat. Ich habe ihr gesagt: ,Du hast was am Magen.' Im Krankenhaus erfuhr sie dann, daß es Magenkrebs ist. Ich weiß, daß sie sterben wird."
- „Ich habe meinen Hund einschläfern lassen. Das Pendel hat mir dazu geraten."

Am 12. November 1988 besuchte Monika zusammen mit Freunden die Esoterik-Messe in der Stadthalle Köln-Mülheim. Im folgenden ihr Bericht:

„Setzen Sie doch einmal diese Kopfhörer auf." Eine Männerstimme mit Düsseldorfer Dialekt fordert mich zum Anhalten auf. „Vielleicht interessieren sie sich für Tonbandstimmenforschung, junge Frau?" Und dann erklärt mir der Mann hinter dem Stand, daß der Verein für Tonbandstimmenforschung schon 1975 gegründet worden sei und sich zum Ziel gesetzt habe, jene rätselhaften Stimmen, die ohne physikalisch erklärbare Einwirkung auf das Tonband kommen, zu erforschen. Es handele sich dabei oft um sinnvolle Äußerungen, z. B. auf vorher gestellte Fragen. Die ganzen Begleiterscheinungen, die Inhalte der Aussagen, der Stimmcharakter der Sprechenden usw. legten die Vermutung nahe, daß es sich um Äußerungen von Verstorbenen handele. Hier könnte also ein wissenschaftlich fundierbarer Beweis für das Weiterleben der Seele nach dem Tode gefunden werden. Die Forschung sei von ungeheurer Wichtigkeit, erklärt mir der Mann, denn wenn ihr Ziel wirklich erreicht werden sollte, würde ein jahrhundertealter Menschheitstraum in Erfüllung gehen. Spezielle Begabung brauche man nicht dazu, erklärt mir der Mann weiter. Allerdings solle man einen sicheren weltanschaulichen Standpunkt mitbringen, Geduld und Ausdauer sowie ein

131

normales Gehör. Ein Kassettenrekorder genüge schon, vielleicht ergänzt durch ein kleines Radiogerät.

Ich muß offen gestehen: Mir fiel bei diesem Gespräch nichts mehr ein, ich beobachtete die vielen angsterfüllten Gesichter, die sich neben mir krampfhaft bemühten, mit den Stimmen aus dem Jenseits in Kontakt zu kommen. Ich bekomme noch den Rat an eine ältere Frau mit: „Wir geben weiterhin Anregungen und alle nötigen Informationen, damit jeder erfolgreich arbeiten kann." Und: „Sie können auch sehr junge Menschen damit ansprechen, weil die meisten von den technischen Aspekten fasziniert sind."

Die Buchtitel am nächsten Stand überfliege ich nur, nehme eigentlich mehr beiläufig einige Titel wahr, die auffordern, „angstfrei über Leben und Tod nachzudenken". Sicher lohnte es sich, einen Blick hineinzuwerfen in die vielfältigen Buchangebote, die sich mit dem Thema Tod und Sterben auseinandersetzen. „Sterben – der Weg in ein neues Leben" lautet ein Titel mit der Unterschrift: „Der Beweis – der Tod ist nicht das Ende."

Das Geschäft mit der Angst blüht. Neben dem Büchertisch ein Stand mit Tarot-Karten: „Tarot ist der Spiegel des Lebens" und „der Schlüssel zur Selbsterforschung", lese ich. Eine Frau, Mitte fünfzig, läßt sich Tarot-Karten legen. Mit 15 DM könnte ich auch dabei sein. Leider drängt die Zeit, um 19 Uhr soll die Messe schließen, und wir haben noch knapp zwei Stunden, um uns auf einige Schwerpunkte auf unserer Entdeckungsreise zu konzentrieren.

„Sie bekommen von mir eine Telefonnummer, die Adresse gebe ich nicht heraus, da hat es schon viele Schwierigkeiten gegeben", sagt die junge Tarot-Kartenlegerin zu ihrer Kundin. „Das Ergebnis können Sie heute abend erfragen."

Die Frau legt bereitwillig das Geld auf den Tisch, verabschiedet sich mit einem Händedruck, wird noch aufgefordert, an einem Tarot-Seminar teilzunehmen, die Zeiten würden noch bekanntgegeben, allgemeines Grundwissen werde im Anfängerkurs vermittelt, am zweiten Tag könne man die Karten dann schon selber legen und deuten und im übrigen koste ein Wochenende (samstags von 14−20 Uhr, sonntags von 10−16 Uhr) nur 140 DM.

Die nächste Kundin wartet schon, das Geschäft blüht. Ich überlege, ob ich ein Spiel kaufen soll; die Karten gefallen mir, der Preis scheint mir zu hoch. „Heute absoluter Messepreis, 48 DM", sagt der Verkäufer hinter der Theke. „Reisen wir durch die Bilderwelt des Tarot, und wir werden lebensbejahender, bewußter und liebevoller werden, Tarot ist der beste Schlüssel zu unserer Intuition", höre ich ihn noch sagen. Dann entdecke ich eine größere Menschenschlange in der hinteren Ecke.

Überall, denke ich, wird das grundlegende Bedürfnis nach Leben, Sicherheit, Geborgenheit, Freiheit, nach Liebe und Selbstvertrauen angesprochen, und die Menschen sind auf der Suche nach dem Weg dorthin. Immer wieder geht es um Selbstfindung, Charakterdeutung, Berufswahl, Konflikterklärung oder Partnerschaftsschwierigkeiten; der Messemarkt scheint es sich zu eigen zu machen, alle möglichen Wege anzubieten, die zu Lösungen der individuellen Lebensproblematik beitragen. Der Markt der unendlichen Möglichkeiten, das Geschäft mit der Angst.

Am nächsten Stand werden Bioantenne, Schwingpendel angeboten und verkauft; von einem Baubiologen kann man sich „durchchecken" lassen.

„Meinen Sie, daß ich noch einen neuen Zahnersatz brauche?" fragt ein junger Mann und berührt automatisch mit seiner rechten Hand seine Wange.

Der Herr hinter dem Stand, nicht unerfahren – wie mir scheint – im Umgang mit seinen Kunden, beobachtet jeden einzelnen genau. Ich habe das Gefühl, daß er meine Skepsis bereits herausgefunden hat, sich selbst von mir kritisch beobachtet fühlt.

„Im Zahnbereich ist etwas", sagt er und schaut auf sein Pendel. Es werden Zahlen gemurmelt, Worte, die niemand von uns so recht verstehen kann. Erwartungsvoll schauen die Anstehenden auf das Schwingpendel, mit dem man sogar Teesorten, die ja Drogen sein sollen und unterschiedliche Wirkungen auf den Körper ausüben, auf ihre Verträglichkeit hin ermitteln kann. Dank der neuen „Schwingkreis-Bioantenne, Typ S oder SG (vergoldet)". Auch Lutschbonbons, Fleisch, Kefir, Salate, Tomaten oder Pilze könnten „am Körper" getestet werden, heißt es.

Ich beoachte die ältere Frau neben mir. Sie steht schon lange in der Schlange der Wartenden, die „durchgecheckt" werden wollen. Endlich ist sie an der Reihe. Sie beugt sich über den Tisch, schaut ängstlich nach rechts und links, will nicht gehört werden von anderen, jedenfalls habe ich diesen Eindruck. Der Baubiologe erfaßt die Situation, legt die Bioantenne zur Seite, beugt sich von seinem Tisch hinüber zu der völlig verängstigten Frau. Ich bekomme noch das Geflüster mit: „Seit langer Zeit beschäftige ich mich damit . . . Die Stimmen sind da . . . Ich rede mit ihnen." Die Antwort des „Fachmanns": „Das hab' ich Ihnen angesehen, daß Sie das beherrschen. Wir müssen unbedingt miteinander Kontakt aufnehmen. Hier ist eine Liste. Schreiben Sie mir Ihre Adresse auf. Ich muß Sie unbedingt vermitteln, im übrigen habe ich Ihnen diese Fähigkeit angesehen."

Zu meiner Linken steht eine junge Frau, Bauernzopf, lila Hose, rosa Bluse, verfolgt das Gespräch zwischen den beiden, schaltet sich ein: „Ich brauchte Ihnen nur ins Gesicht zu sehen, ich wußte Bescheid. Übrigens geht es mir ähnlich, wir müssen unsere Adressen austauschen, ich bekomme sogar Botschaften in Hebräisch und kann sie übersetzen. Es ist merkwürdig, ich habe es Ihnen sofort angesehen, daß Sie Kontakte bekommen."

Die ängstliche Hausfrau, allein lebend und völlig auf sich allein gestellt, wie ich aus der kurzen Unterhaltung entnehmen konnte, kramt in ihrer Handtasche, geht zur Seite.

Die junge Frau in Lila sagt noch: „Manchen Menschen gucke ich nur ins Gesicht und weiß, wo sie stehen und welche Fähigkeiten sie haben. Ihnen habe ich sofort angesehen, daß Sie die Fähigkeit haben, mit dem Jenseits Kontakt aufzunehmen."

Die beiden Frauen tauschen Adressen, wollen es gemeinsam betreiben und ihre Erfahrungen austauschen.

„Allein das war schon den Messebesuch wert", sagt die junge Frau und verabschiedet sich.

Endlich bin ich an der Reihe.

„Schauen Sie doch mal bitte im Gallenbereich", sage ich.

Das Schwingpendel schlägt aus, ich höre Zahlengemurmel, Worte, die ich nicht einordnen kann.

„Ja, da ist etwas", antwortet der Mann.

Ich verabschiede mich dankend. Er konnte ja nicht wissen, daß ich erst im letzten Jahr eine Gallenoperation hinter mich gebracht habe.

Am gegenüberliegenden Stand sehe ich eine junge Frau. Mit todernstem Gesicht verteilt sie Prospekte für die Firma Radiant Light in München. Eine „Ionen-Dusche" wird vorgestellt, die ein spezielles piezo-elektrisches Feld schaffen soll, das „Ihr elektromagnetisches Feld innerhalb kürzester Zeit reinigt und ihre Chakras bzw. endokrinen Drüsen harmonisiert. Durch entsprechende Hormonausschüttung wird unmittelbar ein positives Gefühl und Ausgeglichenheit erzeugt. Die Ionen-Dusche kann vielseitig angewandt werden, sei es im Büro, im Meditationsraum oder zur Unterstützung einer Therapie."

So jedenfalls lese ich es im Prospekt. Das Geschäft mit der Angst, geht es mir zum wiederholten Male durch den Kopf, und ich stelle mir vor, wie es wäre, wenn wir in unserer Familie mit einem solchen Ding auf dem Kopf durch die Gegend liefen . . .

„Aus Liebe und Erkenntnis handeln", steht an einem anderen Stand, und eine offensichtlich neue Partei „Neues Bewußtsein (früher: „Esoterische Partei") wirbt um neue Mitglieder und bittet um finanzielle Unterstützung zur Europawahl. „Neues Bewußtsein" will für eine Politik eintreten, die die geistige Entwicklung der Menschen zu höherem Bewußtsein fördert . . .

Workshops werden angeboten, um die Kunst zu erlernen, Beziehungen zu leben zum Preis von 480 DM für drei Tage, außerdem „biodynamische Paargruppe" an fünf Abenden zum Preis von nur 440 DM pro Paar.

Gependelt wird an vielen Ständen, und es gibt Pendel in allen Preisklassen. Für 3,50 DM erstehe ich einen kleinen kristallähnlichen Plastikpendel, das ist das Äußerste, das ich auszugeben bereit bin. Der Markt ist groß, und jeder kann etwas für den eigenen Geschmack mit nach Hause nehmen.

Klangkugeln finde ich noch, die mich eigentlich am meisten interessierten, verkauft werden sie als „Ton-Vitamin" für's Wohlbefinden und sollen mit ihrem feinen Läuten aktive Glücksbringer und klingende Begleiter sein. Die Klangkugeln sind für meine Begriffe außergewöhnlich formschön, sie können in einem aus Edelholz gefertigen, runden Behälter abgelegt werden. Auch an diesem Stand findet man ein Stück Weisheit an die Öffentlichkeit gebracht: „Der Klang ist eine gewaltige Kraft, die genutzt werden kann, um Gesundheit, Frieden und Harmonie herzustellen." Als ich den Preis von über 200 DM aufschnappe für ein solch „handwerklich in edlen Metallen" gearbeitetes Klangkügelchen, gehe ich zum nächsten Stand.

Besäße ich genügend Geld, hätte ich mir sicherlich den Spaß erlaubt, eine „psychologische Horoskopanalyse" erstellen zu lassen. Vielleicht auch eine „esoterische Lebensplan-Analyse" oder auch eine „große Persönlichkeitsanalyse". Für die Kinder gäbe es eine „Kinderanalyse", für uns beide eine „Partnerschaftsanalyse", außerdem eine „Jahresvorschau" und eine „Reise- und Ortsanalyse", zum Schluß sogar noch „Horoskopzeichnungen". Auch hier wieder: alles, was das Herz begehrt; natürlich geht es bei allem hochmodern zu per Computer.

Gern hätte ich mich noch länger an den vielfältigen Büchertischen aufgehalten, wenn unsere Zeit nicht so gedrängt hätte. Auch hier ist der Markt mehr als breitgespannt: Bücher über kosmobiologische Geburtenkontrolle, über Chakraenergiemassage, über Engel und Edelsteine, über die Geheimnisse der Steine und des Bergkristalls, über Reinkarnationsforschung mit dem Pendel u. v. a.

Meine Freunde sind schon einige Schritte voraus, ich wühle noch in einigen Büchern und bin doch irgendwie fasziniert von der Fülle der esoterischen Angebote. Wenn schon Erwachsene sich so beeindrucken, sich teilweise dermaßen verblenden und verschaukeln lassen, wie stark müssen diese okkulte Dinge dann auf Jugendliche wirken! War denn da überhaupt ein Einziger heute, der irgend etwas auf dieser Messe hinterfragt hätte? Die Leute machten eher einen sanften, ruhigen, ängstlichen und zum Teil kranken Eindruck auf mich. Es mag ein Zufall sein, daß ich gerade am Morgen in unserer Lokalzeitung davon las, daß jeder vierte Bundesbürger psychiatrischer Behandlung bedarf. In diese Situation hinein paßt die Esoterik-Messe.

Irgendwie komme ich mit einem Verleger ins Gespräch, als ich mich schon auf dem Weg zum Ausgang befinde. Meine Plastiktüte voll von neuen Informationen und Lebenserkenntnissen, Seminaren und Reiseprospekten zu Gesundheitszentren für biologische Kuren, mit Kursen über Pendel, und Rutengehen mit Lehrpfadbegehungen samt Orten der Kraft, Bewußtseinserweiterung . . .

„Wissen Sie", äußere ich vorsichtig meine Bedenken einigen „Artikeln und Angeboten" gegenüber. „Vieles ist ja nicht durchschaubar und verwirrend. Ich denke, es wird viel Geld gemacht in diesen Tagen. Hoffentlich durchschauen wenigstens ein paar der Messebesucher diesen Humbug . . ."

Der Verleger begleitet mich zum Ausgang.

„Der Käufer will es doch nicht anders . . . Sehen wir uns morgen wieder, Kollegin? . . . An welchem Stand finde ich Sie . . .?"

Was die Beauftragten für Sekten- und Weltanschauungsfragen zum Okkultismus zu sagen haben

Ungefähr 50 Briefe schickten wir Anfang Oktober 1988 an Sekten- und Weltanschauungsbeauftragte in der BRD, Österreich und der Schweiz; sie waren uns aus einer Liste bekannt, die der Sektenbeauftragte Pfarrer Haack in seiner Broschüre über Jugendspiritismus veröffentlichte.

In dem Brief schrieb Michael, daß er als Berufsschulpfarrer an einem Buch über Okkultismus/Satanismus bei Jugendlichen arbeite, und fuhr fort: „Nach meiner persönlichen Erfahrung ist der Bereich des Okkultismus so vielgestaltig, daß ich ihn nicht nur aus einer ‚Quelle‘ hinreichend erklären kann. Meine Idee ist daher, ‚Betroffene‘ aller Art selber zu Wort kommen zu lassen, um in einer Art Mosaik ein aktuelles Bild der Phänomene, aber auch ihrer möglichen Deutung und des Umgehens mit ihnen zu erstellen. Dazu bin ich aber auf die Mithilfe von Zeitgenossen angewiesen, die aus ihrer Erfahrung und ihrem Blickwinkel Erkenntnisse beisteuern. Ich bitte Sie daher, mir auf drei Fragen konkret zu antworten:

1. Welche Erfahrungen im Bereich des Okkultismus (Spiritismus/Satanismus) halten sie gegenwärtig für besonders auffällig – und eventuell gefährlich?
2. Wie erklären Sie sich die Herkunft dieser Phänomene?
3. Wie gehen Sie selber damit um?

Ich würde mich freuen, wenn Sie mir möglichst bald darauf Antwort geben könnten . . .“

Nach acht Wochen hatten z. B. von den 22 angeschriebenen evangelischen Beauftragten acht geantwortet (ein paar Antworten erhielten wir etwa fünf Monate später). Eine kleine „Blütenlese“ – ohne Namen zu nennen:
– „Gegenwärtig wird in allen Medien die Okkultismusszene als Lieferant für Schlagzeilen entdeckt, entspre-

chend sensationsgierig sind die Bild/Text-Montagen. Wenn Ihr Buch einen Beitrag zur Versachlichung der Diskussion leisten könnte, würde eine große Lücke in der einschlägigen Publizistik geschlossen."

– „Es tut mir leid, daß wir Ihnen über den Themenkreis Okkultismus nichts berichten können, weil wir damit – ich möchte fast sagen Gott sei Dank – noch nie konfrontiert wurden. Zwar liegen wohl einige Zeitungsberichte bei uns auf, die sich mit dem Thema befassen, doch sie kommen durchwegs aus dem Medienbereich der Bundesrepublik." (Aus einer österreichischen Beratungsstelle.)

– „Es handelt sich bei dem von Ihnen angefragten Gebiet um eine sehr sensible Materie. Aus diesem Grunde bin ich nicht bereit, mein Material zur Verfügung zu stellen, zumal mir der Weltkreis Verlag nicht bekannt ist. Bitte verstehen Sie diese Haltung. Kirchliche Stellen werden mit ähnlichen Anliegen immer wieder konfrontiert. Selten ist klar, wer hinter dem Anfrager steht."

– Zu Ihrer Anfrage vom 12. 10. '88 darf ich ganz kurz antworten:

Zu Frage 1) Die Seelsorger stehen im allgemeinen recht hilflos vor dem Phänomen „Okkultismus, Spiritismus, Satanismus". Wirkungsvoll sind Aktivitäten aus dem evangelischen Raum und aus evangelikalen Gruppierungen, die Betroffene im Gebet- und im Befreiungsdienst betreuen.

Unterscheiden muß man auch, ob es sich bei Betroffenen um phasenhafte Spielereien handelt, die nach gewisser Zeit vorbeigehen, oder ob beim Einzelnen die Tendenz entsteht, andauernde Lebenshilfe aus dem Okkultismus, Spiritismus zu erlangen.

Die in manchen evangelischen und evangelikalen Gruppen erfolgende Lebensübergabe an Jesus und die damit verbundene Wegweisung aus der Heiligen Schrift lassen solche Phasen überwinden.

Frage 2) „Wenn christlicher Glaube die Altäre räumt, dann siedelt sich Aberglaube an" (Novalis).

Frage 3) Es hängt von der Einzelsituation des Betroffenen ab.

Aus der Schweiz erreichte uns folgende Karte:
Sie fragen nach der Lage in der Schweiz. Es ist sehr schwierig, sich ein konkretes Bild zu machen. Einerseits vernimmt man von Zeit zu Zeit von Einzelvorkommnissen. Andererseits scheint das Thema nur an einzelnen Stellen zu brennen. Vor rund 14 Tagen erschien in der größten Tageszeitung Zürichs ein Artikel zum Thema Okkultismus. In einem Kästchen waren die Adressen der Evangelischen Orientierungsstelle sowie der Katholischen Jugendseelsorge als Beratungsstellen beigefügt. An beiden Stellen sind nur je zwei Anfragen eingegangen, während sonst die Stellen gut frequentiert sind. Die Anfragen kamen zudem nicht einmal alle von direkt Betroffenen. – Wieweit okkulte Praktiken verbreitet sind, läßt sich also nicht so leicht sagen. Aber was nicht ist, kann noch kommen. Wenn auch die Inserate in den einschlägigen Zeitschriften miteinbezogen werden, so wird ja schon allerhand angeboten. Wir beobachten die Scene auch hier mit Aufmerksamkeit. Erscheinungsweise und Praktiken sind bei uns natürlich die gleichen wie in der BRD.
Mit Fallbeispielen könnte ich ohnehin nicht aufwarten. Immerhin ist mir aber bekannt, daß im Raum Villach regelmäßig schwarze Messen veranstaltet werden, an denen bis zu 250 Personen teilnehmen.
Spiritistische Praktiken sind verbreitet und derzeit als gesellschaftliche Abendunterhaltung modern. Zahlen gibt es naturgemäß nicht. In der Beratung war es bisher nicht erforderlich, darauf einzugehen, wohl aber nehme ich in meinen Vorträgen darauf Bezug.

Martin Göth vom Referat für Religions- und Weltanschauungsfragen in Passau äußert sich so:
Es freut mich, daß Sie sich intensiv mit dem Themenfeld Okkultismus/Satanismus auseinandersetzen. Schon heute

möchte ich das Buch, das Sie herausbringen, bei Ihnen vor-
bestellen.
Nun zu Ihren Fragen: Welche Erfahrungen sind besonders
auffällig? – Wie kommt es dazu?
Für mich überraschend, daß vor allem in letzter Zeit ein
gesteigertes Interesse an okkulten Praktiken in unserer Gesellschaft zu verzeichnen ist. Ich denke, der Mensch hat in
den letzten Jahren versucht, sein Leben durch viele Versicherungen (Lebensversicherung, Glasversicherung, etc.
etc.) abzusichern, mit Geld, dem großen Wundermittel,
sein Leben in den Griff zu bekommen. Er stellt plötzlich
fest: Mit Geld funktioniert das nicht. Nun versucht er, sein
Leben durch okkulte Praktiken, Rituale beherrschbar zu
machen. Hinter die Wirklichkeiten zu schauen, hinter die
er mit dem Verstande nicht schauen kann. Dazu nimmt er
Kontakt mit dem Jenseits auf . . .

Das bischöfliche Jugendamt im Bistum Essen schrieb uns:
Leider kann ich Ihnen auf Ihre erste Frage keine hinrei-
chende Auskunft geben, da wir im Bischöflichen Jugendamt keine Beratungsstelle, sondern nur Informationsstelle
sind. Wir sind also auf Informationen angewiesen, die wir
von den Erziehungsberatungsstellen des Caritas-Verban-
des, der Katholischen Jugendämter in den Städten und
Kreisen sowie von einzelnen Lehrern erhalten.
Hinzu kommt, daß inzwischen immer deutlicher das gene-
rationsübergreifende Faktum der ganzen Problematik
wird. Im Seelsorgeamt unseres Bistums haben wir daraus
die Konsequenz einer abteilungsübergreifenden Arbeits-
gruppe gezogen, die Bischöfliches Jugendamt, Schulabtei-
lung, Caritasverband und die Erwachsenenakademie „Die
Wolfsburg" als Fachstelle für theologische und philosophische Fragen umfaßt.
Da wir hier gerade im Aufbau sind, bitte ich um Verständnis, keine umfassende Auskunft geben zu können.
Ähnlich ergeht es mir mit Ihrer dritten Frage, die sich auf
konkrete Beratungen bezieht. Hier sind die Beratungsstel-

141

len bei den einzelnen Caritasverbänden in unseren Städten sicher kompetenter. Eine Hilfe wäre wohl auch das „Essener Sekten-Info" von Frau Heidemarie Cammans, Rottstraße 24, 4300 Essen 1 (Tel. 02 01/23 46 46).

Bei ihrer zweiten Frage wird mir immer deutlicher, daß sich die Herkunft der Phänomene aus einer menschlichen Dimension herleitet, die wir in unserer Konsumgesellschaft zu schnell übersehen haben.

Und das Referat für Sekten- und Weltanschauungsfragen beim Bischöflichen Generalvikariat Aachen nimmt wie folgt zu unserer Anfrage Stellung:

In meinem Erfahrungsbereich spielt das Thema „Okkultismus" seit etwa 6 Jahren eine zunehmend wichtige Rolle. Derzeit machen Anfragen zu dieser Thematik etwa 75% aller Anfragen aus, die mich erreichen.

Mir fällt dabei auf, daß bei Jugendlichen vor allem die „automatischen Praktiken" (Tischrücken, Gläserrücken) sich großer Beliebtheit erfreuen. In gehörigem Abstand folgen Tarot und Pendel. Alle anderen okkultistischen Praktiken spielen nach meiner Einschätzung aufs Ganze gesehen bei Schülern eine geringere Rolle. Hellseher, Wahrsager usw. haben ihre Klientel, nicht zuletzt aus finanziellen Gründen, eher unter Erwachsenen.

Ausgesprochen satanische Praktiken begegnen mir allerdings äußerst selten, wenngleich sich viele Jugendliche der Faszination dieses Themas nicht entziehen können. Im Hinblick auf die Heavy-Metal-Musik gewinne ich, ohne verharmlosen zu wollen, den Eindruck, daß die meisten Fans sich für diese Musik um der musikalischen Aussage willen und nicht wegen der satanistischen Texte interessieren. In bezug auf die Musikszene ist darüber hinaus anzumerken, daß in manchen Videoclips – und diese Aussage betrifft ausdrücklich nicht nur die Rockszene – in der Bildaussage mehr oder minder deutliche Anklänge an okkultistische Vorstellungen zutage treten.

Schließlich fällt auf, daß Geistheiler, Medienastrologen,

Wahrsager und andere Lebensberater, die sich okkulter Praktiken und Erkenntnisquellen bedienen, großen Zulauf haben.

Stimmen von Lehrern, Pfarrern und Politikern zur Faszination des Okkulten

Horst Schoch, Berufsschulpfarrer, nennt drei Beispiele, die aus seiner Schulpraxis stammen:
Beispiel I
Ein Schüler einer Elektroklasse berichtete, nachdem er sichtlich allen Mut zusammengenommen hatte, von einem für ihn unerklärlichen Ereignis: Seine Mutter habe ihm erzählt, daß zu der Zeit, als sein Vater mit dem PKW verunglückte, zu Hause alle Uhren genau zu dem Zeitpunkt des Unfalls stehengeblieben waren, ohne erkennbare Ursache.

Beispiel II
Eine 16jährige Schülerin berichtet – äußerlich ruhig – folgendes: Ihre 83jährige Oma habe hellseherische Fähigkeiten. Sie sei einmal gegen ihren ausdrücklichen Willen dazu gedrängt worden, Karten zu legen, um die Zukunft zu erfahren. Dabei zeigte es sich, daß sie zwei Menschen den Tod und einem anderen einen beträchtlichen Lottogewinn vorhersagen mußte. Der Lottogewinn sei eingetroffen, eine der beiden Personen sei überfahren worden. Der andere wollte die Oma der Schülerin an einem verregneten Abend nach Hause fahren. Sie hätte sich aber geweigert, weil sie die Todesstunde der Person für den gleichen Abend vorhergesehen hätte. Die betreffende Person habe sich aber nicht abbringen lassen, mit dem PKW nach Hause zu fahren, und sei mit dem Wagen tödlich verunglückt.

Diese Person war der Vater der Schülerin. Ereignet habe sich alles, als die Schülerin 5 Jahre alt gewesen sei.

Die Oma hat weiterhin Angst vor ihrer Hellsehfähigkeit, die Schülerin hat seither alles vermieden, um nicht wieder in Kontakt mit derartigen übersinnlichen Kräften zu kommen.

Beispiel III
Eine Schülerin, die in der Klasse überzeugt die Meinung vertrat, daß der Teufel existiert und versucht, die Menschen zu beeinflussen, überreichte mir am Ende einer Stunde ein Heft voller „Wahrer Geschichten", wie sie die Aufzeichnungen selbst überschrieben hatte. Es handelte sich dabei ausnahmslos um Geschichten über den Teufel, die ihre Großeltern väterlicher- und mütterlicherseits ihr erzählt hatten. Die Geschichten hatten einen phantastisch-sagenhaften Charakter, umso erstaunlicher die Ernsthaftigkeit, mit der sie mir überreicht wurden.

Berufsschulpfarrer und Religionslehrer, Wolfgang Wewer, berichtet folgende Erfahrungen:
M. ist 19 Jahre alt, Maurer im 3. Lehrjahr. Er erzählt gern von sich, möchte interessant erscheinen, anders als die übrigen Klassenkameraden, die immer alles total öde und langweilig finden. Äußerlich fällt er dadurch auf, daß er sich ganz schwarz kleidet – schwarze Cord-Jeans, schwarzes T-Shirt, schwarzer Pullover, schwarze Socken, schwarze Schuhe, schwarze Motorradjacke (obwohl er Auto fährt).

„Hast du eigentlich auch schwarze Unterwäsche an?" fragt einer seiner Klassenkameraden etwas ungläubig.

„Natürlich, nur!" antwortet M. und zeigt den Rand seiner schwarzen Unterhose.

Es kommt unerwartet, als er eines Tages erzählt, er würde mit seinen Kumpels nicht bloß saufen und zu Konzerten von Heavy Metal-Gruppen fahren. Sie probierten auch selbst was.

Auf ein Pentagramm – das Zeichen des Satans – hätten sie eine Bibel gelegt, eine ganz neue, gerade ausgepackte.

Einer habe mit dem Messer hineingestochen und da sei das Blut aus dem Loch geflossen – nachdem alle zusammen den richtigen Zauberspruch gemurmelt hätten. Ganz bestimmt, er hätte es selbst gesehen!

Ein anderes Mal hätten sie auf dieselbe Weise einen zwei Tage zuvor abgetrennten Kopf eines Ziegenbocks wiederbelebt: Er habe die Zunge bewegt und gemeckert. „Was für Zaubersprüche?" will einer wissen, aber das darf M. angeblich auf keinen Fall sagen. Wer es ihm verbiete und ob es in der Gruppe einen gebe, der das Sagen hat, will ich wissen. Aber er sagt nichts mehr, auch auf andere Fragen nicht, er scheint Angst zu haben, hat offenbar mehr erzählt, als er eigentlich wollte.

Ob ich mal dabei sein könnte beim Bibelstechen oder bei der Wiederbelebung eines Ziegenkopfes, frage ich.

„Nein", sagt M., „das geht auf gar keinen Fall!"

Michael Höhn veröffentlichte in der „Neuen Stimme" (6/7/ 1988) folgenden Beitrag unter dem Titel „Kontakte ins Jenseits – Geister- und Dämonenglaube an einer beruflichen Schule":

„Mein Freund ist vor einem halben Jahr ums Leben gekommen – Autounfall. Können wir darüber mal reden?" Thomas, Auszubildender in einer Elektriker-Klasse, 18 Jahre alt, sah mich bei dieser Frage ernst an. Wir legten gerade die Themen für den Religionsunterricht am Anfang des neuen Schuljahres gemeinsam fest.

„Gern", antworte ich. „Über das Thema ‚Tod' hätte ich auch von mir aus gesprochen."

„Nein, warten Sie", warf Thomas ein. „Es geht gar nicht nur um den Tod meines Freundes, es ist etwas anderes." Und dann begann er – zunächst stockend – seine Geschichte zu erzählen.

Im Frühjahr des Jahres war sein Freund nach einem Autounfall auf einer kurvenreichen Landstraße gefunden worden. Das Auto war nachts aus einer langgestreckten

Rechtskurve in die Böschung hochgeschleudert worden und hatte sich dort überschlagen. Bei zu hoher Geschwindigkeit hätte er nach den Gesetzen der Physik auf die andere Straßenseite hinübergeschleudert werden müssen. Der junge Mann lag mitten auf der Fahrbahn, als die Polizei ihn fand. Es sah so aus, als hätte ihn ein unbekannter Helfer in eine stabile Seitenlage gedreht. Er war offenbar schon einige Zeit tot. Spuren von einem Zusammenstoß waren nicht zu sehen, auch war kein anderer Unfallbeteiligter zu entdecken.

„Zwei meiner Freunde waren genau wie ich fest davon überzeugt, daß noch ein anderer Fahrer in diesen Unfall verwickelt sein mußte. Wir beschlossen daher, den Geist unseres toten Freundes anzurufen. Er sollte uns sagen, was wirklich passiert war."

Während Thomas sprach, wurden die übrigen Mitschüler immer ruhiger. Gebannt hörten sie ihm zu. „Weiter, erzähl', was ihr dann gemacht habt", forderte Uwe ihn auf.

„Zwei Tage später trafen wir uns bei einem weiteren Freund. Er hatte schon öfter Geister angerufen. Er wollte es auch diesmal versuchen." Thomas stockte erneut. „Ich konnte nicht dabei sein. Sie wollten es allein machen", fuhr er dann fort. „Aber sie haben mir erzählt, was alles passiert ist."

Dann berichtete er im Detail, wie sie auf einen runden Tisch Karten mit allen Buchstaben des Alphabets und auch den Ziffern von 0 bis 9 im Kreis gelegt haben, dazu die beiden Karten JA und NEIN. In die Mitte des Tisches stellten sie ein umgestülptes Glas. Dann zündeten sie ein paar Kerzen an, zogen die Jalousien herunter und setzten sich um den Tisch.

„Jeder der drei legte seinen Zeigefinger auf den Glasrand. Dann fragte der ‚Meister', ob der Geist des Toten im Raum sei. Erst geschah nichts, dann – nach ein paar Minuten – rutschte das Glas auf die JA-Karte zu." Thomas schwieg bedeutungsvoll und sah dabei in die Runde. „Danach stellten meine Freunde Fragen an den Geist: War noch eine andere Person an dem Unfall beteiligt? – JA! – War es ein PKW? – JA! – Nenne seine Farbe! Nenne seinen Typ! Nenne sein Kennzeichen! Und ob ihr's glaubt oder nicht: Der Geist des toten Freundes gab mit Hilfe des Glases auf alles eine Antwort."

An dieser Stelle meldeten einige Mitschüler Protest an: „Du willst uns auf den Arm nehmen." – „So einen Quatsch kannst du deinem Teddybär erzählen!" – „Wir sind doch hier nicht in der Märchenstunde."

Trotzdem wollten sie alle wissen, wie es nun weitergegangen war. Und Thomas erzählte weiter: Sie hätten einem befreundeten Polizisten das Kennzeichen und den PKW-Typ mitgegeben. Und der fand tatsächlich heraus, daß das vom Geist genannte Fahrzeug als Firmenwagen lief, der jedoch von verschiedenen Fahrern benutzt wurde.

„Sie trafen sich dann noch einmal, um den Namen des Fahrers durchs Geisterglas zu erfahren. Es klappte auch. Er sollte Holger heißen." Wieder hielt Thomas inne. Die anderen drängten ihn, die Fortsetzung zu berichten. Thomas schüttelte den Kopf. „Mehr ist nicht – bisher. Wir haben alle Angst bekommen. Einer von den dreien hat seit der Sache mit dem Glasrücken sein Zimmer kaum noch verlassen. Der träumt nachts und läuft dann heulend wie ein kleines Kind zu seiner Mutter ins Schlafzimmer. Den werden sie wohl bald in die Klapsmühle stecken müssen."

In der Klasse entlud sich die Spannung in einem wilden Durcheinandergerede. Ich mußte versprechen, das Thema Spiritismus und Okkultismus ausführlich zu behandeln. Gut, ich hatte bereits in früheren Schuljahren dann und wann das Thema „Außersinnliche Wahrnehmungen" behandelt und so auch ein wenig Material dazu. Aber in den Vorjahren waren Themen wie Drogen, Freundschaft und Jugendsekten häufiger angefragt. Als ich jetzt auch in anderen Klassen die Themen festlegte, war offenbar das Thema „Okkultes" an die Stelle des häufig genannten Drogenthemas getreten: In jeder meiner mehr als 20 Klassen war Okkultismus Thema Nr. 1.

Ich hatte sehr bald den Eindruck, daß Okkultismus selber so etwas wie eine neue Droge geworden war: Keine Klasse, in der nicht wenigstens eine Schülerin oder ein Schüler selber Erfahrung mit okkulten oder spiritistischen Praktiken gemacht hatten. Eine Schülerin erzählte, wie der Geist Luzifers in einer Sitzung erschienen sei, Bücher seien aus dem Regal herausgefallen, und sie hätte Panik bekommen. Eine andere berichtete dann, daß sie am Glasrücken teilgenommen, aber nicht richtig daran geglaubt hätte. Dann hätte plötzlich ein Mädchen gesagt: Wer nicht daran glaube, der würde sich am Glas die Finger verbrennen. Und sie hätte tatsächlich vor Schmerz aufgeschrien und anschließend tagelang eine schmerzhafte Brandblase am Finger gespürt. Andere nannten Erfahrungen mit dem siderischen Pendel, das sogar den Todestag genau bestimmen könne. Man pendele über einer Skala und erfahre so alles über seine Zukunft. „Eine Bekannte hat im vergangenen Sommer ihren Todestag gependelt", begann eine 18jährige Schülerin. „Der Tag sollte im November sein. Die hat länger als ein Vierteljahr jeden Tag mehr Angst bekommen. Dann war der Tag da – und es war nichts." Sie lachte erleichtert. „Stellen Sie sich mal vor, die wäre wirklich gestorben."

Ich könnte beliebig viele Beispiele erzählen, könnte von den Feten berichten, die ein paar „Gruftis" – ganz in schwarz gekleidete Jugendliche – nachts auf dem Friedhof eines Nachbarortes veranstaltet haben sollen – mit ein paar Kästen Bier und etlichen Flaschen Schnaps.

Von dem einzigen Mädchen aus einer Malerklasse war zu erfahren, daß sie durch einen automatisch schreibenden Tisch bestätigt bekam, was sie als einzige wußte: daß ihre Großmutter kurz vor ihrem Tod als letzte Mahlzeit Kirschen gegessen hatte. Das Mädchen hatte sie der Oma ins Krankenhaus gebracht. Und das Tischchen schrieb – zwar krakelig und nach mehreren Anläufen – das Wort „Kirschen" auf das darunterliegende Papier.

Es waren fast immer ernsthafte und intelligente Schüler, die sich mit den Praktiken des New Age auskannten.

Parallel zu meinen Beobachtungen las ich auch in den verschiedenen Publikationen, daß Spielarten des Okkultismus bis hin zum Satanismus immer mehr Anhänger in der Bundesrepublik finden. So berichtet „Der Spiegel" (Nr. 42/1987) ausführlich vom Satanskult unter Deutschlands Schülern, und das „Zeit"-Magazin (Nr. 2/1988) stellte ausführlich dar, wie zukunftsgläubige Optimisten im Zeichen des Wassermanns am neuen Weltbild des New Age stricken. Dort werden auch so skurrile Dinge portraitiert, wie die jüngste Absicht des DDR-Dissidenten Rudolf Bahro, der nach dem Austritt aus der Partei der Grünen für sich allein darüber nachdenkt, wie sich die Menschheit retten ließe. Bahro plant, über eine spirituelle Erneuerung des politischen Denkens den Weg zu einem kommunistischen Globalstaat zu bahnen. Dazu will er ein Kloster gründen.

So breit ist das Spektrum des New-Age-Denkens und inzwischen auch so verbreitet, daß bereits die Superintendenten in den Gemeinden der Evangelischen Kirche im Rheinland durch ein Rundschreiben des Landeskirchenamtes gewarnt worden sind. In der Gemeinde Hochdahl bei Düsseldorf hat sich auf Bitten der Gemeindemitglieder ein Dr. W. Dam als „Sektenbeauftragter" der niederländisch-reformierten Kirche zu einem Vortrag über das Thema „Okkultismus" im Gemeindezentrum angekündigt. Beachtliche Unruhe sei durch eine Theologie ausgelöst worden, die den Menschen Angst mache und einem Exorzismus Tür und Tor öffne, hieß es in dem Schreiben.

In meinem Umfeld – auch außerhalb der Schule – wird das Thema offenbar inzwischen auch als für die Kirchengemeinde außerordentlich wichtig angesehen. Dort heißt es in einer Kurzmitteilung des Evangelischen Bildungswerkes, daß die neue religiöse Bewegung des New Age weltweit von sich reden mache. Es handle sich dabei um eine „Glaubensvermischung trübsten Wassers", in der sich „östliches Religionsgut, Spiritismus, Okkultismus, Astrologie, Yoga u. v. a. m." vereinige. In den Gemeinden werde nach Orientierung gefragt, „zumal auch biblisches Gedankengut in NEW AGE aufgenommen wurde. Die Beauftragten in den Landeskirchen, es gibt bisher nur ganz wenige Sach- und Fachkenner, sind schon seit Monaten und für die näch- ste Zeit mit Referaten ausgebucht."

Ein weites Feld also, auf dem allenthalben in unseren Kir- chen starke Unsicherheit herrscht. Die Attraktivität dieses New Age scheint offenkundig nicht nur bei meinen Schülern so groß zu sein. Wir wissen natürlich auch, daß gegenwärtig kaum eine Branche soviel Profit macht wie die Produzenten von New-Age- Produkten. Gleichzeitig ist gerade in Illustrierten häufig über Okkultes zu lesen. Dieser neue Glaube wird angeboten wie eine Mode, an der jeder partizipieren sollte, der auf sich hält.

Zwei Fragen stellen sich mir gegenwärtig: Was sind mögliche Hintergründe dieser religiösen Bewegung? Wie kann ich damit umgehen?

Wir schrieben Bundesbildungsminister Jürgen Möllemann an. Von ihm wollten wir erfahren, ob er im Bereich Jugend und Okkultismus ein Problemfeld sehe, in dem politisches Handeln gefragt ist. Bundesbildungsminister Möllemann ließ folgende Antwort geben:
In der Tat ist in letzter Zeit immer mehr davon die Rede, daß sich Schüler und Schülerinnen zunehmend mit dem Thema Okkultismus, Spiritismus und Satanismus befassen. Allerdings gibt es keine Studie, die belegte, inwiefern die immer wieder vorgebrachten Zahlen tatsächlich repräsen- tativ seien. Ich bitte Sie daher um Verständnis, daß der Bundesminister für Bildung und Wissenschaft es derzeit nicht für angebracht hält, eine politische Bewertung dieses Phänomens vorzunehmen.

Im übrigen weise ich Sie darauf hin, daß die Kultusminister und -senatoren der Länder für Inhalte und Organisation des Schulwesens zuständig sind. Sollten Sie daran denken, das von Ihnen herauszugebende Sachbuch auch in den Schulen zu verbreiten, müssen Sie sich daher mit den Kul- tusministern und -senatoren selbst in Verbindung setzen.

Das taten wir auch und schrieben NRW-Kultusminister Schwier *an. Dieser schickte eine ausführliche Stellungnahme vom Februar 1988 zu, die die Überschrift trug: „Schwier warnt vor der ‚Droge' Okkultismus – Kultusminister will Sachstandsbericht ‚Jugendreligionen' ergänzen":*

Mit dem eindringlichen Appell, die neue Droge Okkultismus nicht zu unterschätzen, wandte sich heute der nordrhein-westfälische Kultusminister Hans Schwier an die Lehrerinnen und Lehrer des Landes.

Die Meldungen über okkulte Bewegungen wie Spiritismus, Dämonenglauben, Schwarze Magie und Satanskult unter den Schülern haben ein bedenkliches Ausmaß angenommen.

Tischerücken, Rutengehen, Pendeln oder Kontaktaufnahme zu Verstorbenen gehören offensichtlich zu den beliebtesten Experimenten und üben eine hohe Faszination auf Jugendliche aus.

Auf Kinder und Jugendliche dringe eine regelrechte okkulte Medienschwemme ein; der Büchermarkt werde überschwemmt mit einer umsatzsteigernden Flut von zweifelhafter spiritistischer Literatur.

Kultusminister Schwier: „Die einschlägigen Verlage scheuen weder Mittel noch Geld, um einen bedrohlichen Kampf gegen die Vernunft zu führen. Mit den Methoden des rationalen Produktmanagements wird Irrationalität gefördert. Hexenbeschwörungen, Tischrücken, Kartenlegen etc. sind keine bloßen harmlosen Partyspiele oder auch Material für Video-Clips und Fernsehsendungen, sondern sie produzieren bei Jugendlichen seelische Ängste, Unsicherheit und hindern sie daran, ihr Leben eigenverantwortlich zu gestalten."

Besonders gefährdet sehen Mediziner und Psychologen Jugendliche im Alter von 13 bis 14 Jahren, deren Persönlichkeit noch nicht gefestigt ist.

Hier seien, so Schwier, die Lehrer gefordert, Aufklärungsarbeit zu leisten und intensive Gespräche mit den Schülern zu führen. Schwier warnte insbesondere Lehrerinnen und

Lehrer, die sich selbst in ihrer Freizeit mit Okkultismus befassen, davor, unüberprüft und unkritisch Verständnis für diese Themen zu wecken.

Ihm gehe es nicht um Sektenhetze, sondern um die Betroffenen, die durch den leichtfertigen Umgang mit okkulten Praktiken ernsthafte seelische Störungen erlitten, die in Wahnvorstellungen, Neurosen oder sogar im Tod enden könnten.

Kultusminister Schwier: „Die Überantwortung der Zukunft an Karten, Pendel, Hexen etc. heißt in Wirklichkeit, daß Jugendliche, die Entscheidung über ihr Leben teilweise gewissenlosen Vermarktern und Förderern der Schwächen anderer anvertrauen. Dies sollten auch Lehrer wissen, die sich leichtfertig in der Schule als Hexen bezeichnen oder Schülern den Zugang zu irgendwelchem Unfug ermöglichen. Der massive Kampf gegen die Vernunft, mit dem sich offenbar viel Geld verdienen läßt, kann auch politische Folgen haben, die Deutschen verfügen hier über einschlägige Erfahrungen."

Kultusminister Schwier erwägt in diesem Zusammenhang die Ergänzung des Sachstandsberichts ‚Jugendreligionen‘ um ‚Okkultismus‘ und ‚New Age‘.

Während in den 70er Jahren die Jugendsekten noch massenhaft Zulauf fanden, wandern die Jugendlichen heute im Zeitalter des ‚New Age‘ in den Untergrund ab. Den Grund hierfür sieht Kultusminister Schwier in den massiven Zukunftsängsten der meisten Jugendlichen, in dem Mißtrauen gegen eine vorwiegend rational strukturierte Gesellschaft, der es an Sinnangeboten fehlt.

Die Bereitschaft junger Menschen, auf den „okkulten Trip" einzusteigen, sei umso stärker, je mehr das bestehende System als Einbahnstraße in die vorprogrammierte Langeweile und Sinnlosigkeit erfahren werde. Dies umso mehr, als es Kindern und Jugendlichen offenbar immer schwerer falle, einer komplexer werdenden Umwelt rational zu begegnen.

Eltern und Lehrer sollten daher offen mit den Jugendlichen über Ängste, Konflikte und seelische Krisen reden. „Dies muß auch Unterrichtsgegenstand sein. Ein Politik-, Philosophie- oder Religionsunterricht, der dies nicht zum Thema macht, ist für mich schlechter Unterricht."

Die Meinung der Experten

Ursprünglich war beabsichtigt, einige Experten an einen Tisch zusammenzuholen, um in einem offenen Rundgespräch die aktuellen Probleme von Jugend und Okkultismus zu „beleuchten".

Aus organisatorischen Gründen kam die Runde nicht in der geplanten Weise zusammen.

Darum haben wir Experten gebeten, sich schriftlich zu den Fragen zu äußern:

1. Gibt es Ursachen für den gegenwärtigen Okkultismus-Boom, die in besonderer Weise mit der Jugend zu tun haben?
2. Gibt es Ursachen dafür, die gesellschaftlich bedingt sind?
3. Wie können wir mit dem Problem umgehen?

Wir wollen diese Experten hier zu Wort kommen lassen – und zwar jeden aus seiner Sicht und von seinem Erfahrungsbereich her.

Wir verzichten auf Kommentierung und stellen die Meinungen nebeneinander, weil wir davon überzeugt sind, daß es tatsächlich verschiedene mögliche Antworten zu diesem Thema gibt – je nach Standpunkt.

Was reizt Jugendliche am Okkultismus?

„Die Überantwortung der Zukunft an Karten, Pendel, Hexen etc. heißt in Wirklichkeit, daß Jugendliche die Entscheidung über ihr Leben teilweise gewissenlosen Vermarktern und Förderern der Schwächen anderer anvertrauen

(. . .). Der massive Kampf gegen die Vernunft, mit dem sich offenbar viel Geld verdienen läßt, kann auch politische Folgen haben, die Deutschen verfügen hier über einschlägige Erfahrungen." NRW-Kultusminister Hans Schwier, von dem diese Äußerung stammt, sieht – gemeinsam mit Medizinern und Psychologen – gerade Jugendliche im Alter von 13 und 14 Jahren deshalb als besonders gefährdet an, weil ihre Persönlichkeit noch nicht gefestigt ist. Okkulte Praktiken „produzieren bei Jugendlichen seelische Ängste, Unsicherheit und hindern sie daran, ihr Leben eigenverantwortlich zu gestalten."

Ursachen sieht der Minister u. a. in einer regelrechten okkulten Medienschwemme, die Kinder und Jugendliche überflute und die zugleich eine hohe Faszination auf Jugendliche ausübe. Als Grund für die Abwanderung der Jugend ins Okkulte nennt er die „massiven Zukunftsängste der meisten Jugendlichen, in dem Mißtrauen gegen eine vorwiegend rational strukturierte Gesellschaft, der es an Sinnangeboten fehlt".

Michael, Seelsorger an einer Berufsschule, hat in dem schon genannten Beitrag versucht, aus seiner Sicht die Ursachen für die zunehmende Beschäftigung Jugendlicher mit Okkultismus darzustellen:

Ich denke, dieses Phänomen hat unter anderem mit Angst zu tun. Von meinen Schülern erfahre ich, daß sie oft nicht wissen, woraufhin sie sich ausbilden lassen: „Ob ich später von meiner Firma übernommen werde? Das ist zur Zeit noch völlig offen."
Viele sind perspektivlos gemacht worden in einer immer stärker durchelektronisierten Welt, die scheinbar rational und doch zugleich für den einzelnen immer schwerer zu durchschauen ist. Hand in Hand damit geht eine deutliche Entpolitisierung bei den jungen Leuten. „Was soll das alles? Die da oben machen doch längst, was sie wollen. Vom computerlesbaren Personalausweis bis zu den Sicherheitsgesetzen – da blickt ja keiner mehr durch. Die wollen sich ja auch gar nicht in die Karten gucken lassen." Das ist die Äußerung eines Schülers, der politisch aufgeschlossen und doch zugleich resigniert erscheint, weil ihm der Durchblick

erschwert wird. Er hat sich okkulten Praktiken zugewandt, wohl weil er versuchen will, das Undurchdringliche auf magische Weise zu beeinflussen – mindestens in seinem ganz persönlichen Bereich.

Rückzug in die Innerlichkeit angesichts einer immer komplexer werdenden Umwelt, auf die einer keinen Einfluß mehr hat. Und so pendelt er mit dem siderischen Pendel aus, welche Note ihm die nächste Mathematikarbeit bringen wird und ob seine Freundin am vergangenen Freitag nicht fremdgegangen ist. „Wenn der christliche Glaube an Gott glaubt, muß er auch an den Teufel glauben", sagt er. „Blicken Sie sich doch um: Was ist denn mehr verbreitet – Gutes oder Böses? Böses, klar! Also ist Satan offenbar mächtiger als Gott. Wieso sollte ich mich dann nicht an ihn wenden?"

Berufsschulpfarrer Horst Schoch geht auf Schulsituation und Lebensgefühl Jugendlicher konkret ein:

Bei einigen Schülerinnen und Schülern ist deutlich die Bereitschaft zu erkennen, sich auf die okkulten Phänomene und Praktiken einzulassen. Ideologische Interpretationen wie: „das war der Teufel" und „das sind die Geister, die sich zu Wort melden", werden von einem Teil der Schüler/innen fraglos sofort aufgenommen. Gleichzeitig stelle ich fest, daß auch verweigert wird. Jede rationale Auseinandersetzung wird bei denen, die von der Existenz übersinnlicher Wahrnehmungen überzeugt sind, strikt vermieden. So mußte ich erleben, als wir eventuelle Erklärungsmöglichkeiten besprachen, daß immer wieder von der besonderen Art der eigenen Erlebnisse berichtet wurde, die sich dann nicht erklären ließen.

Die Ausdrucksfähigkeit beschränkt sich bekanntlich nicht allein auf die Sprache. Bei den Schüler/innen konnte ich feststellen, daß als Metasprache (Tonfall, Emotion usw.) noch eine andere Botschaft eingebracht wurde: Nun laßt mich mit dem rationalen Blödsinn in Ruhe – diese Dinge übersteigen ja sowieso die normale Erfahrungswelt, mit dem Verstand kommt ihr den Dingen nicht auf die Spur.

Wenn ich das Lebensgefühl der Jugendlichen richtig interpretiere, so komme ich zu folgendem Schluß: Rationale Umgangsweise mit dem Phänomen Okkultismus, Satanismus, usw. können in dieser Form nicht zu einem hilfreichen Umgang mit dem Problem werden, weil die Jugendlichen in der Tat unheimliche Mächte erleben, die sehr real sind und ihre Sicht der Wirklichkeit bestimmen. Die Welt wird von den Jugendlichen, die da sehr genau beobachten, als dämonisch erlebt. Die Welt wird ja ganz real bedroht, die Menschheit scheint ja unter dem Fluch der Selbstzerstörung zu stehen. Es gibt letzten Endes nichts mehr, was Sinn und Bestand garantiert. Das Einzige, was mit nahezu unsterblicher Hartnäckigkeit sich bewährt, ist der Unsinn, der sich letzten Endes als siegreich erweist.

In einer Welt, in der das Funktionieren an oberster Stelle steht, in der ich als Mensch nicht nach meinen Bedürfnissen gefragt werde, sondern mich an Bedürfnissen orientieren muß, die mir von außen angetragen werden, verkümmert ein Teil, ein wesentlicher Teil meiner Persönlichkeit. Und die meldet sich dann an anderer Stelle umso deutlicher zu Wort. Existentielle Fragen müssen beantwortet werden, so oder so. Versagt z. B. die Institution, die allgemein als dafür zuständig angesehen wurde, wie z. B. die Kirchen, oder klammert die Gesellschaft diese Dinge aus, dann füllen andere diese Lücken auf. Ein kurioses Beispiel: Weigerten sich früher die Jugendlichen zurecht, z. B. bei Jesus übersinnliche Fähigkeiten annehmen zu müssen, so bestehen sie jetzt darauf, daß man als Mensch durchaus solche Fähigkeiten haben könne.

Der Lehrer und Zauberkünstler Wolfgang Hund sieht in seinem Buch „alles fauler zauber?!" die jugendspezifischen Ursachen so:

Es wäre wohl mehr als unbillig, von Jugendlichen dort Enthaltsamkeit zu verlangen, wo die Erwachsenen eifrige Aktivitäten vorexerzieren. Der erhobene pädagogische Zeigefinger à la „Wir dürfen – du nicht!" hat eher die gegenteilige Wirkung.
Viele der o. a. Gründe treffen selbstverständlich genauso oder noch verstärkt auf die Jugend zu. Verstärkt werden die Tendenzen noch durch die erhöhte emotionale Empfänglichkeit und Sensibilität während der Pubertät. Ferner fehlt die Lebenserfahrung der Erwachsenen, die manche Auswüchse doch erkennen (oder zumindest erkennen sollten!).
Das Neugierverhalten spielt sicher eine große Rolle beim Ausprobieren okkulter Techniken. Jeder Lehrer in der Sekundarstufe kann sich vorstellen, was passiert, wenn die am weitesten verbreitete Jugendzeitschrift seitenweise handfeste Gebrauchsanleitun-

gen zum Pendeln, Gläser- und Tischrücken usw. darbietet. Beim Ausprobieren bleibt es dann leider nicht, weil es sehr schwierig ist, sich davon wieder zu lösen.

Die Beschäftigung mit okkulten Praktiken hat durchaus Suchtcharakter und das Wort vom „Pendel als Einstiegsdroge" ist berechtigt.

Der Einfluß der Peer-Group gerade in der Pubertät verhindert oft eine Aufklärungsaktion der Erwachsenen, vor allem, wenn sie sich nur auf das Verbale beschränkt. Nicht verheimlicht wird von Jugendlichen oft, daß es einfach auch Spaß macht, die Erwachsenen zu „schocken", z. B. durch entsprechende Reden, durch unkonventionelle Kleidung oder spezielle Musik (viele „Satansrockgruppen" benutzen den Teufel nur als Werbegag, was aber den doch teilweise erschreckenden ernsten Hintergrund z. B. des „Black Metal" nicht verharmlosen soll!).

„Null-Bock-Mentalität" als eine Art Gegenkultur zu einer angeblichen oder tatsächlichen Überforderung in vielerlei Hinsicht ist als Zeichen für den Sinn – Verlust bei manchen Jugendlichen ebenso bekannt wie auch das Versprechen einfacher Lösungen für schwierig erscheinende Fragen.

Nicht zuletzt gibt das Eingeweihtsein in okkulte Techniken das Überlegenheitsgefühl des „Insiders". Gerade dieses Phänomen macht es Eltern und Lehrern ungemein schwer, das Treiben der Kinder und Schüler überhaupt zu erkennen, da sich die spiritistischen Zirkel abschotten und Schweigegebot gegenüber Außenstehenden gilt. Magische Rituale versprechen hier eine Welt, die in Ordnung ist, in der man unter sich sein kann.

Der Referent des Bistums Aachen für Sekten- und Weltanschauungsfragen, Dr. Hermann Josef Beckers, schrieb uns:

Wichtiger ist mir die Frage nach den Ursachen für das Auftreten des derzeitigen Okkult-Booms. Nach meiner Einschätzung lassen sich die folgenden Begründungsmuster festmachen:
– Neugier (das am weitesten verbreitete Motiv);
– Suche nach Hoffnung und Rettung in ausweglosen oder ausweglos scheinenden Situationen;
– Tröstung nach dem Verlust von Angehörigen, Freunden oder beim Tod sonst nahestehender Personen;
– Heilung im ganzheitlichen Sinne verstanden angesichts unheilbarer, zumindest jedoch lebensbedrohlicher Krankheiten;

- Hunger – Suche nach originären Erfahrungen;
- Zugang zu sonst verschlossenen Welten und Wirklichkeiten, Transzendenzerfahrung, Sinnsuche;
- besserer Glaube angesichts wunderbarer Erfahrungen (vor allem bei älteren Menschen);
- sinnstiftende, identitätsfördernde Lebensorientierungen.

Woher kommt der Okkultismus-Boom?

Besonders deutlich hat Wolfgang Hund die oben gestellte Frage beantwortet. Wir stellen seine Äußerungen an den Beginn dieses Abschnitts:

Angst vor:
- der Umweltzerstörung
- der Verdatung (der „durchsichtige Mensch")
- der Arbeitslosigkeit
- der Anonymität
- der Technik
- der mißbrauchten Wissenschaft (Gentechnik, Atomphysik . . .)
- der Hilflosigkeit z. B. gegenüber der Bürokratie
- der umfassenden Manipulation
- kriminellen Gewalttätigkeiten
- . . .
Abscheu vor:
- dem Zerfall gesellschaftlicher Sitten
- politischen Affären
- der oft herrschenden Doppelmoral
Mangelnder Halt und Trost:
- durch die Kirche
- durch Angehörige und Freunde
Das Gefühl der Ohnmacht und der Resignation macht in hohem Maße empfänglich für magische Rituale, die einfache Antworten auf Existenzfragen versprechen:
Auch hier seien nochmals Prokop/Wimmer (1987, Seite 2) zitiert:
- „Du brauchst Dir keine Sorgen machen, das hat keinen Sinn, denn alles ist in den Sternen vorgezeichnet! (Astrologie)

– Daß Dein Vater an Krebs starb, ist klar, denn er lag auf einer Wasserader und die Strahlen sind zu beseitigen! (Radiästhesie)
– Die Krankheit ist sicher am Auge zu diagnostizieren, also ist Sorge nicht am Platz! (Augendiagnostik)
– Ein anderer Mensch ist stets mit Dir verbunden, wenn Du in einer Notsituation bist, und errät deine Gedanken! (Telepathie)
– Wenn wir Erdöl für unsere Kraftfahrzeuge brauchen, so können wir es finden und die Tiefe seiner Lage und seine Mächtigkeit erschließen! (Wünschelrute)
– Bei Schmerzen solltest Du keine Sorge haben und Dich nicht fürchten, denn ein einziger Nadelstich genügt, um sie zu beseitigen! (Akupunktur)
– Wenn Du älter bist und willst wieder jung sein, so können das Frischzellen besorgen oder „spezifische Nervennahrung"! (Zelltherapie)
– Das Leid, das Dich ergriffen hat, als die Mutter starb, ist nicht so groß, denn sie wird sich erfahrungsgemäß bei Dir melden und Dir über ein Medium Auskunft geben! (Parapsychologie)"

In spirituellen / esoterischen / New Age-Gruppen erleben viele Menschen ein neues Gemeinschaftsgefühl, in dem Sinnfragen angesprochen werden können, die in der auf Stärke und Leistung orientierten Gesellschaft meist tabu sind.

Die christlichen Kirchen spüren dieses Defizit sehr stark und versuchen ihrerseits, die Bewegung in den Griff zu bekommen. Es soll dabei aber nicht verschwiegen werden, daß es Geistliche der beiden großen Konfessionen gibt, die kräftig auf der okkulten Welle mitreiten (z. B. beim Pendeln, beim Feuerlaufen, beim Rutengehen . . .).

Der erwachsene Mensch allerdings sollte normalerweise so reif sein, daß er frei bestimmen kann, was ihm zuträglich ist und was nicht. Wer 250 DM dafür ausgeben will, daß ihm ein Hellseher am Telefon die Zukunft per Pendel voraussagt (so etwas gibt es wirklich!), der soll in unserer demokratischen Gesellschaft dazu auch das Recht haben.

Die Grenze liegt dort, wo eindeutiger Betrug, z. B. mit der Gesundheitssehnsucht der Menschen getrieben wird. Hier ist der Ruf nach dem Staat berechtigt. Wenn allerdings auf der anderen Seite derselbe Staat über 400 000 DM Steuergelder für die Erforschung okkulter Praktiken (Wünschelrute) ausgibt, ist das für viele wiederum nur schwer verständlich (um es einmal gemäßigt auszudrücken!).

Quelle: W. Hund, S. 60.

Diplomtheologe Martin Göth vom Referat für Religions- und Weltanschauungsfragen der Diözese Passau ist der Ansicht:

Für mich überraschend, daß vor allem in letzter Zeit ein gesteigertes Interesse an okkulten Praktiken in unserer Gesellschaft zu verzeichnen ist. – Ich denke, der Mensch hat in den letzten Jahren versucht, sein Leben durch viele Versicherungen (Lebensversicherung, Glasversicherung etc. etc.) abzusichern, mit Geld, dem großen Wundermittel, sein Leben in den Griff zu bekommen. Er stellt plötzlich fest: Mit Geld funktioniert das nicht. Nun versucht er sein Leben durch okkulte Praktiken, Rituale beherrschbar zu machen. Hinter die Wirklichkeiten zu schauen, hinter die er mit dem Verstand nicht schauen kann. Dazu nimmt er Kontakt mit dem Jenseits auf, läßt sich die Karten legen etc.

Hinzu kommt, daß in der neueren Entwicklung der Psychologie festgestellt wird, daß der Mensch mit seinen geistigen Fähigkeiten mehr kann als bisher angenommen. Hier, so denke ich, wird noch einiges auf uns zukommen. Hochgespielt und damit ins Interesse der Allgemeinheit gerückt wird die ganze Angelegenheit von den Medien: Zeitschriften, Tageszeitungen, Radio, Fernsehen nehmen sich der Thematik in gehäufter Form an. Und es ist dann schon faszinierend, wenn sich das Tischchen zu bewegen anfängt, wenn das Pendel ausschlägt. Die Leute sagen: Da muß schon was dran sein. Ob da der Geist von Innen (Unbewußtes, Vorstellung des Menschen) anklopft oder von außen (daß tatsächlich „Tote" zu uns sprechen), spielt hier nur eine sekundäre Rolle. Entscheidend ist der Erfolg, daß wirklich was passiert. Ich sehe also die Anwendung von okkulten Praktiken als einen Versuch des Menschen, hinter die Realitäten zu blicken und sein Leben durch „Zukunftsschau" ein Stück in den Griff zu bekommen.

Diözesanjugendseelsorger Wilhelm Zimmermann, Bistum Essen, schreibt uns zu dieser Frage:

1. Jeden Tag erfahren wir aus den Medien die Grenzen menschlicher Machbarkeiten (Ökologiethematik, Friedenssicherung, ökonomisches Ungleichgewicht in der Welt etc.). Trotz vieler Möglichkeiten und eines im großen und ganzen gesicherten Wohlstandes spüren viele Menschen die Oberflächlichkeit ihres Daseins, und die vielzitierte Sinnfrage drängt sich in den

Vordergrund. An der Grenze seiner mit materiellen Dingen herstellbaren Möglichkeiten angelangt, versucht der Mensch seine Begrenztheit zu durchbrechen.

2. Vielleicht ist der Gedanke auch nicht zu gewagt, daß wir im Bereich der philosophischen Richtung, der „Aufklärung", nach Wurzeln der heutigen Phänomene suchen müssen. Es dauert ja bekanntlich einige Generationen, bis philosophisches Gedankengut an die „berühmte Basis" gelangt.

3. Hier ergibt sich dann eine weitere zwangsläufige Fragestellung: warum sich solche Menschen nicht verstärkt dem christlichen Glauben zuwenden, sondern einem Unheilsglauben (Teufel, Dämonen etc.). Es gibt ein Sprichwort: Wo der Glaube schwindet, wächst der Unglaube! Wir müßten uns daher wohl auch fragen, wieso in der europäischen Konsumgesellschaft der Glaube schwindet. Sicherlich ist das eine Frage an die Strukturen von Kirchen und Glaubensgemeinschaften und an die Art und Weise, wie unsere Kirchen Verkündigung der Heilsbotschaft Jesu Christi betreiben.

Aber ist nicht primär die Frage zu stellen, wie der christliche Glaube bei den „Meinungsmachern in unserer Gesellschaft" dargestellt wird? Müßten nicht Begriffe wie „Erziehung" einen neuen Stellenwert erhalten (Schule, Elternhaus etc.)?

Viele junge Menschen leben orientierungslos in den Tag, erfahren konsumorientierte Eltern; Lehrkräfte, die oftmals nur von Freiheit und Recht auf Kritik reden, ohne gleichzeitig positive Lebensorientierungspunkte zu setzen.

Christlicher Glaube wird in Institutionen erfahren und dargestellt und der Zugang zu Christus, dem Gottessohn, als Orientierung und Lebensziel bewußt oder unbewußt verbaut.

Ich habe versucht, ein paar unvollständige Ursachen zu benennen. Nach Schuldigen zu fragen, ist müßig, da wir alle zu dieser Gesellschaft gehören und sie mitprägen. Einige Philosophen sprechen heute von einem nachchristlichen Zeitalter, obwohl sich der überwiegende Teil der Bevölkerung Europas zum Christentum bekennt. Hier wird nicht nur eine Diskrepanz sichtbar, sondern auch das Vakuum einer teilweise sinnentbehrten Gesellschaft. Wundern wir uns da eigentlich, daß junge Menschen, die in dieses Vakuum hineingeboren werden, sich an alles klammern und auf alles neugierig sind, was irgendwie nach Orientierung, Sinn oder Halt aussieht?

Zum Abschluß dieses Abschnittes noch einmal NRW-Kultusminister Schwier in seinem Rundschreiben: „Die Bereitschaft junger Menschen auf den ‚okkulten Trip‘ einzusteigen, sei umso stärker, je mehr das bestehende System als Einbahnstraße in die vorprogrammierte Langeweile und Sinnlosigkeit erfahren werde. Dies umso mehr, als es Kindern und Jugendlichen offenbar immer schwerer falle, einer komplexer werdenden Umwelt rational zu begegnen."

Strategien und Lösungsansätze

Uns ist bewußt, daß es keine Patentrezepte auf diese Frage gibt. Es kommt sicher entscheidend darauf an, in welcher besonderen Lage sich jemand befindet – als betroffener Jugendlicher, als Eltern, die sich Klarheit verschaffen wollen, als Lehrer oder Erzieher in unterschiedlichen Bereichen. Von daher verstehen sich die nachfolgenden Erfahrungsberichte als Anregungen für die jeweils eigene Situation.

Kultusminister Schwier: „Eltern und Lehrer sollten daher offen mit den Jugendlichen über Ängste, Konflikte und seelische Krisen reden. Dies muß auch Unterrichtsgegenstand sein. Ein Politik-, Philosophie- oder Religionsunterricht, der dies nicht zum Thema macht, ist für mich schlechter Unterricht."

Michael Höhn gibt darüber Auskunft, wie er in seiner schulischen Situation aus christlicher Sicht mit dem Problem umgeht:

Ich will ein paar Schritte aufzeigen, die ich ganz praktisch tue:
Zunächst höre ich zu, was der einzelne Schüler zu erzählen hat. Ich nehme ganz ernst, was er an übersinnlichen Erfahrungen gemacht haben will. Im Gespräch vergewissere ich mich durch genaue Rückfragen, ob ich richtig verstehe, was er meint.

Im zweiten Schritt fordere ich die übrigen Schüler auf, ihre Meinung dazu zu sagen, eigene ähnliche Erfahrungen mitzuteilen.

Im dritten Schritt suchen wir gemeinsam nach möglichen Erklärungen für die genannten Phänomene, schließen Irrtümer oder Täuschungen, soweit wir können, aus. Ich vermeide bewußt, sofort eine naturwissenschaftlich-glatte Erklärung einzuführen, die dann die fragenden Schüler sehr schnell zum Schweigen brächte. Als Möglichkeit wird sie jedoch in dieser Phase mit erwähnt. (Materialien zu vielen okkulten Phänomenen gibt es in verschiedenen Handbüchern, wie z. B. in „Medien, Magier, Mächte" von Koch, das von einem aufgeschlossenen evangelischen Standpunkt mit dem Okkultismus und seinen Phänomenen umgeht.)

In einem vierten Schritt versuchen wir gemeinsam, mögliche Motive und Bedürfnisse der Anhänger des Okkulten herauszuarbeiten. Wir ordnen sie danach ein, was sie tatsächlich nützen, aber auch, wo sie Schaden anrichten können, indem sie abhängig machen und statt der gesuchten Geborgenheit die Angst nur noch verstärken. Dabei sprechen wir die emotionalen Bedürfnisse ganz offen an. Oft sind es gerade die jungen Leute, die in unseren Gemeinden nach gefühlsmäßiger Bindung, nach Spiritualität und Geborgenheit gesucht haben und statt dessen sehr häufig dogmatisch bestimmte Glaubenstatsachen vorgesetzt bekamen. Enttäuscht haben sie der Gemeinde den Rücken gekehrt und woanders weitergesucht, nicht selten mit dem Bedürfnis nach einer einfachen Weltsicht.

Sie signalisieren mir, daß ja gerade das „rationale" Denken und Handeln mit dazu beigetragen hat, daß wir heute am Rand einer Apokalypse stehen – ökologisch und nuklear. Solcherart vernunftgemäßes Verhalten ist folgerichtig von ihnen nicht mehr gefragt und ihre irrationale Überreaktion nur allzu verständlich.

Und so nehme ich selber folgende Haltung ein: Ich denke, daß Übersinnliches weder zu beweisen, noch zu widerlegen ist. Wer wirklich daran glauben will, läßt sich durch kein „vernünftiges" Argument davon abbringen.

Trotzdem will ich ja eine Alternative anbieten. Das kann ich – grob gesagt – nicht allein mit Worten, sondern ich muß ein Stück davon glaubwürdig vorleben. Und das geht auch über das unterrichtliche Geschehen hinaus, z. B. durch ein Engagement in der Friedensarbeit oder in den unterschiedlichen Gruppen, die sich für unsere bedrohte Schöpfung und ihre Menschen einsetzen. Dabei habe ich auch mit meinen Kollegen über die Sätze von Dietrich Bonhoeffer nachgedacht, in denen er nach dem fragt, was „religionsloses Christentum" sein könnte: „Die Zeit, in der man alles den Menschen durch Worte – seien es theologische oder fromme Worte – sagen konnte, ist vorüber . . ." Soweit konnten wir Bonhoeffer noch zustimmen, weil wir davon überzeugt sind, daß Worte ohne die glaubwürdige Tat unter den jungen Menschen wenig bewirken. Mit dem zweiten Teil des Satzes hatten wir mehr Schwierigkeiten: " . . . ebenso (ist), die Zeit der Innerlichkeit und des Gewissens (vorüber) und das heißt eben die Zeit der Religion überhaupt . . ." (Aus: Widerstand und Ergebung, Eintrag vom 30. 4. 1944).

Wir kamen im Gespräch überein, daß Bonhoeffer zu seiner Zeit zu solchen Schlüssen kommen konnte. Heute zeigt sich aber gerade in neo-religiösen Erscheinungen wie dem New Age, daß die Zeit der Religion durchaus nicht zu Ende ist. Im Gegenteil – wir haben sehr handfest mit allen möglichen „bösen Geistern" zu rechnen und mutig mit ihnen umzugehen.

Mir selber hilft dabei immer wieder die einfache Frage, die ich von Martin Niemöller „eingeimpft" bekam: „Was würde Jesus dazu sagen?" Ich kann so recht gelassen und ohne dogmatische Bauchschmerzen an Grenzerfahrungen – eigene und fremde – herangehen.

Und gleichzeitig verliere ich nicht den Mut, immer wieder auch gemeinsam mit meinen Schülern unsere Welt und ihre Strukturen zu analysieren und nach den „Trampelpfaden" (E. Eppler) zu suchen, auf denen wir kleine Schritte zur Veränderung hin tun können.

Ich scheue mich dabei auch nicht, in der Sprache des Mythos Geschichten zu erzählen, um meine Erfahrungen mit dem christlichen Glauben und Handeln deutlich zu machen. Schließlich hat Jesus auch Geschichten erzählt, wenn er Menschen zur Umkehr und zum Reich Gottes hin Mut machen wollte.

Horst Schoch nennt seine besonderen Bedingungen und schließt daran einige „Ungelöste Fragen":

Zugegeben – auch ein Lehrer muß lernen. Meine Einstellung zum Phänomen und mein Umgang haben sich geändert. Aus der Erkenntnis heraus, daß eben ein rein rationaler Umgang kein Lösungsweg ist und voreilige Erklärungen die Chance, mit den Jugendlichen ins Gespräch zu kommen, eher verschließt, lasse ich die Erzählungen als Erfahrungsberichte erst einmal stehen. Aller-

165

dings ist es mir immer wichtig die emotionale Betroffenheit zum Ausdruck kommen zu lassen, also: Wie ging es dir dabei? Hat das Erlebte Folgen für dein Leben? Erfahrungsgemäß wird so zurückhaltenderen Schülerinnen und Schülern ein Weg geöffnet, auch darüber zu sprechen. Ein weiterer Schritt ist dann die Frage nach eventuellen Motiven bzw. Folgen, die okkulte Praktiken haben. Dabei wird fast immer deutlich, wie zerstörerisch und persönlichkeitszerstörend der Umgang mit diesen Praktiken ist. Damit möchte ich erreichen, daß die Jugendlichen selbst zu einem Urteil des Phänomens kommen können. Ein weiterer Teil ist dann allerdings auch die Untersuchung, inwieweit die Phänomene real sind, bzw. ob es nicht auch Erklärungsmöglichkeiten gibt. Allerdings soll dabei auch deutlich werden, daß nicht alles verstehbar ist.

Die Praxis hat mir gezeigt, daß jede Klassensituation derart verschieden ist, daß eine schematische Behandlung überhaupt nicht möglich ist. Die Bedürfnisse der Jugendlichen sind zu verschieden, um nach „Rezept" vorgehen zu können. Das relativiert die Stundenvorbereitung, intensiviert aber den eigentlichen Stundenablauf. Als allgemeines Ziel möchte ich die Einsicht bezeichnen, zu erkennen, daß diese Mächte nicht das Letzte sind, was den Menschen angeht. Christus als letzte Wirklichkeit ermöglicht es, sich von angeblichen oder realen Mächten eben nicht besitzen zu lassen.

Die unterschiedliche Praxis zeigt – zusammengefaßt – folgende Erkenntnisse bzw. noch zu lösende Fragen:

1. Rationale Erklärungen werden in der Regel nicht angenommen.

2. Es ist geradezu ein unterrichtliches Ziel von mir, eben nicht die rationalen Fähigkeiten als das einzig wahre „Vehikel" zur Wirklichkeitserfassung zu benutzen.

3. Es ist zu beachten, ein berechtigtes Anliegen der Jugendlichen (Frage nach Wirklichkeitserfahrungen), das zu einem falschen Ziel geführt hat (Satan als letzte Macht), nicht durch falsche Mittel (Ratio, Gesetzlichkeit, Nichtwahrnehmung der Situation der Schüler), zum rechten Ziel (Befreiung von zerstörerischen Mächten, neue Sinnerfahrung) zu bringen!

4. Wie ist es möglich, christliches Seinsverständnis (welche Mächte gelten eigentlich in meinem Leben?) so dagegenzusetzen, daß nicht wieder eine Gesetzlichkeit durch eine andere ersetzt wird, bzw. eine Magie durch eine andere?

5. Inwieweit fördert oder verhindert der Schulalltag eine sinnvolle Auseinandersetzung mit dem Problem?

6. Das zeigt sich am Schulalltag: Einige erklären alles für Hokus-pokus, anderen ist es ein existentielles Anliegen, sich mit dem Okkultismus zu beschäftigen. Die Schüler nehmen sich selbst in ihren Anliegen nicht ernst.
7. Welchen Eindruck hinterlasse ich eigentlich?
   „Warum sagt er nicht, daß alles Blödsinn ist? Glaubt er viel-leicht solche Märchen, bzw. hat der Lehrer Angst?"
   Oder: „Der nimmt mich überhaupt nicht ernst!"

Martin Göth, katholischer Diplomtheologe aus der Diö-zese Passau sieht für sich diese Möglichkeit:

So manche einfache Leute, vor allem auch Schüler, machen es aus Spaß, sind sich aber nicht der Gefahr bewußt, daß die Geister, die sie rufen, unheimlichen Einfluß auf sie ausüben: Angstzu-stände, Entscheidungsunfähigkeit, ja manchmal Wahnvorstellun-gen bis hin zu Schizophrenie können die Folgen sein.
Aus meiner Sicht kann ich nur von solchen Versuchen abraten, vor allem auch aus christlicher Sicht, da wir uns nicht mit „Teu-feln" und anderen Geistern einlassen sollen, sondern IHN, unse-ren Lebendigen Gott, Jahwe, zur Mitte unseres Lebens machen sollen.

Diözesanjugendseelsorger Wilhelm Zimmermann:

Vielleicht fragen Sie jetzt, was zu tun sei? Ich denke nur eines: Jeder muß deutlich machen, daß sein Leben eine positive Orien-tierung hat, welche Grenzen überwindet und einen tragenden Le-benssinn vermittelt. Hier sind weniger Institutionen, Organisatio-nen und oft auch Bücher gefragt, sondern der einzelne glaubwür-dige Mensch.
In der katholischen Jugendarbeit und in unseren Jugendverbän-den versuchen wir, diesen Weg zu gehen (vgl. Beschluß der Würz-burger Synode der Bistümer der Bundesrepublik Deutschland': „Ziele und Aufgaben kirchlicher Jugendarbeit"). Dabei ist uns deutlich, wir machen Schritte und keine großen Sprünge.

167

Dr. Beckers vom Generalvikariat des Bistums Aachen schreibt:

In meiner Beratungstätigkeit versuche ich den Ratsuchenden deutlich zu machen, daß ich selbst mit der Möglichkeit und Tatsächlichkeit okkulter Phänomene rechne. Mein Anliegen ist dabei, dem Gesprächspartner unterschiedliche Deutungsmöglichkeiten für derartige Phänomene zu erschließen, mit ihm Kriterien für die Entscheidung zwischen Deutungsmöglichkeiten zu erarbeiten und ihm bei der Auswahl des für ihn bedeutsamsten Erklärungsmodells zu helfen, nicht ohne ihn mit meiner Deutung zu konfrontieren und diese christliche Deutung zu begründen.

Wolfgang Hund auf die Frage: Was ist zu tun?:

Es liegt in der speziellen Art der okkulten Umtriebe, daß man in der Schule nur fächerübergreifend wirksam gegen sie angehen kann. Die Phänomene erhalten religiöse, naturwissenschaftliche und tricktechnische Aspekte. Der „Einzelfachmann" tut sich schwer, wie viele Anrufe und Briefe vor allem von Religionslehrern zeigen. Eine rein verbale Belehrung bleibt wirkungslos.
Was not tut, ist eine schonungslose Entlarvung
– der hinter besonderen Erscheinungsformen des Okkultismus stehenden ökonomischen Interessen,
– der betrügerischen Techniken und Absichten,
– der religiösen Scharlatanerie,
– der tricktechnischen und naturwissenschaftlichen Grundlagen,
– der Gefahren im Hinblick auf Abhängigkeit, selbsterfüllende Prophezeiung, Entfremdung,. . .
– der Ursachen für die Beschäftigung mit okkulten Praktiken.
Der Lehrer allein kann dies nur in seltenen Fällen aus dem Stegreif umfassend erledigen. Wieder einmal ist also eine intensive Zusammenarbeit aller an der Erziehung Beteiligten gefordert.
Erfolge sind durchaus auch kurzfristig zu erreichen, wie Aufklärungsveranstaltungen in Schulklassen, Jugendzentren und bei Lehrkräften gezeigt haben. Langfristig muß aber das Ziel sein, den Lehrer sensibel und kompetent zu machen, damit er entsprechende Anzeichen in seiner Klasse wahrnehmen und thematisieren kann.
Daß dieses Problem – wie ja vieles in der Pädagogik – nicht neu ist, zeigt ein Zitat des Marquis de Condorcet, dem Vorsitzenden

des „Komitees für das öffentliche Unterrichtswesen" zur Zeit der Französischen Revolution, 1792:

„Auch einige Kenntnisse in der Naturlehre sind notwendig, und sei es nur, um vor Zauberern oder vor Erfindern und Erzählern von Wundern zu bewahren.

Ich wünschte sogar, die Lehrer würden von Zeit zu Zeit in den wöchentlichen Lektionen einige Zauberkunststücke vorführen. . .

Dieses Mittel, den Aberglauben zu zerstören, ist eines der einfachsten und wirksamsten."

Statt einer abschließenden Stellungnahme zum gesamten Problemfeld „Jugend und Okkultismus" lassen wir an dieser Stelle die Pfarrerin und Psychotherapeutin Johanna Skriver mit einem Erfahrungsbericht zu Wort kommen, der – weit über den von ihr angesprochenen Bereich des Religionsunterrichtes an einer Berufsbildenden Schule hinaus – von Bedeutung ist:

I. Das Phänomen

Keine Frage: Spiritistische Sitzungen sind ungebrochen „in". Seit ich 1985 in die Berufsschule zurückkehrte, hat nahezu jede neue Klasse das Thema verlangt; damals noch mit allen Anzeichen von Angst und Unsicherheit, heute zunehmend gefestigt im Glauben an einen Geist, der das Glas führt bzw. das Tischchen schreiben läßt. Entsprechend wird von mir nicht mehr erwartet, daß ich „das doch mal erklären" soll, sondern Diskussionen laufen auf der Ebene argumentativer, bisweilen emotionaler Auseinandersetzung. Wenn sich abzeichnet, daß ich, die Pfarrerin, nicht an den Geist glaube, werden die SchülerInnen leicht wütend. Wer wie ich in der Auseinandersetzung mit pietistischen[1] Glaubensformen aufgewachsen ist, wer also das, was in meiner Studienzeit „Entmythologisierung"[2] hieß, als befreiend erlebt hat, der steht jetzt einigermaßen verblüfft vor dem Phänomen, daß junge Erwachsene dezidiert erklären, ihren Glauben an Geister ließen sie sich von mir nicht kaputtmachen.

Die Zahlen sind seit 1985 einigermaßen konstant geblieben. Pro fünfundzwanzig SchülerInnen haben etwa vier selber an entsprechenden Sitzungen teilgenommen. Weitere vier haben Sekundärerfahrung: Jemand aus ihrer näheren Umgebung hat von einer solchen Sitzung berichtet und die jeweilige Gemütsbewegung mitgeteilt.

Ich verfüge also unterdessen über etwa achtzig Berichte von Primärerfahrungen. Lese ich die quer, so ergibt sich folgende „idealtypische" Situation:

Vier bis fünf Teilnehmer veranstalten – selten spontan, meist auf Verabredung – eine Sitzung. Sie kennen einander, sind alle in derselben Lebenssituation (Schule, Ausbildung), gelegentlich nimmt eine Mutter teil. Von Vätern höre ich nicht. Fast alle tun es aus Neugier, viele voll spöttischer Abwehr. Einer in der Runde, meist der Einladende, ist besonders motiviert, er weiß auch, „wie es geht", d. h. spricht die einleitenden Beschwörungen an den supponierten[3] Geist. Nach einer Anfangsphase von vielleicht einer Viertelstunde, in der die anwesenden „Ungläubigen" kräftig dafür sorgen, daß keine irgendwie feierliche Stimmung aufkommt, fängt das Glas an, sich zu bewegen. Spätestens jetzt weicht die Mischung von Albernheit und Neugierde der Faszination, das Frage- und Antwortspiel hat begonnen und dauert leicht mehrere Stunden. Beendet wird die Sitzung, wenn Müdigkeit aufkommt, d. h. die Faszination nachläßt und das Bedürfnis nach Reflexion einsetzt. Nicht selten wird berichtet, auch der Geist habe ausdrücklich Müdigkeit gezeigt.

Während der Fragephase neigen die Teilnehmer offenbar dazu, sehr Ähnliches wissen zu wollen. Dem Geist werden zunächst Kontrollfragen gestellt, d. h. solche, deren Antworten zumindest ein Teilnehmer kennt (die eigene Telefonnummer, der Vorname des Großvaters, die Geschwisterzahl der Mutter, die Farbe des Familienautos). Wenn das Glas sich überhaupt bewegt – das tut es bis auf zwei/drei Ausnahmen immer –, „kann" es solche Antworten fehlerfrei.

An dieser Stelle kriegen die Teilnehmer Angst.

In meiner bisherigen Erfahrung wollen SchülerInnen ganz selten etwas über ihre Zukunft wissen. Manche trauen sich zu fragen, ob und wie sie die Abschlußprüfung bestünden. Fragen nach Lebenszeit und Todesursachen, auch nach Kinderzahl und potentiellem Partner werden vermieden, soweit sie sich auf Anwesende beziehen.

Freilich verfallen die SchülerInnen auch ganz selten auf die Idee, Dinge zu fragen, die zwar garantiert keiner der Anwesenden weiß, die aber unschwer zu eruieren und also zu kontrollieren wären. Wieviele Bücher hat die Bibel? Wann war der letzte Feldzug Napoleons? Wie lautet die Telephonnummer der Dame im oberen Stock?

Auch hier gibt es einen Erfahrungswert. SchülerInnen, die es wirklich wissen wollen, fragen solches bei ihrer nächsten Sitzung und erleben, daß dann das Glas sich nicht rührt. Andere verweigern das Experiment.

In bisher vier Fällen haben SchülerInnen glaubhaft versichert, das Glas habe etwas gewußt, was keiner der Anwesenden wußte. In zwei Fällen war die Geschwisterzahl der Mutter um eins zu hoch. Die daraufhin befragten Mütter enthüllten verblüfft, ja, sie hätten ein frühverstorbenes/totgeborenes Geschwisterchen gehabt. In einem Fall nannte das Glas Namen und Aufenthaltsort eines Verwandten in Südamerika, von dessen Existenz der Frager nichts wußte. In einem weiteren Fall gab das Glas Auskunft über einen früheren Arbeitsort des Vaters („Bahn"), der dem Frager unbekannt war.

II. Das Bedürfnis nach Reflexion

Nach der Berichterstattung, die immer mit großer Aufmerksamkeit verfolgt wird, ist (fast) jede Klasse bereit, Erklärungsmöglichkeiten zu sammeln. Eine solche Thesenreihe kann etwa enthalten:

1. Betrügerische Manipulation. „Die schubsen", sagen die SchülerInnen.
2. Optische Täuschung. Hier wird unterstellt, daß die Teilnehmer einer irgendwie gearteten Sinnestäuschung erlegen sind.
3. Umschlag von psychischer Energie in kinetische Energie.[4] Hier handelt es sich um eine Erscheinungsform von Telekinese. „Die schubsen", hat eine Schülerin formuliert, „aber sie schubsen unbewußt".
4. Geist von Verstorbenen. Immer handelt es sich um solche Personen, zu denen eine ausgesprochen gute Beziehung bestanden hat (Großeltern, frühverstorbene Elternteile).
5. Außerirdische Energiequelle. Gelegentlich weist ein Esoteriker in der Klasse darauf hin, daß sich jenseits unserer Gebundenheit an fünf Sinne, an Zeit und Raum, sehr wohl Dinge abspielen können, die wir zu erfassen, geschweige denn zu verstehen nicht in der Lage sind, weil unser genetisches Programm das nicht hergibt.

Konsultativumfragen in diesem Stadium zeitigen meist dasselbe Ergebnis: Je ein Drittel der Klasse findet, das Ganze sei Schwindel und Hokuspokus, ein weiteres Drittel versucht zu formulieren, daß und wie diese Sitzungen etwas mit dem Unbewußten der Teilnehmer zu tun haben müssen, das letzte Drittel glaubt an den

Geist von Verstorbenen. Einzelstimmen entfallen auf die Thesen 2) und 5).

III. Möglichkeiten der Auseinandersetzung

Im Lauf der Zeit haben sich ein paar Grundregeln als brauchbar erwiesen.

1.
Ich lehne es ab, eine Sitzung im Klassenzimmer zuzulassen. Klassengrößen von fünfundzwanzig SchülerInnen und Pausenklingel sind hinderlich, aber nicht ausschlaggebend. Wichtiger ist mir das Argument, daß bei Veranstaltungen im Klassenverband auf echte Freiwilligkeit kein Verlaß ist. Verbale Zustimmung, möglichst von „Stärkeren" der Klasse ausgesprochen, verunmöglicht es Schwächeren, Bedenken anzumelden. Ferner kann ich nicht wissen – hier rede ich als Therapeutin –, bei wem unter den SchülerInnen aufgrund einer seelischen Krise eine Angstreaktion auftreten könnte, für die ich nicht verantwortlich sein möchte.

2.
Ich halte die Äußerungen von SchülerInnen grundsätzlich für glaubwürdig, selbst wenn es sich um tolle Geschichten handelt, die nicht im mindesten meiner Erfahrung entsprechen. Das bedeutet nicht Verzicht auf kritische Rückfragen („Können Sie für sich betrügerische Manipulationen ganz bestimmt ausschließen?"), wohl aber Verzicht auf emotionale Stellungnahmen („Wollen Sie mir wirklich erzählen, Sie hätten das Glas rutschen gesehen?!") Die SchülerInnen haben einen Anspruch darauf, ernst genommen zu werden. Andernfalls würden sie eh stracks aufhören, zur Diskussion zu stellen, was sie beunruhigt.
Übrigens gibt es fast in jeder Klasse einen, der ehrlich sagt: „Also anfangs habe ich wirklich geschoben – aber dann bin ich erschrokken, als das Glas anfing, mich zu ziehen."

3.
Fast immer werde ich gefragt, ob ich selber an einer Sitzung teilnehmen würde/teilgenommen habe. Ich antworte wahrheitsgemäß: Ja, habe ich. Und während zweier Stunden hat das Glas nicht daran gedacht, sich zu rühren.

172

4.

Ich versuche nie, jemanden umzustimmen oder auch nur die besseren Argumente zu haben. Das ist zwar mühsam, es ärgert mich und tut auch weh, wenn SchülerInnen dermaßen kritiklos etwa die „Unglaublichen Geschichten" von RTL, samstags 10 Uhr, nicht nur nicht hinterfragen, sondern Anfragen meinerseits auch vehement ablehnen.

Daraus ergibt sich, daß ich okkulte Phänomene nicht anders behandle als jedes andere Thema auch: Geduldig und aufmerksam mich einlassend, kombiniere ich, was ich erfahre, mit dem, was ich von mir weiß. Und ich bin bereit, das Ergebnis meines Nachdenkens auf Anfrage zurückzuspiegeln – als meine Wahrheit.

Im einzelnen versuche ich im Unterricht herauszuarbeiten: Ich halte die Art von spiritistischen Sitzungen, die ich aus besagten Erfahrungsberichten entnehme, für verhältnismäßig harmlos. Die Faszination des sich bewegenden Glases reicht für zwei/drei Sitzungen; danach – und nachdem sich die SchülerInnen einen eigenen Reim darauf gemacht haben – klingt die Attraktion ab.

Eine Ausnahme bilden die SchülerInnen mit einer *latenten Suchtstruktur* – die also dazu neigen, sich in Abhängigkeiten zu begeben. Ich halte einen „Überstieg" zu Kultformen des Satanismus in Einzelfällen für möglich, nicht weil es einen Satan im Glas gäbe, sondern weil einzelne Menschen aufgrund ihrer jeweiligen Lebenssituation bzw. seelischen Konstellation sich eine Abhängigkeit von einem supponierten Bösen erschaffen können. Der Satz gilt auch dann, wenn diese Abhängigkeit leidend erfahren wird – es hat in NRW Suizide „auf Befehl Satans" gegeben. Diesen Sachverhalt teile ich den SchülerInnen mit.

Ferner: Ich neige zu der These, daß es sich bei diesen Sitzungen um einen Umschlag von psychischer Energie in kinetische Energie handelt, daß also die Teilnehmer das, was geschieht, auf irgendeine Art selber machen.

Auf einer anderen Ebene ist diese These weithin unumstritten und leuchtet auch den SchülerInnen ein, nämlich auf dem Gebiet der Psychosomatik. Dauerärger erzeugt Zellwucherung („Magengeschwür"). Dauerstreß erzeugt Verspannungen („Rückenschmerzen", „Kopfschmerzen"). Wir sind zwar eher gewohnt, zu sagen „Ich habe Kopfschmerzen" als „ich mache mir Kopfschmerzen". Trotzdem handelt es sich um dasselbe Phänomen, nämlich den Umschlag von psychischer Energie (in Form von angestautem Leiden) in physische Energie (Zellwucherung, Muskelverspannung). Ich weiß auf beiden Ebenen nicht präzise anzugeben, wie

der Umschlag funktioniert, aber ich denke, die beiden Phänomene unterscheiden sich lediglich durch ihren Bekanntheitsgrad.
„Ich kann mehr, als ich weiß, daß ich kann" – das etwa ist die
Formel, auf die sich das Phänomen des rutschenden Glases reduzieren läßt. Für den, der solches „Können" zum ersten Mal erlebt, löst es unweigerlich Angst aus. Dementsprechend versuche
ich, den Schülern die Angst zu nehmen, genauer: die Angst vor
einer außerhalb von ihnen liegenden Macht. Der nächste Schritt
heißt dann, daß ich auch nicht Angst zu haben brauche vor etwas
in mir. Mein Unbewußtes ist niemals mein Feind – dies ist ein
Axiom.
Ein Teil der SchülerInnen nimmt das mit Erleichterung auf. Nicht
selten führt das zum Impuls, mehr über sich erfahren zu wollen,
also sich liebevoller und aufmerksamer zu beobachten. Ich halte
dies für einen Schritt auf dem Wege zur Individuation, zum integ-
ren Menschsein.
Fazit: An die dezidiert an Geister Glaubenden ist, wie (fast) an
alle Glaubenden, schwer heranzukommen. Völlig nutzlos sind
auch in meiner Erfahrung Argumentationslinien, die entweder
Spiritismus als Humbug abqualifizieren oder aber warnend aus
jeder Sitzung Satansjünger hervorgehen sehen – beides kann erhoben werden aus Materialien, die die Sektenbeauftragten der
beiden großen Kirchen verschicken. Wenn SchülerInnen überhaupt sich einer Argumentation zu öffnen in der Lage sind, dann
am ehesten dem behutsamen Hinweis: Du kannst mehr als du
weißt, daß du kannst.

Anmerkungen

 1 pietistisch = fromm im Sinne der evangelischen Erweckungsbewegung
 2 Versuch, die christliche Botschaft von alten Mythen zu befreien und modernem
Verständnis zu erschließen
 3 vorausgesetzter Geist
 4 Bewegungs-Energie
 5 verborgene, versteckte S.

Aberglaube

Seit dem 15. Jahrhundert ist das Wort im deutschen Sprachraum belegt. Das mittelhochdeutsche „Aber" bedeutet etwa „Gegen" oder „Wider". Die christliche Kirche bezeichnete mit diesem Gegen-Glauben eine religiöse Auffassung, die über die Lehren der Kirche hinaus – auch im Gegensatz zu ihr – an geheime Naturmächte und magische Kräfte glaubt. Das bedeutet: Je nach weltanschaulichem Standpunkt ist die Grenze zwischen Glauben und Aberglauben unterschiedlich.

Aus dem lateinischen Wort superstitio ist abzulesen, daß Aberglauben etwas mit Wahn und Überheblichkeit zu tun hat. Das griechische Wort deisdemonia hat etwas mit der Angst vor den Göttern zu tun. Als abergläubisch im ursprünglichen Sinn wird seit Levy-Bruhl die magisch-primitive Weltsicht des frühen Menschen angesehen, der überall übernatürliche Mächte wirken sieht, weil er die natürlichen Ursachen nicht erkennen kann oder wahrhaben will. Aberglaube ist also ein umfassender Begriff, der nicht so eindeutig ist, wie es auf den ersten Blick scheinen mag.

Alp (auch Drude oder Nachtmahr)

Nach altem Aberglauben legen sich diese Wesen den Menschen nachts auf die Brust und drücken ihnen die Luft ab, so daß es böse Träume gibt (Alpdrücken). Hier nun sind Wöchnerinnen ebenso gefährdet wie Kleinkinder, die durch das Drücken große Beulen bekommen und nicht wachsen, im schlimmsten Fall sogar sterben können.

Vor den Druden schützt man sich mit dem *Drudenfuß*. Meist hilft es aber schon, wenn man vor dem Einschlafen nicht zu schwer ißt oder zuviel trinkt. Häufig sind seelische oder körperliche Verspannungen Auslöser für Alpdruck.

Amulette

Gegenstände, die Kräfte besitzen sollen, mit denen schlechte Einflüsse und Gefahren von ihrem Besitzer ferngehalten werden können.

Alraune

Wurzelstock der Pflanze Mandragora, der als Zaubermittel und Amulett gebraucht wird; er wird meist in männlicher Gestalt dargestellt.

Angst
Die Psychoanalyse hat – mit Sigmund Freud – den Begriff der Angst so beschrieben:

Real- oder Objektangst
Sie wird häufig als Furcht bezeichnet. Ein Mensch hat Angst vor einer tatsächlichen Gefahr und versucht sich so zu verhalten, daß er die Gefahrensituation vermeidet oder wenigstens die Gefahr verringert. Diese Angst ist überlebensnotwendig.

Neurotische Angst
Sie wird von innen heraus durch das sogenannte Ich hervorgerufen. Der Mensch mit einer solchen Angst will auf diese Weise schon im Vorhinein auf die leiseste Drohung einer Gefahr vorbereitet sein.

Moral- oder Schuldangst
Diese Angst führt Freud auf übermächtige Anforderungen des sogenannten Über-Ichs zurück. Ein Mensch, der Angst hat, daß er durch Liebesverlust bestraft wird, kann Moral – oder Schuldangst entwickeln.
Die drei genannten Arten der Angst wirken häufig im Zusammenhang auf den Menschen und verstärken so den inneren Angstzustand bis hin zu Depressionen und Verfolgungsangst.

Ariel (hebr.: Feuerherd Gottes)
Nach dem Propheten Hesekiel (Kapitel 43,15 u. 16) ist A. der oberste Absatz des Brandopferaltars. Später auch eine Bezeichung für Jerusalem.
Im Buch Esra (Kap. 8,16) ist A. der Name des Ahnherrn eines alten israelitischen Geschlechtes und eines Obersten zur Zeit Esras (ca. 450 Jahre v. Chr.).
Im Zusammenhang okkulter Praktiken handelt es sich bei A. um einen Geist, der Schätze und verborgene Güter unter seiner Kontrolle hat und sie dem zugänglich macht, der ein *magisches Siegel* von ihm hat. Er ist u. a. bekannt aus dem Zauberbuch „Fausts Höllenzwang".

Arkanum
Latein.: Geheimnis, Geheimmittel (Mehrzahl: Arkana)

Astralleib (lat.: Gestirnleib)
So wird der von manchen Okkultisten wahrgenommene nebelähn-

liche Körper bezeichnet. Er ist mit physikalischen Methoden nicht faßbar. Im *Spiritismus* wird A. oft verwendet und meint den feinstofflichen Ätherleib (= Geist-Leib). Durch den A. wird es angeblich möglich, daß ein Mensch an zwei Orten zu gleicher Zeit sein kann („Doppelgänger"). Mit „Traum-Körper" ist das Gleiche gemeint.

Astralreisen
Dem *Astralleib* soll es angeblich möglich sein, auf Astralreisen zu gehen. So kann der Astralleib an zwei Orten gleichzeitig sein („Doppelgänger"). Auch Raum und Zeit können durch eine A. überwunden werden.

Aura (lat.: Schimmer, Dunst)
Medial veranlagte Menschen behaupten diesen „magnetischen Lichtschimmer", bei dem es sich um eine Ausstrahlung des menschlichen Körpers handeln soll, die – je nach körperlicher und seelischer Verfassung – verschiedenartig aufleuchtet; angeblich sichtbar gemacht durch die „Kirlian-Fotografie" (eine Art Hochfrequenz-Fotografie, benannt nach S. D. Kirlian, der „Strahlenkränze" auf Fotoplatten für den Beweis der A. von Lebewesen hielt. Allerdings wies eine mehrere Monate tote, mumifizierte Affenhand bei wissenschaftlichen Überprüfungen die gleichen Strahlenkränze auf).

Außersinnliche Wahrnehmungen (ASW, engl. ESP = Extra Sensory Perception)
Dazu zählen Phänomene (= Erscheinungen) wie *Hellsehen, Telepathie* (= Gedankenübertragung) und *Präkognition* (= Vorhersehen/Vorherwissen), auch *Visionen* (= Erscheinungen, die künftige Personen/Ereignisse widerspiegeln) und *Astralreisen* (= außerkörperliche Reisen).

Automatisches Schreiben
Beim automatischen Schreiben gibt es zwei Möglichkeiten, den „Kontakt mit der Geisterwelt" (Geister von Verstorbenen und/ oder „Planetarier") aufzunehmen.
1. Seltener kommt das Schreiben in Trance (= schlafähnlicher Zustand bei spiritistischen Medien) vor. Das Medium behauptet, seine Hand würde von Geistern „geführt". Tatsächlich handelt es sich meist um Botschaften aus dem eigenen Unterbewußtsein.
2. Häufiger ist das Schreiben mit einem dreibeinigen Tischchen.

An zwei Beinen sind Rollen angebracht, an dem dritten ein Bleistift (= Planchette). Auf dieses Tischchen legt entweder ein Teilnehmer seine Hand oder mehrere Teilnehmer ihre Finger. Nun beginnt das Tischchen „Muster" zu kritzeln, die man mit Phantasie zu Worten und „Botschaften" ausdeuten kann. Es wird dabei (fast unbewußt) gesteuert; es handelt sich nicht um jenseitige Botschaften.

Automatismus, motorischer
Der m. A. bezieht sich auf die Bewegung z. B. des Menschen. Die motorischen Nerven sind Nerven, die zu den Muskeln gehen. Selbst wenn ein Mensch in völliger Ruhe daliegt, sind einzelne Muskelfasern angespannt. Es kann hier zum Anspannungszittern kommen; unbewußt und ohne daß der Betreffende es steuern kann, bewegen sich die Muskeln. Durch verschiedene andere Faktoren wird dieser m. A. verstärkt, z. B. durch Atmung oder seelische Anspannung. Der m. A. spielt beim *Pendeln, Glasrücken* usw. eine Rolle bei der Bewegung von Pendel, Glas oder Tischchen.

Backward Masking (= auch backmasking oder revers-masking-process)
Eine Art Geheimsprache auf Schallplatten. Angeblich sollen dem Satanismus zugetane Musikgruppen des Hardrock/Heavy-Metal diese – produktionstechnisch mögliche – Methode anwenden, um „Botschaften" rückwärts oder in anderer Geschwindigkeit aufzuspielen. Der Trick dabei ist, daß man sie nicht sofort erkennen kann, sie aber ins Unterbewußtsein eindringen – andere Fachleute sind der Ansicht, daß es sich dabei um bloße Phantasien von Gegnern der Rockmusik handelt, die in allem den „Satan" wittern.

Beelzebub (hebr.: Herr der Fliegen)
Eine Gottheit der Philister (bekannt aus dem Alten Testament), die im Sommer Fliegen kommen läßt und sie auch wieder wegnimmt; ursprünglich Baal-Sebub. Im Neuen Testament gilt B. als der oberste der Teufel. Die Gegner Jesu behaupteten, daß Jesus mit Hilfe des B. die Teufel austreibe (Matthäus 12,24).

Besprechen
Magische Formeln und Zaubersprüche werden aufgesagt, um Krankheiten bei Menschen aber auch Tieren zu heilen. Nicht un-

terschätzt werden sollte die psycho-somatische (= seelisch-körperliche) Wirkung solcher „Besprechungen" z. B. von Warzen („Wer fest dran glaubt, wird geheilt"). Auch der Placebo-Effekt ist hier zu nennen: Menschen erhalten gegen schwere Störungen, z. B. Migräne ein „Wundermittel". Sie werden tatsächlich geheilt – obwohl außer Kalk und Traubenzucker kein Wirkstoff in der Tablette (Placebo) enthalten ist: Der „Glaube" hilft auch hier.

Bioenergetik
Philosophische Lehre von der Anwendung der Energiegesetze auf die Lebensvorgänge.

Black Metal
„Spielart" des Hardrock/Heavy-Metal, die sich in besonderer Weise dem *Satanismus* zuwendet (erste Gruppe dieser Art war „Black Sabbath" mit dem Sänger Ozzy Osbourne, der auf der Bühne u. a. einer Taube den Kopf abbiß).

Blutritual
Bei satanistischen Messen wird beispielsweise ein schwarzes Tier geopfert: die Kehle wird durchgeschnitten, das Blut wird aufgefangen. Während in feierlicher Form der *Satan* angerufen wird, werden mit dem Blut magische Zeichen auf den Leib eines oder aller Beteiligten gemalt. Das Blut kann auch – ähnlich wie beim christlichen Abendmahl der Wein – von allen getrunken werden.

Carpenter-Effekt
Carpenter hatte 1852 entdeckt, daß jede Vorstellung einer Bewegung gleichzeitig einen Antrieb zum Vollzug dieser Bewegung einschließt. Anders gesagt: Wenn sich ein Mensch z. B. vorstellt, wie eine Wendeltreppe aussieht, dann wird er fast immer den inneren Drang haben und beinahe von selbst eine spiralenförmige Handbewegung machen.
Jede Bewegung, die man sich vorstellt, setzt sich um in eine Darstellung dieser Bewegung – das gilt eben auch bei okkulten Praktiken wie dem *Glasrücken,* dem *Pendeln,* dem *Tischrücken* und dem Wünschelrutengehen.

Chakra
Im Okkultismus sind das die geheimsten Sinnesorgane des *Astralleibs.* Sie werden durch bestimmte Übungen entdeckt und müssen entwickelt werden.

Channeling

Seit den 70er Jahren tritt in den USA eine neue Form des *Spiritis-mus* auf, die glaubt „Channel" (eng. = Kanal) zu sein für höhere Intelligenzen aus der jenseitigen Geisterwelt. Shirley McLane ist das gegenwärtig bekannteste C.-Medium. Im US-Fernsehen erscheinen regelmäßig Sendungen von C.-Medien, die die TV-Zuschauer durch Kontakte mit der Geisterwelt soweit beeinflussen, daß sie in die Lage kommen, eine bessere Welt zu schaffen.
In spiritistischen Kreisen versteht man C. in der Traditionslinie des Schamanentums und göttlicher Offenbarung (*Orakel,* Prophetie).

Drudenfuß

Dieser fünfzackige Stern – in einer Bewegung gezeichnet – schützt vor Druden *(Alp)*. Er stellt den Fußabdruck der Druden dar und muß auf Türschwellen, Betten oder auch an die Decke gezeichnet oder in Holzform angebracht werden. Schon in Goethes „Faust I" wurde Mephisto von dem magischen Drudenfuß – der auch Pentagramm genannt wird – am Hinausgehen gehindert. Steht die Spitze des D. unten, so handelt es sich um ein eindeutiges Satanszeichen.
Wenn man dem Volksglauben folgen soll, so sind Druden, diese nächtlichen Drückegeister, vor allem in Bayern und Österreich wiederzufinden. In der Drudennacht – auch Walpurgisnacht genannt – treiben sie besonders ihr Unwesen.

Dämonen

Böse Geister oder auch Teufelsgeister gelten im christlichen Bereich als D.; sie sind die Anhänger des *Satans* (= Teufels, Beelzebubs, Belials), die – ähnlich wie die Engel Gottes – lediglich auf der anderen Seite stehen. Der „böse Dämon" bedeutet immer Unglück. Menschliche Regungen wie Neid, Haß und oft auch Krankheiten werden angeblich von Dämonen hervorgerufen. Gegen Dämonen gibt es Abwehrzauber in Form von *Amuletten*. Dämonen sind die „unsichtbaren Verursacher der unerklärlichen Zustände" (Haack).

Esoterik

Der griechische Philosoph Pythagoras hat zwischen Esoterik und Exoterik unterschieden. E. ist demnach die Lehre des verborgenen und geheimen Wissens (Exoterik ist die Lehre des Bekannten).

Exorzismus
Austreibung von Teufeln und *Dämonen* mit Hilfe religiöser Gebete, aber auch magischer Riten; in der katholischen Kirche noch heute – wenn auch selten – in Gebrauch, in Frankreich häufiger anzutreffen.

Geister
Im *Spiritismus* werden G. als unsichtbare Wesen bezeichnet, die sich jedoch durch Handlungen oder sonstige Äußerungen bemerkbar machen können. Drei Arten von G.n werden unterschieden: zum einen die „Seelen Verstorbener", die noch im diesseitigen Bereich anwesend sind, zum anderen sind es dämonische Wesen, zum dritten auch Naturgeister wie Kobolde, Elfen, Feen (vgl. Haack, 1987).

Gespenster
G. gehören in die Welt der Märchen und haben nichts mit der Wirklichkeit zu tun. Angeblich sind es *Geister,* die durch unnatürlichen Tod (Unfall, Mord) ums Leben gekommen sind. Sie sind zum Beispiel gezwungen, an einem bestimmten Ort zu bleiben, und zeigen sich dort immer wieder als Warnung oder infolge eines Fluchs (Beispiele sind die „weißen Frauen" in Burgruinen o. a.; vgl. Haack, 1987).

Glasrücken
Bei einer spiritistischen Sitzung wird in die Mitte eines meist runden Tisches ein Glas mit dem Boden nach oben gestellt. Am Rand des Tisches sind die Buchstaben von A bis Z angebracht (aufgemalt oder mit Karten gelegt), ebenso die Zahlen von 0 bis 9, sowie JA und NEIN. Nach einer kurzen Konzentration legen die drei bis sechs Teilnehmer ihren Zeigefinger leicht auf den Glasbodenrand. Dann werden Fragen gestellt, die ein anwesender „Geist" beantworten soll.

Halluzination
Sinnestäuschung

Hellsehen
Erkennen von verborgenen und/oder entfernten Gegenständen auf übersinnliche Weise; Entfernung und Zeit spielen dabei keine Rolle.

Hexe

Nach altem Zauber- und Gespensterglauben ist die H. ein altes Weib, das mit dem Teufel im Bund ist, mit ihm sexuell verkehrt und Menschen und Tieren Schaden anzaubern kann. Außerdem kann sie durch die Luft fliegen und nimmt am Hexensabbat auf dem Blocksberg (Harz) teil. Ihr Name kommt möglicherweise vom althochdeutschen hagazussa was soviel heißen könnte wie „die den Hag (Feld und Flur) schädigt". Andere Deutungen sind z. B. „die auf dem Zaun reitet" – halb in der Zivilisation, halb in der ungezähmten Natur lebt und beide Bereiche miteinander verbindet.

Seit dem Mittelalter wurden H.n verfolgt, gefoltert und verbrannt. Angeleitet wurden die H.nverfolger durch den berüchtigten „Hexenhammer" aus dem Jahr 1487, in dem die beiden Dominikanermönche Institoris und Krämer genaue Anleitungen gaben, wie Hexen zu bekämpfen seien. Durch den „Hexenhammer" wurde die mörderische Zeit der H.nverfolgungen eröffnet, die erst 1775 ihr Ende fand. Am 11. April 1775 wurde Marie Schwägelin aus Kempten als letzte „Hexe" verbrannt, weil sie heimlich zum Protestantismus übergetreten war.

Da wir nur aus den Büchern der H.nverfolger Rückschlüsse ziehen können – die H.n selber haben nichts Schriftliches hinterlassen –, sind wir auf Vermutungen angewiesen, wer diese Frauen tatsächlich waren. Wahrscheinlich handelte es sich um besonders kluge und weise Frauen, die oft zugleich als Hebammen medizinische Kenntnisse besaßen. Vielleicht waren sie auch durch ihre Schönheit den weniger schönen Ehefrauen „gefährlich". Sie wurden jedenfalls auf vielfältige Weise denunziert und solange gefoltert, bis sie zugaben, mit dem Teufel im Bund zu sein; dann wurden sie verbrannt.

Initiation

Durch bestimmte Bräuche werden Neulinge z. B. in eine Altersgemeinschaft oder einen Geheimbund aufgenommen. Bei Naturvölkern werden durch I.sriten – z. B. Mutproben u. a. – junge Männer in den Kreis der erwachsenen Männer und Mädchen in den Kreis der Frauen aufgenommen.

Jenseits

Im *Spiritismus* wird angenommen, daß nach dem Tod des Menschen ein Überleben des vom Körper getrennten Geistes möglich sei. Der Geist geht „hinüber" in die Geist-Welt, das J., eine Art

Oberwelt des Lichts und der Materielosigkeit. In dieser „schönen anderen Welt" wandeln die im J. Lebenden glückselig auf sonnigen Wiesen – so beschreiben es spiritistische Medien. Durch diese Mittler (= Medien), aber auch durch Praktiken wie das *Glasrükken, Tonbandstimmen* u. a., können Kontakte zu dieser anderen Welt, zum J. aufgenommen und die *Geister* Verstorbener angerufen werden.

Wo das J. genau liegt, wird nicht gesagt. Spiritisten sprechen nicht vom Sterben, sondern davon, daß ein Verstorbener „nach drüben", ins J., gegangen ist.

Kartenlegen

Eine Form des *Wahrsagens*. Mit Hilfe von Karten – es können Rommé- oder Skatkarten sein, aber ebenso *Tarot*-Karten – versucht der Mensch auf ein Gebiet vorzudringen, das er unbedingt kennenlernen möchte, aber niemals kennenlernen wird: das Gebiet der Zukunft. Je nachdem, wie die Karten gelegt werden, sollen sie Auskunft geben über die Zukunft des Fragenden.

Levitation (von lat. levitas = Freischweben)

Scheinbar schwebt der Körper im Raum – jedenfalls kann ein Mensch derartige Aufhebung der Körperschwere subjektiv erleben. In der *Parapsychologie* wird mit L. das „Hochschweben" von Gegenständen oder auch Menschen in spiritistischen Sitzungen bezeichnet.

Luzifer (lat.: Licht-Bringer)

Die volkstümliche Legende berichtet vom Sturz des höchsten Engels, der sich anmaßte, Gott gleich zu sein. Deswegen wurde er von Gott gestraft und aus dem Himmel gestürzt. Hier bekommt der ehemals höchste Engel den Namen *Satan*. Im Namen L. ist die christliche Vorstellung zu erkennen, daß der Teufel ein Geschöpf Gottes ist und daher nicht völlig eigenmächtig. War L. im Mittelalter noch eine Person – Fürst der Teufel –, so versteht die neuere Theologie vor allem zerstörerische Kräfte darunter. Übrigens – in der Astronomie heißt der Morgenstern L.

Magie (griech.: Geheimkunst, Zauberei)

M. ist eine Denkweise, die dem Denken im Zusammenhang von Ursache und Wirkung widerspricht. M. ist überzeugt, daß sie durch bestimmte Handlungen Zeit, Raum und Naturgesetze überschreiten kann und zugleich wieder in unserer Welt wirksam wird.

Mit magischen Praktiken (z. B. *Riten, Zauber, Orakel*) kann der Magier angeblich Menschen, Tiere, Pflanzen, Gegenstände „zwingen", ihm jederzeit zu Willen zu sein. Dabei glaubt der Magier, daß ihm verborgene Naturkräfte oder auch dämonische Mächte zu Hilfe kommen. Es wird häufig zwischen „weißer" M. (= hilfreich für den Menschen, z. B. Rutengeher, die Krankheitsherde aufspüren) und „schwarzer" M. (= schädlich, bringt Unglück, Krankheit usw. für den Menschen) unterschieden.

Magisches Siegel (lat.: Sigillum = kleine Figur, Bild)
Beim m.S. handelt es sich um Geisterzeichen, die z. T. recht kompliziert anzufertigen waren: ineinandergezeichnete Quadrate und Kreise, versehen mit lateinischen und hebräischen Buchstaben. Zeichen des Tierkreises gehören ebenfalls dazu, und natürlich wird der Name des Geistes besonders groß geschrieben. Mit Hilfe des m.S.s konnte der betreffende Geist jederzeit um Hilfe gerufen werden. Für derartige Siegel zahlte man früher Tausende von Gulden.

Materialisation
Angeblich werden durch spiritistische Medien (= Mittler zwischen Verstorbenen und Lebenden) Gliedmaßen, Abdrücke von Körperteilen, aber auch ganze menschliche Gestalten (= Vollmaterialisation) in stofflich wahrnehmbaren Erscheinungen gebildet. Auch aus der Nase, dem Mund oder den Achsenhöhlen kann eine solche Gestalt „ausströmen". Diese Masse wird Teleplasma oder Ektoplasma genannt.

Medium (lat.: Mitte, Mittel)
M. ist in unserem Zusammenhang ein Mensch, der paranormale Fähigkeiten besitzen soll. In spiritistischen Sitzungen tritt das M. mit den Geistern in Kontakt. Medien sollen auch okkultische Fähigkeiten besitzen (Telepathie, Hellsehen, Strahlenfühligkeit).

Mesmerismus
Der Arzt F. A. Mesmer (1734–1815) hat die praktische Anwendung des von ihm so genannten „animalischen Magnetismus" wiederentdeckt: Angeblich haben bestimmte Menschen magnetische Kräfte, mit denen sie andere heilen können. Dieser „Stoff" sei von äußerster Feinheit und durchdringe das gesamte Weltall. Er sei eine geheimnisvolle Kraft, die einen bestimmten Einfluß auf Menschen, Pflanzen und Tiere ausübe.

Magische Mosebücher
Das bekannteste der m.M. ist das „6. und 7. Buch Mose". Es gibt
aber noch weitere m.M., die sich offenbar an den Erfolg des „6.
und 7. Buch Mose" angehängt haben. Mit den alttestamentlichen
5 Büchern Mose haben sie nichts zu tun. Es handelt sich bei den
m.M. um Zauberbücher, mit deren Hilfe man ebensogut den
Satan samt allen Unterteufeln herbeizwingen wie auch ewige Jugend, Schönheit und Fruchtbarkeit erzielen kann. Ein Kranker
kann z. B. dadurch geheilt werden, daß er eine lebendige Kröte
mit den Händen in zwei Stücke zerreißt, sie zu Asche verbrennt
und mit dem Wasser vermischt trinkt.

Od
Es handelt sich dabei um eine vom Menschen ausgestrahlte Kraft,
auf die medial begabte Personen empfindlich reagieren.

Okkultismus (lat. occultus = verborgen, geheim)
O. ist die Lehre von verborgenen, übersinnlichen und natürlichen
Dingen, die uns rätselhaft vorkommen.
O. ist auch eine Bewegung, die sich mit geheimnisvollen Erschei-
nungen befaßt. Von der Wissenschaft wird sie weitgehend nicht
anerkannt.
Die Spiritisten „erklären" diese unerklärlichen Erscheinungen als
Wirkung von *Geistern*. Die Animisten (= Anhänger des Animis-
mus, einer Anschauung, die die Seele als Lebensprinzip betrach-
tet) erklären sie als Auswirkung besonderer Fähigkeiten einzelner
Menschen. Die *Parapsychologie* sieht es als ihre Aufgabe an, solche Erscheinungen aufzuklären.

Orakel (lat.: Weissagung)
Es kann auch der Ort sein, an dem eine Weissagung von den Göttern gegeben wird. Manchmal werden unter O. auch magische
Handlungen verstanden, mit denen man die Zukunft zu erfahren
hofft.

Paranormal, Paranormale Erscheinungen (para = griechisch:
neben)
In der Parapsychologie werden Erscheinungen paranormal genannt, die nicht mit natürlichen Mitteln zu erklären sind *Außersinnliche Wahrnehmungen*).

Parapsychologie (griech. para = neben, außerhalb der Psychologie)
Die „Wissenschaft" von außersinnlichen (okkulten) Wahrnehmungen *Telepathie, Hellsehen,* Prophetie (= Vorhersagen künftiger Ereignisse) und von unerklärbaren seelischen Wirkungen auf materielle Vorgänge wie Psychokinese (= Fernbewegung mit Seelenkraft) oder *Materialisation.*
Die P. ist als Wissenschaft umstritten (vgl. dazu den aufklärenden Band von Prokop/Wimmer, Der moderne Okkultismus, Stuttgart 1987, der alle angeblichen paranormalen oder parapsychologischen Erscheinungen genau untersucht und auch ihre „wissenschaftliche" Erforschung exakt unter die Lupe nimmt).

Pendel (lat.: das Hängende)
Das siderische Pendel dient dazu, Botschaften aus dem *Jenseits* durch P.schwünge zu ermitteln. Dabei kann angeblich alles gependelt werden – vom Geschlecht eines ungeborenen Kindes bis hin zum vermeintlichen Todesdatum.

Pentagramm
Fünfzackiger Stern *(Drudenfuß)*

Planchette
Ein tischähnliches Brettchen mit Rollen und einem Bleistift, der Botschaften aus der Geisterwelt aufschreiben soll, wenn Finger oder Hand aufgelegt werden.

Präkognition
„Vorauswissen" – eine Art Hellsehen in die Zukunft. Ein Mensch sagt künftiges Geschehen richtig voraus.

PSI
Der griechische Buchstabe PSI ist der Anfangsbuchstabe des Wortes Psyche (= Seele). Davon abgeleitet wird der Begriff PSI. Er bezeichnet die Gesamtheit aller Erscheinungen, die mit den gewohnten Begriffen nicht zu erklären sind.

Psychokinese
Gegenstände werden in Bewegung gesetzt oder verändert, ohne daß andere, z. B. mechanische Kräfte zu Hilfe genommen werden – allein durch seelische/geistige Einwirkung. Ein *Medium* „bewegt" also Gegenstände, ohne sie zu berühren.

Radiästhesie (lat./griech.: Strahlenfühligkeit)
Die Strahlenempfindlichkeit der Rutengänger und Pendler soll aus einem Zusammenspiel von *außersinnlichen Wahrnehmungen* und von natürlichen Reizen entstehen.

Reinkarnation (lat.: Wieder-Einkörperung)
Die „Seele" eines Verstorbenen wird in einem anderen Lebewesen (Kind, aber auch Tier) „wiedergeboren". Diese Vorstellung kommt z. B. aus dem Hinduismus (Religion in Indien). Die Seele „wandert" ihrem Ziel, dem Licht (Gott), entgegen. Dabei muß sich die Seele auf ihrer „Seelenwanderung" im jeweiligen irdischen Leben bewähren, um nach dem Tod in ein nächst „höheres" Lebewesen eingehen zu können.

Ritual
Ein ordnungsgemäßer, heiliger Brauch, der sich immer wiederholt, entwickelt R.-Handlungen, die genau festlegen, wie ein Gottesdienst z. B. abzulaufen hat. Ziel der R.e ist es meistens, eine Verbindung herzustellen zwischen Gott (aber auch *Dämonen* und Teufeln) und den Menschen. Mit Hilfe der R.e wird sowohl den Gottheiten gedient als auch den Menschen Kräfte verliehen. Andere R.e sollen schadenbringende Mächte abwehren und böse *Geister* unschädlich machen.

Runen
Germanische Schriftzeichen, die zur „Weissagung" gebraucht werden: Kleine Stöckchen werden auf den Tisch geworfen; aus ihrer Lage und Anordnung wird dann „orakelt", was die Zukunft bringt.

Satan (hebr.: Widersacher, Verleumder)
Im Alten Testament konnte Böses durchaus von Gott kommen, wenn er zornig war. Als Gegengott ist S. im Alten Testament nicht erwähnt, wohl als ein Widersacher Gottes, der Gottes Macht anzweifelt (vgl. die Geschichte von Hiob im Alten Testament). Später wird S. ein Name des Teufels. *Luzifer,* der gestürzte Engelfürst, wird dann ebenso S. genannt wie andere *Dämonen.*
Nach anderen religiösen Vorstellungen verbindet sich mit S. die Vorstellung einer Gegenmacht Gottes. Im Endkampf um das Schicksal der Welt wird S. schließlich zum Gegenspieler Gottes. In der Offenbarung des Johannes wird erwähnt, daß die Macht S.s endgültig durch Jesus Christus gebrochen wurde. S. wird in den „Pfuhl von Feuer und Schwefel" geworfen und wird dort „ge-

quält werden Tag und Nacht von Ewigkeit zu Ewigkeit" (Offenbarung 20,10).
Vorstellungen vom Satan/Teufel sind zahllos – nicht nur im christlichen Bereich. Durch Aberglauben und andere Phantasien wurde und wird der Satan oft in grellen Farben ausgemalt.

Satanismus

Ein Kernsatz aller satanistischen Gruppierungen könnte lauten: „Es ist kein Gott, außer dem Menschen". Verschiedene Ausprägungen des S. sind voneinander zu unterscheiden (wir folgen hier Haack/Haack, S. 14 ff.):
Im historischen S. wird *Satan* als Gegenspieler Gottes angesehen. Dieser S. bezieht sich auf die Riten der Kirche und „stellt sie auf den Kopf": statt Gott anzubeten, wird Satan angebetet. Das Kreuz Christi hängt verkehrt herum, Hostien (Brot, das beim Abendmahl den Leib Christi darstellt) werden geschändet, indem sie in Tierblut getaucht und gegessen werden, und andere „Umkehrungen" christlicher Kulthandlungen finden statt im Rahmen der „Schwarzen Messe", einem satanistischen Gegenstück zur christlichen „weißen" Messe.
Im rituellen S. bilden sich Orden und satanistische Kirchen wie z. B. die First Church of Satan, die Anton LaVey 1966 in San Francisco gründete. Er gab auch 1969 die erste Satanistische Bibel heraus. Einige Musiker hatten unmittelbaren Kontakt zu dieser Kirche des Satans. Der Altmeister der modernen Satanisten ist vermutlich Aleister Crowley (1875–1947) der aus strenggläubiger protestantischer Familie stammte und sich später – in Visionen– als das Große *Tier 666* bezeichnet hat, das den Teufel symbolisiert. In seinem Gesetzbuch des neuen Zeitalters „Liber Al vel Legis", das ihm 1904 von einer übermenschlichen Wesenheit AI-WASS diktiert worden sei, kündigt sich das neue Zeitalter an: Die christliche Sklavenmoral wird abgelöst durch die Lehre vom „wahren Willen". „Tue was du willst soll sein das ganze Gesetz!" schreibt Crowley später in der „Gnostischen Messe". Das aber soll gehen auf Kosten der Schwachen, die niederzumachen sind, wenn sie im Weg stehen. Erkennungszeichen satanistischer Kulte:
1. Sexualmagie = eine Form von pervertierter Sexualität, die Frauen zu kultischen Gefäßen erniedrigt, die für die männlichen Satanisten zur Verfügung zu stehen haben.
2. Antichristliche Orientierung.
3. Oberstes Prinzip: Tue was du willst – tritt nieder die Elenden und Schwachen!

4. Arkandisziplin: Alle Mitglieder sind zum Schweigen über die satanistischen *Rituale* verurteilt – ansonsten droht „Tod dem Verräter!"

Im ambulanten oder latenten S. geht es um mehr oder weniger spontane und oft nur vorübergehende Praktiken wie „Schwarze Messen" auf Waldlichtungen oder Grufti-Feten junger Leute auf Friedhöfen, die oft nur wohlsituierte Bürger schockieren sollen. Zum größeren Lustgewinn geht es dabei oft auch um satanistische Sexualität, die aber meist frei erfunden ist. Auch *Teufelspakte* haben hier ihren Ort.

Der kulturelle S. findet sich vorwiegend in Filmen oder auch in Teilen der Hardrock/Heavy Metal Musik sowie in der bildenden Kunst (Wiener Aktionisten, die den Satan auf der Bühne spielen lassen).

Der Wahnsatanismus spielt den S. in lügenhafter Weise hoch, z. B. in Form sogenannter Enthüllungsbücher, die oft nur einer verqueren Phantasie und einem ausgeprägten Geschäftssinn entspringen.

Schamanismus
S. ist die Lehre von den Geist-Heilungskräften der alten Naturvölker. Schamanen waren Stammespriester in Ostsibirien. Nach ihnen werden jedoch alle Zaubermänner und Medizinmänner genannt. Schamanen nennen sich auch heute bestimmte Personen, die sich mit magisch-okkulten Praktiken befassen.

Schwarze Messe
Die s.M. ist das satanistische Gegenstück zur katholischen Messe. Hier ist alles auf den Kopf gestellt, z. B.: Das Kreuz Christi hängt verkehrt herum; statt aus einem Kelch Wein zu trinken, wird aus dem Bauchnabel einer Frau Blut getrunken; an die Stelle christlicher Gebete tritt die Anrufung des Teufels. Schwarze Messen werden vor allem heimlich und unter Ausschluß der Öffentlichkeit gefeiert. Sexuelle Praktiken spielen in ihnen eine wichtige Rolle.

Séance (franz.)
Spiritistische Sitzung mit einem Medium

Sexualmagie
Bestimmte sexuelle Praktiken, die z. B. in einer *schwarzen Messe* eingesetzt werden, um dem *Satan* in besonderer Weise zu Diensten zu sein. Eine Form ist die der sexuellen Orgie am Ende einer

Schwarzen Messe – jeder Satanist verkehrt mit der Frau, die vom Satanspriester auf den Altar gelegt wurde. Anschließend verkehrt jeder mit einer anderen Frau, die bei der Schwarzen Messe zugegen ist. Das alles geschieht angeblich „zur höheren Ehre" Satans und schenkt den Teilnehmern neue Kräfte.

Spiritismus

Der S. beruht auf der Annahme, daß ein persönliches Überleben nach dem Tod möglich sei und in Versuchen nachgewiesen werden könne. Besonders begabte Menschen – *Medien* – sollen Kontakt mit Verstorbenen in der Geist-Welt aufnehmen und Botschaften aus dem *Jenseits* in unsere diesseitige Welt vermitteln können. Dies kann in Form von Trancereden (= Reden in einem schlafähnlichen Zustand), automatischen Schreiben, *Tisch-* oder *Glasrükken,* Klopfzeichen o. ä. geschehen. Im Gegensatz zur *Parapsychologie* führt der S. *außersinnliche Wahrnehmungen* auf ein Eingreifen der Geisterwelt in diese Welt zurück.

Springwurzel

Bei der S. handelt es sich um eine geheimnisvolle Wurzel mit Zauberkraft. Schätzesucher brauchten sie in früheren Zeiten, um hinter Türen verschlossene Schätze zugänglich zu machen. Durch bloßes Anrühren mit der S. – so der verbreitete Aberglaube – sprängen sogar eiserne Türen auf.

Spuk

Erscheinungen unbekannter Herkunft wie angebliche Geistererscheinungen, Polter- und Klopfgeister oder auch die Bewegung von Gegenständen werden so bezeichnet. Dabei wird unterschieden zwischen personen- und ortsgebundenem S.

Talisman

Ein Gegenstand, der eine Kraft in sich trägt, um gute Einflüsse herbeizu„zwingen" (wie Glück, Gesundheit, Gewinn). Die häufig teuren T.e sind vielleicht dann etwas wert, wenn man daran „glaubt" – in sich selber haben sie keine positive Kraft.

Tarot

Beim T. handelt es sich um ein Kartenspiel, das vermutlich über Arabien, Italien und Frankreich nach Deutschland gelangt ist. Zigeuner sollen als erste die T.karten beim Wahrsagen benutzt haben. Aufgrund der Lage der Karten werden Aussagen über Ge-

190

genwart und Zukunft des Anfragenden gemacht. Neben dem Gebrauch der Karten als „Lebenshilfe" (vgl. den Psychotherapeuten C. G. Jung, der hinter den Kartensymbolen urtümliche Bilder vermutete, die Tiefenschichten des Menschen ansprechen), gibt es auch die Annahme, daß T.götter hinter den Karten „stecken", die die Zukunft voraussagen können. Andere Deutepraktiken vermuten beim Kartenlegen einen Zusammenhang zwischen dem einzelnen Menschenschicksal und dem Kosmos.

Telepathie (griech.: Fern-Fühlen)
T. ist eine Form der *außersinnlichen Wahrnehmung*. Seelische Vorgänge sollen – unabhängig von Entfernungen – erfühlt, ertastet oder auch hellseherisch „geschaut" werden. T. wird auch „Gedankenübertragung" genannt. Prokop/Wimmer, 1987, haben überzeugend nachgewiesen, daß die bisherigen Versuche zum Nachweis von T. keinesfalls wissenschaftlichen Maßstäben standhalten.

Tetragrammaton
Bezeichnung für die vier hebräischen Konsonanten J-H-W-H des Gottesnamens Jahwe als Sinnbild Gottes. Das T. wurde beim Zaubern zur Abwehr böser Geister gebraucht.

Teufelspakt
1986 und 1987 wurde in der BRD ein „Vertrag mit dem Teufel" bekannt, in dem es um Anweisungen zum Dienst am *Satan* ging. Dieser Teufelspakt sollte mit dem eigenen Blut geschrieben werden. Im Beisein von Zeugen (Hexen, Magier) sollte man in den Dienst des Teufels treten und dafür alle Genüsse der Erde und grenzenlosen Reichtum erhalten.
T.e sind seit langem bekannt aus dem mittelalterlichen Teufelsglauben, aber auch aus Märchen, in denen ein Mensch dem Teufel für irdischen Gewinn seine Seele verkauft. Das Motiv taucht auch in Goethes „Faust" auf.

Tier 666
Der Satanist Aleister Crowley (1875–1947) hat sich das „Große Tier 666" genannt in Anlehnung an das letzte Buch der Bibel (Offenbarung Kapitel 13), in dem von diesem Tier mit der Zahl 666 in einer Vision des Johannes die Rede ist: Dieses Tier ist der Teufel, der – und das unterschlägt Crowley – von Christus besiegt wird.

Tischrücken

Eine Form, Kontakt zum *Jenseits* aufzunehmen: Mit Hilfe eines Tischchens, das klopft oder auch hin- und herrutscht und dabei einzelne Wörter „schreibt", werden Botschaften jenseitiger Geistwesen empfangen. Hier handelt es sich wie beim *Glasrücken* und *Pendeln* um oft unbewußte Bewegungen, die nicht Geistermeinungen wiedergeben, sondern Botschaften aus dem eigenen Unterbewußtsein.

Tonbandstimmen

Mit Hilfe verschiedener Verfahren versucht man auf einem Tonband „Stimmen aus dem Jenseits" („Einspielungen") zu erreichen. Es sind häufig schwer verstehbare Wörter oder kurze abgehackte Sätze, die erst beim Abhören des Tonbandes bemerkt werden. Spiritistisch eingestellte T.Forscher schreiben diese Stimmen den *Geistern* Verstorbener zu.

Unbewußtes

Seelische Tatbestände, die nicht ins bewußte Erleben gebracht werden können, nicht bewußte Tiefenschicht des Seelischen.
Sigmund Freud teilt psychologische Vorgänge in drei Gruppen ein: bewußte, vorbewußte und unbewußte. C. G. Jung unterscheidet zwischen kollektivem (= gemeinsamen) und persönlichen U. Das kollektive U. bewahrt die „Urerfahrungen des Menschengeschlechtes". Die Parapsychologie geht davon aus, daß sich aus dem U. Kräfte der Seele selbständig machen und z. B. Polterspuk „erzeugen".

Unterbewußtes

Hier: Summe aller unterschwelligen seelischen Abläufe. Häufig wird U. und *Unbewußtes* in gleicher Weise gebraucht. Es wird vermutet, daß seelische Inhalte ins Unterbewußtsein „abtauchen" und dort verborgen bleiben. Der Mensch hat meist keine Ahnung davon.

Vision

Erscheinung, die Menschen oder künftige Ereignisse widerspiegelt. V. kommt im Schlaf, Halbschlaf, aber auch unter Drogen und in Hypnose vor. Zu magisch-okkulten Praktiken gehört z. B. auch die Erzeugung von „Bildern" in einer Kristallkugel („Schusterkugel"). Oft werden V.en auch durch Rauschgifte hervorgerufen.

Voodoo
Name für einen westindischen Geheimkult, der sich nicht nur mit Schwarzer Magie beschäftigt. Ursprünglich traf der im 16. Jahrhundert von schwarzafrikanischen Sklaven nach Haiti gebrachte V.-Kult auf die französischen Siedler, die katholisch waren. So sind einige katholische Eigenheiten des V. zu erklären.
V. geht davon aus, daß hinter unserer Wirklichkeit die viel mächtigeren *Geister* wirken. Sie werden in magischen Riten angerufen und um Hilfe gebeten. Die „schwarze" Seite des V.-Kultes soll aus Ritualmorden, Kannibalismus und Schwarzer Magie bestehen.
Schon im 18. Jahrhundert griff der V.-Kult auf die USA über und breitete sich bis in die Ghettos der Schwarzen in den Industriestädten aus. Ein hoher New Yorker Polizeibeamter vermutete 1978 im Stadtteil Brooklyn etwa 30 heimliche V.-Tempel und ungefähr 100 praktizierende V.-Priester.

Wahrsagen
Menschen wollen – aus unterschiedlichen Gründen – einen Blick in die Zukunft tun. Beim Wahrsagen geht es grundsätzlich darum, aus den Tausenden von Möglichkeiten, die in der Zukunft auf jeden von uns warten, die „wahre" herauszufinden.
Alle Formen des W.s – wie z. B. Kartenlegen, *Pendeln,* Horoskop deuten, Geisterbefragen – wollen die Zukunft offen ausbreiten. Gegenwärtig hat das Wahrsagen in seinen verschiedenen Ausprägungen Hochkonjunktur – ein gut funktionierendes Geschäft mit der Neugier oder auch der Zukunftsangst der Menschen. Echte Zukunftsvoraussagen sind jedoch unmöglich.

Wiedergeburt
Der Glaube an die W., der in verschiedenen Religionen vorkommt (z. B. im Hinduismus), geht von dem Grundgedanken aus, daß Körper und Seele zwei Dinge sind, die beim Tod des Menschen getrennt werden. Während die Körperhülle unwichtig wird, geht die Seele in den Körper eines anderen Menschen über und wird dort „wiedergeboren".
Durch die W., die sich über Jahrhunderte in immer neuen Körpern wiederholen kann, soll die Seele des Menschen auf dem Weg in die Vollkommenheit immer weiter voranschreiten, bis sie schließlich ihr Ziel erreicht hat. Auf diesem Weg muß sie sich bewähren, sonst wird sie „zurückgestuft". In den verschiedenen Religionen, die an W. glauben, gibt es im einzelnen noch unter-

schiedliche Begründungen für diese „Seelenwanderung". Im Kern ähneln sie jedoch einander.

Wünschelrute

Die W. ist meist ein gegabelter Hasel- oder Weidenzweig, der schon vor Jahrtausenden von Rutengängern benutzt wurde, um Wasser oder unterirdische Bodenschätze aufzuspüren. Heute kann die W. auch aus Draht bestehen.

Der Rutengänger *(Radiästhesie)* hält die W. mit beiden Händen in einem gespannten Zustand (labiles Gleichgewicht). Dann geht er eine Strecke ab. Sobald die Rute nach unten ausschlägt, vermutet der Rutengänger die gesuchte Wasserader oder andere Bodenschätze. Der Ausschlag der Rute wird durch unbewußte Muskelbewegungen des Rutengängers hervorgerufen *(Pendel* und *Glasrücken).*

Die Wirksamkeit dieser Methode ist umstritten. Anhänger erklären mögliche Erfolge damit, daß die Rutengänger besonders sensitiv (= ansprechbar) auf geringste physikalische Einflüsse reagieren. Wissenschaftliche Untersuchungen der Fähigkeiten von Rutengängern haben nachgewiesen, daß bei demselben Vorkommen, z. B. von Bodenschätzen die verschiedenen Rutengänger unterschiedliche Ausschläge ihrer Wünschelruten aufwiesen, ein einheitliches Ergebnis also nicht zustandekam.

Zauberei

1. Unter Zuhilfenahme besonderer Gegenstände, Zauberformeln und Methoden werden magische Handlungen ausgeführt. Ziel dieser magischen Z. ist es, einen bestimmten Zweck zu erreichen, z. B. Menschen durch Krankheiten zu schaden oder Geister zu beschwören. Dahinter steckt offenbar der menschliche Wunsch, die Welt in den Griff zu bekommen.

2. „Zauberkunst" hat etwas mit unterhaltsamen Tricks zu tun, mit Schnelligkeit, Fingerfertigkeit, besonderen Trick-Apparaten u. ä. Mit Magie oder ASW hat diese Art nichts zu tun.

Die Okkult-Zauberer arbeiten oft mit Tricks – wie die „Zauberkünstler" auch –, behaupten aber – im Gegensatz zu ihnen –, daß sie mit höheren Mächten zusammenwirken. „Zauberkünstler" sind bestens geeignet, die oft simplen Tricks der Okkult-Zauberer zu entlarven.

Beratungsstellen

Die folgenden Adressen haben wir der Dokumentation „Jugendspiritismus und -Satanismus" von A. Haack/F.-W. Haack, München 1988 entnommen und geringfügig geändert.
Nach unserer Erfahrung sind diese Beratungsstellen – mit Ausnahmen – in der Lage und bereit, weiteres Informationsmaterial
zur Verfügung zu stellen und auch – teilweise jedenfalls – seelsor-
gerisch zu beraten. Christlich nicht orientierte Jugendliche werden vermutlich eher bei Jugendämtern nach Kontaktadressen fragen.
Insgesamt haben wir festgestellt, daß in diesem Bereich noch
große Unsicherheit herrscht.

Evangelische Landeskirchen:
Baden: Kirchenrat Klaus-Martin Bender, Blumenstr. 3, D-7500
Karlsruhe, Tel.: 07 21–14 74 67.
Bayern: Pfr. Friedrich-W. Haack, Bunzlauer Str. 28, D-8000 Mün-
chen 50, Tel.: 0 89–141 28 41.
Pfr. Erwin Haberer, Neuendettelsauer Str. 4, D-8500 Nürnberg
60, Tel.: 09 11–67 85 78.
Berlin: Pfarrer Thomas Gandow, Heimat 27, D-1000 Berlin 37,
Tel.: 0 30–815 70 40.
Braunschweig: Pastor M. Meitzner, Godehardistr. 1, D-3303 Vech-
helde OT Bodenstadt, Tel.: 0 53 02–10 40.
Bremen: Landesjugendpfarramt, Franziuseck 3–4, D-2800 Bre-
men.
Hamburg: Pastor i. R. Alfred Springfeld, Brookdeich 230 b, D-
2050 Hamburg 80, Tel.: 0 40–720 77 88.
Hannover: Pastor Joachim Biallas, Archivstr. 3, D-3000 Hanno-
ver 1, Tel.: 05 11–12 41 452 + 414.
Pastor W. Knackstedt (Adresse s. o.) Tel.: 05 11–12 41–434
+ 453.
Hessen und Nassau: Pfr. Bodo Leinberger, Elisabethstr. 51, D-
6100 Darmstadt, Tel.: 0 61 51–40 53 74 75.
Kurhessen-Waldeck: Pfr. Uwe Hoos-Vermeil, Kasseler Str. 16, D-
3544 Freienhagen; Pfr. Michael Becker, Lichteweg 14, D-3588
Homberg, Tel.: 0 56 81–34 50; Pfr. Eduard Trenkel, Korn-
hausstr. 7, D-3578 Schwalmstadt II, Tel. 0 66 91–712 18.
Lippe: Lippesches Landeskirchenamt, Leopoldstr. 27, D-4930
Detmold 1, Tel. 0 52 31–740 30.

Nordelbien: Pastor Detlef Bendrath, Brahmsstr. 20 f., D-2400 Lübeck, Tel.: 04 51−447 86.

Nordwestdeutschland, Evang.-reform. Kirche: Landeskirchenrat, Saarstr. 6, D-2950 Leer, Tel.: 04 91−80 30.

Oldenburg: Pfr. Rainer Schumann, Wilhelmstr. 27, D-2900 Oldenburg, Tel.: 04 41−16 237.

Pfalz: Es wird empfohlen, die Adresse von Baden zu benützen.

Rheinland: Pastor Joachim Keden, Volksmission. Amt, Rochusstr. 44, D-4000 Düsseldorf 30, Tel.: 02 11−361 02 46.

Westfalen: Pastor Dr. Rüdiger Hauth, Röhrchenstr. 10, D-5810 Witten/Ruhr, Tel.: 0 2302−136 11.

Württemberg: Pfr. Dr. Klaus Bannach, Volksmissionar. Amt, Gymnasiumstr. 36, D-7000 Stuttgart, Tel.: 07 11−206 80.

Österreich-Kärnten: Mag. theol. Johannes Spitzer, Adalbert-Stifter-Str. 21, A-9500 Villach, Tel.: 00 43−42 42 − 292 66.

Schweiz: Evang. Orientierungsstelle, Pfr. Dr. Oswald Eggenberger, Auf der Egg 9, CH-8030 Zürich, Tel.: 00 41 41−45 01 29.

Katholische Diözesen

Aachen: Dr. Hermann-Josef Beckers, Klosterpl. 7, D-5100 Aachen, Tel.: 02 41−452−419.

Augsburg: Dipl. theol. Hubert Kohle, Kappelberg 1, D-8900 Augsburg, Tel.: 08 21−31 52−274.

Bamberg: OStR Matthias Rehrl, Arthur-Landgraf-Str. 33, D-8600 Bamberg, Tel.: 09 51−544 50.

Berlin: Pater Klaus Funke OP, Dominikanerkloster St. Paulus, Oldenburger Str. 46, D-1000 Berlin 21, Tel.: 0 30−395 70 97/8.

Eichstätt: Dipl. theol. Ludwig Lanzhammer, Obstmarkt 28, D-8500 Nürnberg 1, Tel.: 09 11−20 43 39.

Essen: Ulrike Willing-Spielmann, Postfach 1428, D-4300 Essen, Tel.: 02 01−2204−255.

Freiburg: Dipl. theol. Albert Lampe, Winterstr. 1, D-7800 Freiburg/Brsg., Tel.: 07 61−311 16.

Fulda: Rüdiger Schaarschmidt, Paulustor 5, D-6400 Fulda, Tel.: 06 61−87-463.

Hildesheim: Dipl. theol. Hedwig Deipenwisch, Domhof 18−21, D-3200 Hildesheim, Tel.: 0 51 21−30 72 36.

Köln: Marzellenstr. 32, D-5000 Köln 1, Tel.: 02 21−1642−377; Werner Höbsch (Adresse wie zuvor), Tel.: 02 21−1642−388/9.

Limburg: Ordinariatsrat Rainer Sarholz, Roßmarkt 4, D-6250 Limburg, Tel.: 0 64 31−295−226/7.

Limburg/Stadt Frankfurt: Dipl. theol. Peter B. Szuca, Eschenheimer Anlage 21, D-6000 Frankfurt/Main 1, Tel.: 0 69−1501−157.

München-Freising: Dipl. theol. Hans Liebl, Dachauerstr. 5, D-8000 München 2, Tel.: 2137−417/8.

Münster: Georg Bienemann, Rosenstr. 16, D-4400 Münster, Tel.: 02 51−495−474.

Osnabrück: Franz-Josef Schwack, Domhof 12, D-4500 Osnabrück, Tel.: 05 41−318−254/221.

Paderborn: OStR Roland Gottwald, Elternbildungsreferent, Domplatz 3, D-4790 Paderborn, Tel.: 0 52 51−207−419.

Passau: Dipl. theol. Martin Göth, Innsbruckgasse 9, D-8390 Passau, Tel.: 08 51−39 33 66.

Regensburg: Dipl. theol. Hans Rückerl, Roritzerstr. 12, D-8400 Regensburg, Tel.: 09 41−56 52 63.

Rottenburg-Stuttgart: Diakon Godehard König, Postf. 9, D-7407 Rottenburg, Tel.: 0 74 72−16 94 19.

Speyer: Werner Gehrlein, Webergasse 11, D-6720 Speyer, Tel.: 0 62 32−10 23 33.

Trier: Werner Rössell, Weberbach 70, D-5500 Trier, Tel.: 06 51-7105−279.

Würzburg: AG Das Große Zeichen – Die Frau aller Völker, Franz Graf von Magnis, St. Kilianshaus, Postfach 349, D-8700 Würzburg 11, Tel. 09 31−5 66 10.

Österreich-Wien: Dr. Friederike Valentin, Stefansplatz 6/46, A-1010 Wien, Tel.: 00 43−222−53 25 61−3676.

Schweiz-Luzern: Pfr. Rainer Krieger, Matthofring 4, CH-6005 Luzern, Tel.: 00 41−41−44 78 19.

Pfr. Hugo Sidler, Matthofring 4, CH-6005 Luzern, Tel.: 00 41−41−44 78 19.

Elterninitiativen und Beratungsstellen (Auswahl)

Aktion Psychokultgefahren (APG): Ellerstr. 101, D-4000 Düsseldorf 1, Tel.: 02 11−72 10 66.

Arbeitskreis Sekten e. V. Herford: Karin Paetow, Auf der Freiheit 25, D-4900 Herford, Tel.: 0 52 21−5 53 30.

Eltern- und Betroffeneninitiative gegen psychische Abhängigkeit Berlin e. V. Mommsenstr. 19, D-1000 Berlin 12, Tel.: 0 30−324 95 75.

Elterninitiative in Hamburg und Schleswig-Holstein zur Hilfe gegen seelische Abhängigkeit und Mißbrauch der Religion e.V.: Pastor D. Bendrath, Brahmsstr. 20 f., D-2400 Lübeck, Tel.: 04 21−447 86.

Elterninitiative zur Hilfe gegen seelische Abhängigkeit und religiösen Extremismus e. V.: Postfach 874, D-8000 München 1, Tel.: 0 89–141 28 41.
Niedersächsische Elterninitiative gegen Mißbrauch der Religion: Pastor J. Biallas, Archivstr. 1, D-3000 Hannover 1.
Österreich: Verein zur Wahrung der geistigen Freiheit: Postf. 218, A-1011 Wien/Österreich.

Literaturhinweise

Würde man die gegenwärtig greifbaren Bücher über Okkultismus und die angrenzenden Gebiete auf einen Stapel legen, so käme ein kaum überschaubarer Bücherberg zusammen.

Der ESOTERIK ALMANACH 88/89 vom Rossipaul-Verlag umfaßt etwa 400 Seiten Angaben zu esoterischer Literatur, davon allein 34 Seiten zu Parapsychologie/Okkultismus – das sind über 500 Buchtitel. Offenbar ist das Buchgeschäft mit dem Okkultismus ein blühendes Geschäft. . .

Banol, F. S., Die okkulte Seite des Rock, München 1987, (Zur Abschreckung empfohlen – so baut man Feindbilder auf!)

Bäumer, U., Wir wollen nur deine Seele, Bielefeld 1984 (bei vielen Jugendlichen aus dem christlichen Bereich bekannt; scheint uns nicht immer sachlich angemessen)

Hund, Wolfgang, alles fauler zauber?!, Okkulte Phänomene – was steckt dahinter?, Mülheim 1988 (ein Muß nicht nur für jeden Lehrer, sondern auch für interessierte Schüler)

Knaut, H., Das Testament des Bösen, Stuttgart 1979 (Kulte, Morde, Schwarze Messen – sehr informativ)

Prokop, D./ Wimmer W., Der moderne Okkultismus, Stuttgart 1987 (niemand sollte sich in den Dschungel des Okkulten wagen, ohne vorher dieses Buch gelesen zu haben; es hat uns den besten Durchblick verschafft: nüchtern und mit hervorragenden Beispielen)

Ruthe, R., Medien, Magier, Mächte, Wuppertal 1968 (gibt aus christlich-geprägter Sicht einen guten Überblick über Okkultismus, Parapsychologie und Aberglaube; er hält PSI [z. B. Telepathie] für möglich)

Biedermann, Hans, Handlexikon der magischen Künste von der Spätantike bis ins 19. Jahrhundert, München 1976 (ein recht guter lexikalischer Überblick)

Bogen, H.-J., Magie ohne Illusionen, Freiburg 1982 (sehr plastisch und fachkundig)

Christopher, M., Geister, Götter, Gabelbieger, München 1977 (C. entlarvt als Zauberkünstler die Tricks der Geistheiler, Hellseher usw.)

Haack, F.-W., MÜNCHENER REIHE zu Sekten- und Weltanschauungsfragen:
Aberglaube-Magie-Zauberei, München (1987)

Satan-Teufel-Luzifer, München (1987)

PSI-Parapsychologie, München (1987)

Spiritismus München, (1988)

Jugendspiritismus und -Satanismus, München (1988).

(Aus dem christlichen Bereich sicher das bestinformierte und fundierte Material; Schüler fühlen sich bei der Lektüre oft überfordert)

Hiller, H., Lexikon des Aberglaubens, München 1986, (gute Übersicht zum Thema).